MEET THE
EXPERTS LEADERSHIP

카네기 처세론

데일 카네기 지음 ┃ 미래경제연구회 옮김

성공의 열쇠는 바로 당신 자신이다

Carnegie 처세 성공 철학

인간 관계 및 처세철학 분야의 선구자로 널리 알려진 카네기가 제시한 성공의 원리.
낙천적인 인생관과 경험을 통하여 진실로 보람있고 지혜로운 삶으로 안내하여
가장 정확하고 효과적으로 성공을 달성하도록 지원하는 카네기의 처세 성공철학

도서출판 선영사

```
판 권
본 사
소 유
```

카네기 처세론

1987년 6월 5일 1판 1쇄 인쇄
1997년 2월 10일 1판 9쇄 발행
1998년 7월 20일 2판 1쇄 발행
2010년 4월 10일 2판 12쇄 발행
2017년 8월 20일 3판 1쇄 발행

지은이 / 데일 카네기
옮긴이 / 미래경제연구회
펴낸이 / 김영길
펴낸곳 / 도서출판 선영사
주소 / 서울시 마포구 서교동 485-14 선영사
TEL 02.338.8231~2
FAX 02.338.8233
등록 / 1983년 9월 29일 제01-02-51호

© Korea Sun-Young Publishing Co., 1985

ISBN 89-7558-337-7
ISBN 978-89-7558-337-7

머리말

와이즈 하트 씨는 기사거리가 있는 곳이면 그 어디라도 찾아다녔기 때문에 어느 기자보다도 많은 사람을 만날 수 있었다.

그는 보통 사람보다 한 걸음 더 앞선 사람, 즉 성공의 열쇠를 자기 것으로 만든 행복한 사람이 있다는 말을 듣기만 하면, 어떤 곳이라도 찾아가서 그 사람을 만나보았으며, 혹 시간이 없을 경우에는 편지로 문의하곤 했다.

와이즈 하트 씨가 성공한 사람을 만나는 이유는 세 가지가 있다. 첫째는 성공의 비결을 알아보는 것이며, 둘째는 일반 사람들에게 도움이 되는 교훈을 발견하는 것이고, 셋째는 성공한 사람들의 소질과 일 처리 방법, 다시 말해서 성공의 원인과 기술을 밝히는 것이다.

와이즈 하트 씨는 25년 동안이나 이 일을 계속해 왔다. 그 동안 바다로, 육지로, 또 하늘로, 유럽과 미국의 양 대륙을 헤맨 것은 몇 백만 마일이나 될 것이다. 또한 직접 만나보거나 편지를 주고받은 사람의 수는 약 1만 명 가량이나 되고, 그 결과는 신문이나 잡지를 통해서 발표되었다.

이 여행을 계속하는 동안 그는 일 자체에 더욱 깊은 흥미를 갖게 되었고, 얻은 것도 많았다.

그는 성공자에 대하여 한 사람 한 사람 비교하거나, 또는 한 사람과 전체를 대비시켜 비교 검토할 수 있는 입장에 있었으므로, 모든 성공의 원인이 되는 근본원리를 발견할 수 있었다. 그리고 근본원리를 간단하게 정리하여 일반 사람들의 인생을 성공적으로 안내하는 것이 자신의 사명이라고 느끼게 되었다.

그러나 이 일은 좀처럼 실행되지 않았다. 자료는 그의 손 안에 풍부히 쥐어져 있었지만, 이것을 만족스럽게 정리하는 데에는 부족함을 느꼈기 때문이었다. 그것은 마치 강력한 탐조등에 전기가 통할 준비는 다 되었지만 스위치가 없는 것과 같았다.

마침 이 때에 대디 라이트 박사를 알게 되었다. 그는 디트로이트 시로 박사를 찾아갔다. 대디(아버지를 친근히 부르는 말)는 애칭이고, J. 프랭클린 라이트 박사가 본명이다. 박사는 '인생 안내'라는 협회의 창립자로서, 그의 유명한 성격교육의 방법은 교육자·법률가·실업가·의사·학생 등 수많은 사람들의 열렬한 지지를 받으며 그들에게 많은 영향력을 끼치고 있었다.

대디 라이트 박사의 인물됨과 사업 내용을 자세히 기록할 수는 없지만, 사실 와이즈 하트 씨가 얻은 감명과 박사의 독특한 사상의 표현방법에서 그가 찾던 초점을 발견하였던 것이다. 라이트 박사는 와이즈 하트 씨의 탐조등에 불을 켤 수 있는 열쇠를 준 것이다.

　박사와 만난 후로 그의 머리에서는 좀처럼 사라지지 않는 말이 있었다고 한다. 그 하나는 박사가 지은 팜플렛의 제목인 '인생의 대가를 읽으라'는 것과 또 하나는 '인생공학(人生工學)'이란 말이다. 이 말을 생각할 때마다 그는 25년 동안 찾아다닌 위대한 성공자나, 또는 무명의 훌륭한 인물들은 모두 인생의 대가를 읽는 법을 배운 사람들이라고 느껴졌다.

　그들의 생활기록은 모두 이 책에 씌어진 성공의 근본 원리를 내포하고 있으며 그들 모두는 인생의 훌륭한 건축기사들이다.

　탐조등을 켤 수 있는 열쇠는 여기에 있었던 것이다. 이러한 새로운 관점에서, 지금까지의 많은 성공자들로부터 알게 된 사실들을 정리한 것이 바로 이 책이다. 따라서 이 책의 내용은 성공자의 삶의 태도와 기술 및 이 사회에 있어서 결정적인 힘을 가진 생활원리의 생생한 청사진이라 볼 수 있다.

　나는 진심으로 독자에게 그것을 기대한다.

데일 카네기

Carnegie Dale의 처세론

차 례

Carnegie Dale 의 처세론

차 례

제 1 장
그대는 무엇을 바칠 수 있는가

"뉴욕 대학의 생화학자 돌프 M. 바인더 박사의 연구에 의하면, 몸무게가 150파운드되는 사람을 물질로 환산하면 그 값은 겨우 1달러도 못 되는 98센트밖에 안 된다고 한다. 이것은 좀 살진 돼지 값보다도 훨씬 싼 셈이다. 그 물질을 분석해 보면 다음과 같다.

새장 한 개 씻어낼 수 있을 정도의 석회

장난감 대포 한 방 쏠 수 있을 정도의 포타슘

약 한 봉지 정도의 마그네시아

성냥개비 2천 개 정도의 인

못 한 개 정도의 철

컵 한 잔에 가득 찰 만한 설탕

세숫비누 다섯 장 정도의 지방

어디를 가더라도 이 정도는 98센트만 주면 모두 다 살 수 있다.

이것이 우리 인간들이 물질로서 환산되는 값이다.

그러나 우리들이 인생에서 얻고자 하는 것에 대하여, 우리들 자신이 치를 수 있는 대가는 결코 이것만으로 그치지는 않는다.

🏵 인생의 대가

우리들이 인생에서 얻고자 하는 여러 가지 소중한 것 ——돈·지위·사랑·친구·명예·건강·행복 등 ——을 얻는 대가로 육체의 물질적 가치 이상의 어떠한 것을 바쳐야만 된다는 것은 두말할 나위도 없다.

그것은 한 마디로는 말할 수 없는 여러 요소를 들 수 있다. 그러나 그 중에서도 제일 중요한 것, 이것 없이는 다른 모든 것은 수포로 돌아간다. 즉, 성공을 꿈꾸는 사람이 무엇보다도 먼저 알아야만 하는 것이다.

언젠가 우연히 알게 된 한 청년이 있었다. 그는 매우 뛰어난 재주가 많은 데도 불구하고, 출세할 기회가 없다고 항상 한탄하고 있었다.

나는 직업 소개소를 운영하는 친구에게 그를 소개하였는데, 반년쯤 지나서 그 친구로부터 편지가 왔다.

"그 청년에게 서너 곳을 알선하였는데 모두 적응을 못 하였네. 그는 매우 훌륭한 청년이었지만, 젊은 사람이 벌써부터 세상을 비관하는 버릇이 있어서 그것이 가장 큰 문제였네. 어느 곳에 소개하여 주어도 그는 '내 적성에 맞지 않는 부질없는 일이야. 절대 희망을 가질 수 없는 직업이야'라고 생각하고 있었네. 다음에 사람을 소개하려면, 회의적이지 않은, 산타클로스를 믿는 사람을 보내 주길 바라네."

산타클로스를 믿으라

이 간단한 편지 속에 커다란 성공의 열쇠가 엿보인다.

'산타클로스를 믿으라.'

당신이 이 거룩하고 진실된 믿음에 굳은 신념을 갖지 않는다면 당신이 가지는 그 외의 모든 것, 즉 학문·친구·약·돈도 대단한 도움은 안 될 것이다. 아니, 그런 것조차 얻을 수 있을는지 의심스럽다.

산타클로스 ——행복의 신을 믿는 것은, 김빠진 맥주와 같은 낙천주의는 아니다. 그것은 긍정의 원리이며, 또한 활기 있게 약동하는 진취적인 인생관이다. 그것은 이 세상에 생동감 있는 젊음과 봄을 가져오며, 희망과 기쁨을 용솟음치게 하는 인생관이다. 20대의 청년도 60대의 노인도 모두 한결같이 가져야 하고, 또한 가질 수 있는 인생관이다.

이와 반대되는 것은 회의주의적 인생관이다. 회의주의는 사람을 그늘진 컴컴한 성격으로 만든다. 이러한 침울한 태도는 모든 것을

올바르게 보기보다는 일그러진, 부정적이며 비관적인 무기력을 낳
는다. 모든 것을 부정하며 스스로를 파멸시키는 냉소와 허무에 사
로잡힌다. 쓸쓸한 어둠 속에 묻혀서, 성공할 기회를 엿볼 수 있는
눈을 가리게 하는 흑점만을 더욱 넓힐 뿐이다.

부정적인 인생관에 사로잡히면 당신은 자신의 재능을 충분히 발
휘할 수 없을 뿐만 아니라 당신의 체력과 에너지 그리고 희망과
활력을 당신의 인생에 약동시키지 못할 것이고, 그 몸을 항상 그늘
진 어둠 속에 두지 않으면 안 될 것이다.

'산타클로스를 믿는다는 것은 터무니없는 짓'이라고 당신의 비꼬
인 신념이 말한다면, 더 이상 이 책을 읽을 필요는 없다. 쓰레기통
에 내던지거나 서점에 되돌려 주고 환불을 요구하는 것이 좋다.

나는 지금까지 수많은 범죄·부도덕·타락 혹은 파멸 들을 보아
왔다. 이러한 인생의 암흑에 빠지고 비참한 파멸의 구렁텅이로 떨
어져 가는 사람들에게 공통점이 있다면, 그들 모두 인생의 밝은 면
을 믿지 않는다는 사실이었다.

또한 내가 직접 만난 일이 있는, 무엇인가 영구적인 가치가 있는
일을 하고 확고한 지위를 쌓는 사람들은 모두가 산타클로스를 믿
는 사람들이었다. 이 사람들 가운데 나에게 부정적인 태도라든가,
근본적으로 회의주의에 빠진 듯한 인상을 준 사람은 단 한 명도
없었다.

나는 적어도 성공자라 불리우는 사람들은 모두 그 성공을 하기
까지 낙천적인 인생관을 지니고 있었다는 것을 단언한다.

이 사람을 보라

　전제적인 세비야의 군대에서 도망쳐 대서양 항로의 삼등 선객이 된 열다섯 살의 미하엘이 배의 갑판에 서서 지난 일을 회고하는 한편, 아는 사람이라곤 전혀 없는 미국에서의 앞날을 생각하고 가슴을 조이고 있을 때, 돌연 불어오는 세찬 바닷바람에 쓰고 있던 모자를 물 위에 날리고 말았다.

　뉴욕의 맨해튼 부두에 내린 그는, 브로드웨이 쪽으로 걸어가면서 잃어버린 모자 대신에 땀냄새나는 촌스러운 두건을 머리에 동여매고 때묻은 붉은 터키 모자를 썼다.

　네거리에 이르자, 그는 머리 위 마치 거미줄처럼 무수히 쳐놓은 전선에 눈이 휘둥그레져 멍하니 쳐다보고 있었다. 도대체 이 줄들은 어디서부터 온 것이며, 또 어디로 가는 것일까? 그리고 이 많은 사람들 모두가 바쁘게 오가는 이 놀라운 혼잡! 어쩌면 이렇게도 요란하고 화려할까? 높은 건물들을 쳐다보니 눈이 빙빙 도는 것만 같았다.

　길가의 구두닦이 꼬마가 멍하니 서 있는 미하엘을 보았다. 심술궂게 생긴 이 장난꾼은 때묻은 얼굴에 흰 이를 드러내어 웃으면서, 이 이상한 소년을 아래위로 훑어보았다. 거기에 신문 파는 꼬마도 가까이 왔다. 그러자 장난꾸러기 구두닦이는 갑자기 주먹을 휘둘러 미하엘의 터키 모자를 내동댕이쳐 버렸다.

　일은 벌어졌다. 미하엘은 어깨에서 짐을 내려놓았다. 미국말을 모르는 그가 당장 할 수 있는 것이란 세계 어느 곳에서나 통용되는 말, 즉 주먹을 쓰는 것이었다.

그는 두 주먹을 불끈 쥐고 이 무례한 구두닦이의 인사에 대답하고자 그를 겨누었다. 신문 파는 아이들과 다른 구두닦이 아이들이 좋은 구경거리가 생긴 듯이 금세 모여들어 두 소년의 둘레를 에워쌌고 싸움은 그 가운데서 벌어졌다.

결국 구두닦이가 지고, 미하엘은 쓰러진 그가 완전히 항복한 후에야 비로소 그를 놓아 주었다. 미하엘은 천천히 길 위에 굴러 떨어진 터키 모자를 집어 머리 위에 얹었다.

둘러쌌던 구경꾼들도 이 의연한 외국 소년의 태도에 감탄하였다. 그런데 그 구경꾼들 가운데서 말쑥한 차림의 신사 한 사람이 앞으로 나오며 미하엘의 팔목을 붙들었다.

미하엘은 사복 경찰인 줄 알고 깜짝 놀랐다. 그러나 신사는 화난 것 같지도 않고 쌀쌀하거나 비웃는 태도도 아니었다. 오히려 동정하는 듯한 태도로 자신과 같이 동행하지 않겠느냐고 묻는 것 같았다. 미하엘은 이 신사와 같이 부둣가로 되돌아가 통역을 찾았다. 통역은 미하엘에게 그 신사의 말을 일러주었다.

'이 신사는 조금 전 너의 행동이 매우 마음에 들었다고 하신다. 그래서 너만 원한다면 일거리를 주고 싶다는데…… 이 신사는 그라웨이 시 근처에 큰 농장을 가지고 계신대. 네가 거기 가고 싶은 마음이 있다면 경비를 모두 다 주시겠다는 거야.'

최초의 직업

이리하여 미하엘의 미국에서의 첫 직업은 농장 노동자부터 시작되었다.

농장에는 많은 노동자들을 수용할 수 있는 큰 식당이 있었다. 식당의 난로 가에서 미하엘은 이른 봄의 으스름 추위를 녹이며, 잠시 동안 향수에 젖어 몹시 고통스럽기도 했지만 오래 가지는 않았다. 연약한 생각을 잊으려고 일에 열중하니, 차차 재미가 생겨 모든 것이 새로운 흥미와 즐거움으로 변했기 때문이다.

빨간 터키 모자를 머리에 얹고 고향 노래를 부르며, 파룻파룻 싹트는 푸른 들을 사슴처럼 몸도 가볍게 말과 소를 몰고 뛰어다니는 이 소년의 모습은 여러 사람들의 귀여움을 받았다. 그리고 농장 감독의 딸인 열두 살 난 소녀가 그를 오빠처럼 따랐다.

어느 날 밤 그가 난로 가에 앉아 있는데, 이 소녀가 다가와서 그의 팔을 잡아당겼다. 이 소녀의 어머니는 식당 문 앞에 서서 그들을 바라보며 웃고 있었다. 두 모녀는 미하엘을 자기 집으로 데려가서 그에게 영어를 가르쳐 주려고 부르러 온 것이었다.

이리하여 그는 영어를 배우기 시작하였다.

'보라, 감독님이 타국 사람인 나를 자기 가족처럼 대해 주신다.'

미하엘은 마음속으로 외쳤다.

고향이 그립던 마음은 안개처럼 사라졌고 그의 어학 실력은 빠른 속도로 늘어서 모녀를 기쁘게 하였다.

두 달이 지나자 미하엘은 영어로 자기 의사를 상대편이 알아들을 수 있도록 말하게 되었다. 그 동안에 돈도 40달러 가량 모아졌다. 그래서 그는 농장 감독에게 자신은 미국에 농장 노동을 하러 온 것이 아니라, 좀 더 훌륭한 일을 하기 위해서라고 자신의 포부를 말하였다.

사실은 뉴욕에 가서 새로운 일을 찾아보려는 생각이었다. 감독은 그를 놓치기 아까워했지만, 결국은 그의 의견에 동의하고 격려하여 떠나 보내었다.

뉴욕에 가는 도중 경비가 모자라 델라웨어의 메릴랜드에 있는 한 농장에서 일을 하고, 뉴저지에서는 어떤 완고한 침례교도의 농가에서 일을 하기도 했다.

일요일 날 침례교도인 이 주인이 그를 억지로 교회에 데리고 갔다. 그는 침례교도가 될 생각은 조금도 없었기 때문에 이 귀찮은 요구를 피하기 위하여 다음날 이른 아침, 해 뜨기 전에 그곳을 빠져 나왔다. 그는 오전 9시에 프린스턴 시로 들어섰다.

배고픔과 피로에 지쳐 비틀거리면서 빵과 샌드위치, 고기를 사서 프린스턴 대학교의 뒤뜰 한구석에 기어들어 갔다. 그는 나무 그늘 밑에서 그것을 먹으면서 학생들을 구경하였다. 그러나 어느새 잠이 들어 자기가 대학생이 되는 꿈을 꾸었다.

꿈에서 깨어나자 뉴욕에 가려는 욕망은 더욱 간절해졌고 그 꿈을 꼭 실현하고픈 새로운 희망과 결심이 용솟음쳐 올랐다.

노동자에서 대학생으로

뉴욕에서는 맨 처음 비스킷 공장에서 일하고, 다음엔 주물공장의 직공이 되고 다시 어떤 상점의 점원이 되었다.

그는 쉴 사이 없이 무엇인가를 향하여 온갖 전력을 다하였다. 그는 정신적인 면뿐만 아니라, 경제적인 면의 향상에도 게을리하지 않았다. 될 수 있는 대로 돈을 절약하여 학교에도 다니게 되었으며, 모든 방법을 동원하여 손에 넣을 수 있는 서적은 다 읽었다.

영어를 읽고 쓰는 능력은 퍽 숙달되었지만 아직도 회화는 익숙하지 못하였다. 그래서 그는 시간을 내어 극장에 가서, 바르고 능숙하게 대화하는 유명한 배우들의 대사를 열심히 들었다.

그는 많은 책을 대하게 된 후 차츰 과학에 흥미를 가지기 시작했다. 신문에 게재되는 과학에 관한 기사는 하나도 빠짐없이 읽었다. 당시는 토마스 에디슨의 이름이 차츰 높아지는 때였다. 그러므로 에디슨에 관한 기사는 모조리 읽었으며 또한 영국인 물리학자 존 레일리의 강연에 관한 보도도 늘 주의해 듣고 있었다.

일을 끝마친 후에는 건강과 견문을 넓히기 위하여 거리를 활보하였다. 뉴욕의 빈민가라 불리우는 고트랜드에서 59번가까지는 수 마일이나 되는데 그는 이 길을 거닐며 상점에 진열된 책이나 사진들을 바라보면서, 미국의 유명 인사들의 이름과 얼굴과 직업을 머리 속에 새겨두었다. 이 산보도 그에게는 일종의 효과적인 공부가 되었다.

이리하여 미국에 건너온 지 5년 만인 스물한 살 때, 미하엘은 351달러를 벌어 콜롬비아 대학에 입학하였다. 그렇지만 생활비를 벌기 위해 노동을 계속하지 않으면 안 되었다.

1학년 시절은 경제적 사정으로 말미암아 사교를 하는 데 어려움도 많았고, 학생들 사이에선 점수벌레로 알려져 인기가 없었다. 그는 특히 수학과 그리스어 두 학과를 수석으로 마치었다.

그가 2학년이 되었을 때 이 대학 명물의 하나로 해마다 열리는 챔피언 쟁탈전이 크게 벌어졌다. 그 해 종목은 레슬링으로 1학년 학생과 우승을 다투게 되었다. 1학년에서는 당시 위세를 떨치던 어느 명망가의 자제이며, 훌륭한 체격을 가진 청년을 대표선수로 뽑았다. 2학년 학생들은 싸우기도 전에 소문만 듣고 벌써 풀이 죽어 버린 형편이었으므로 1학년 대표선수를 당할 만한 사람이 없을 것만 같았다.

미하엘은 주물직공 시절에 레슬링을 배운 일이 있었으므로 자진하여 선수로 출전할 것을 청했다. 급우들은 수학과 그리스어에서 수석을 하는 이 친구에게 레슬링 선수권을 맡기는 것이 매우 불안했지만, 결국은 그에게 맡기지 않을 수 없었다.

드디어 경기가 시작되었을 때, 구경꾼들은 눈이 휘둥그레져서 자기 눈을 의심하였다. 미하엘 자신도 자기의 힘에 약간 놀라지 않을 수 없었다. 상대 선수의 황소 같은 거구가 너무나 쉽게 정복되었기 때문이었다.

미하엘은 갑자기 인기를 끌기 시작하였다. 게다가 수입도 부쩍 늘게 되었다. 레슬링을 가르쳐 달라는 학생들의 요구를 받아들인 후, 보수가 수학이나 그리스어를 가르쳐 주던 가정교사 때보다도 많아졌기 때문이다.

우수한 성적으로 콜롬비아 대학을 졸업한 그는, 보다 많은 것을 배우기 위해 영국의 케임브리지 대학과 독일의 베를린 대학에 유학을 하게 되었다. 학업을 끝마치고 다시 콜롬비아 대학에 돌아와 전기공학 강의를 맡게 되었다.

위대한 발명가가 되다

그가 전공한 분야는 물리학이지 전기학은 아니었다. 그러나 박학다식한 그의 과학지식 덕택으로 전기공학 강의도 그다지 곤란하지는 않았다. 동시에 그는 전기에 흥미를 가지게 되었고 특히 전기의 동조와 회박, 가스 내에 있어서의 전기주파 연구에 특별한 흥미를 느꼈다.

그 연구 결과 드디어 무선 전신의 핵심 부분을 발명하게 되었다. 그 중 한 가지는, 오늘날 라디오에 널리 쓰이고 있는 파장조절 방법이다. 또 한 가지는 무선 전신 수신소에서의 고주파 전류의 조정에 의한 수신방법이었다. 이 방법은 후에 진공관 증폭기의 출현으로 널리 쓰이게 되었다.

병원에서 X선을 사용하도록 창안한 사람도 일개 유랑 소년에 지나지 않았던 미하엘이었다. 그는 폭발사고로 팔에 몇 100개의 파편이 어지럽게 틀어박힌 브레스 고트라는 사람의 X선 사진을 찍었다. 이 사진으로 의사는 그 파편들을 전부 찾아 수술에 성공할 수 있었다.

X선 다음에, 미하엘은 전력 방송에 관한 연구에 몰두했다. 그 결과 오늘날 전화선을 땅 속으로 매설할 때 널리 사용되는 방법이 발명되었다.

이 발명은 전화기가 처음 발명된 이래로 그 어떤 개량 발명들보다 더 위대한 것이라고 전문가들로부터 격찬을 받았다.

이 발명으로 그는 미국 전신전화 회사로부터 막대한 특허료를 받게 되었다.

향상의 길

이토록 놀라운 성공을 이루게 된 원인을 그는 이렇게 말하고 있다.

"긍정적 · 낙천적 · 활동적인 활발한 인생관 ——이 없었다면 오늘의 나는 존재하지 않을 것이다. 나는 항상 더 높은 이상을 향하여 노력하였다. 그 노력의 대가로 나타나는 것은 자신의 노력보다도 훨씬 큰 것이라는 신념으로 굳게 살아왔다.

나는 그것을 확신하며, 그 신념은 지금도 굳건하다. 나는 여러 번 매우 곤란한 처지에 부딪히곤 하였지만, 실패가 두려워서 노력을 포기하거나 뒷걸음친 적은 한 번도 없다.

욕구를 행동으로 이끄는 것은 이 활동적인 인생관이다. 문득 생각하기에 행동은 그 최종 목적에 비교하면 너무나도 보잘것없는 것으로 느껴질 때도 있다. 그러나 자신감은 그 노력의 단계에서 잉태되는 것이다. 그 노력의 대가로 좋은 결과가 나타나면 자신의 능력에 확신이 생기며, 더 높은 이상을 향해 노력을 거듭할수록 자신이 목표했던 최후 목적지에 가까워짐을 깨닫게 된다.

하여튼 사람은 자기 자신보다도 위대하고 강력한 어떤 존재를 믿지 않으면 안 된다. 자기 자신의 힘으로는 자기가 바라는 것을 달성하지 못하기 때문이다.

기적적인 힘은 적절한 시기에 나타나서 우리들을 돕는다. 우연이란 항상 우리 곁에 있다. 그것은 내가 미국에 상륙하자마자 사복 경찰이 아닌가 생각했던 사람처럼 홀연히 나타나서 당신의 팔을 붙들고 당신의 목적을 이루기 위해서 새로운 길로 인도해 줄지도 모른다.

그러나 모든 사람의 공통된 가장 큰 약점은 희망이 작다는 것이다. 우리들은 작은 것에도 큰 만족을 느끼며 노력을 중단해 버린다. 높고 더 큰 앞날에의 열렬한 기대가 우리들의 굳은 신조가 아니면 안 된다.

'희망과 이상을 높이 가져라.'

해야 할 새로운 일거리가 언제나 존재한다는 것을 알라. 자기가, 자기만이 꼭 이것을 하여야만 한다는 결의를 가져라. 자기만이 이것을 해내기 위하여 선택된 사람이라는 신념은, 당신의 행동에 더욱 강한 힘이 될 것이다.

이 세상에서 가장 가엾은 사람은 출발할 줄 모르는 사람이다. 이

러한 사람은 자기 자신의 능력에 확신을 갖지 못하고, 하늘은 스스
로 돕는 자를 돕는다는 것을 믿지 않는 자들이다."

제 2 장
진로의 확정

프랭크 보이드는 앞 장에서 지적한 '활동적 인생관'의 좋은 예가 될 만한 인물이다. 그는 어떠한 어려운 상황에 직면해도 두려워함이 없이 의연히 자기의 나갈 길을 관철하였다.

수년 전, 그는 어떤 광산용 전기 기계회사의 판매원이었다. 그때 그의 월급은 250달러였는데, 어느 날 사장이 그에게 이렇게 말했다.

"프랭크 군, 대단히 안 됐지만 전 사원 봉급을 15퍼센트 정도 감봉하지 않으면 안 되겠네."

"예, 그러십시오. 그러나 저도 대단히 죄송하지만 말씀대로 따를 수 없을지도 모르겠습니다. 저도 좋아서 회사를 그만두겠다는 것은 아닙니다."

이틀 동안 곰곰이 생각해 본 보이드는 감봉 조치를 도저히 동의

할 수 없다고 생각했다.

그는 언제나 푼돈 한푼 놀리지 않는 빠듯한 생활을 하고 있었기 때문에, 감봉되면 어떤 결과가 빗어지리라는 것이 뻔하였다. 월급의 15퍼센트는 매달의 의복값에 해당된다. 이 의복비를 줄이면 앞으로 벌거숭이가 될 것을 각오해야 하는가? 또 월급의 10퍼센트라는 돈은 교회와 그밖의 여러 자선단체에 기부하기 때문에 이것도 줄일 수는 없었다.

결국 보이드는 회사를 그만둘 수밖에 없다고 생각했다. 그러므로 하루빨리 그만두고 다른 일자리를 찾아야 했다. 그는 책상을 정리하면서, 앞일을 생각하니 답답하고 불안한 마음을 견디기가 어려웠다. 너무나 갑작스런 일이었기 때문에 이제부터 어디로 가서 일해야 좋을는지도 전혀 떠오르지 않았다.

가족을 생각하니 가슴은 더욱 무거워졌다. 다시 한 번 사장에게 가서 사직원의 취하를 말해 볼까 하는 마음도 번뜩 일어난다. 그러나 행동에 옮기지 않았다. 그렇게 한다면 지금까지의 동요 없던 생활 방침이 뒤바뀔질지도 모를 일이기 때문이다.

톱니바퀴는 거꾸로 돌지 않는다

그가 사무실을 나오려고 문에 이르렀을 때, 동료 한 사람이 뒤에서 불렀다.

"보이드 씨, 그랜드 씨에게서 전화왔습니다."

그랜드는 보이드의 옛 친구이며, 경쟁 회사의 판매 지배인이다. 전화의 요건은 그랜드가 어떤 회사에 기계를 설치하여 주는 일을 맡았는데, 9개월 기한으로 한 달에 250달러(이것은 보이드가 지금까지 받았던 금액과 같은 액수이다)의 보수로 일을 좀 해달라는 것이었다.

"자네가 말하는 조건이라면 더 말할 나위 있나. 좋네."

이리하여 보이드는 인생에 때때로 찾아드는 우연의 도움을 받고 우선 9개월 동안의 일거리를 얻게 되었다.

전화를 끊고 난 직후 보이드는 사장의 부름을 받았다.

"프랭크 군, 군의 주장은 사실 옳았네. 내가 다시 생각한 결과 월급 500달러를 넘는 사람만 감봉하기로 했으니 안심하게. 그리고 프랭크 군! 군의 능력에 비해, 지금까지의 월급이 너무 적은 것 같으니 지금부터 300달러로 할 터인데 마음에 들는지 모르겠네."

보이드는 그 말에 대하여, 호의는 감사하지만 금방 다른 회사와 계약을 했으므로 자리를 옮겨야겠다고 정중히 설명했다.

"그것, 정말 아깝게 되고 말았네. 그러나 약속은 지켜야 되니 내가 단념하지. 후일에는 내 청을 들어 주기 바라네."

사장은 약간 당황한 빛으로 서운해 했다.

❦

확고한 신념

8개월 후, 보이드가 임시로 맡은 일이 한 달만 지나면 끝날 무렵,

'얼마를 주면 돌아오겠는가?'라는 전보가, 먼젓번 회사에서 날아왔다. 보이드는 월급을 100달러 더 받기로 하고 전에 있던 회사로 돌아왔다.

그리고 1년 후, 회사의 판매실적이 또다시 악화되기 시작했다. 사장은 보이드를 불러들였다. 그리고 이렇게 말했다.

"프랭크 군, 군은 판매부 전체를 맡을 자신이 있겠는가?"

"할 수 있으리라 믿습니다."

사장은 전부터 판매 지배인을 제외시키고 직접 판매에 간섭하는 습관이 있었다. 보이드는 사장과 회사의 판매실적에 대하여 여러 가지 의견을 나누고, 그 동안 자기가 느끼고 있던 회사의 그릇된 방침들을 자세히 설명하였다.

사장은 미소를 띠며 말하였다.

"군의 그 개선책을 실행함에 있어 회사가 군에게 얼마나 지불하면 되겠나?"

"연봉으로 1만 달러 받을 수 있으면 좋겠습니다."

보이드는 태연히 대답하였다. 사장은 책상을 탁 치고 나서 껄껄 웃으며 말하였다.

"군의 그 자신감에는 정말 놀랄 수밖에…… 그런데 다른 조건은 더 없나?"

보이드는 이에 대하여 매우 진지하게, 그리고 냉정한 어조로 조건을 제시했다.

봉급은 연봉 1만 달러에서 한 푼도 깎아서는 안 된다는 것, 모든 책임을 자신에게 맡겨야 한다는 것, 그리고 판매 지배인을 제외시

킨 채 사장이 직접 판매에 간섭하지 못하도록 시정해 주고, 판매원
은 판매 지배인의 지위와 명령을 받게 할 것 등을 말하였다.

"알았네. 연봉 1만 달러의 보수로, 책임지고 1년 동안 일하여 보
게. 군의 의견을 듣고 보니 정말 군은 이 일을 잘 해나갈 것으로
믿어지네. 그러나 내게도 요구할 조건이 있으니, 우리 이렇게 하여
보세. 만일 군이 지금부터 1년 후에 하루의 평균 매상고를 현재의
2천 달러에서 4천 달러로 올리면 말할 것도 없지만, 만약 그렇게
못하면 군은 벌거숭이가 되는 거네."

"물론입니다."

"틀림없이?"

"네."

이 약속이 실행된 후 1년만에 판매실적은 사장이 지시한 액수를
훨씬 넘는 하루 평균 7천 달러를 돌파했다.

그 후 점점 더 매상고가 올라갔고, 동시에 그의 보수도 점차 늘
어 갔다.

❦

창의의 열정

보이드는 판매 지배인이 되자, 모든 정열을 다하여 새로운 계획
과 세밀하고 효과적인 방법의 발견·첨가·시정에 열정을 쏟았다.

그는 우선 보너스 제도를 만들어, 판매실적에 따라 특별 보수를
받을 수 있게 하였다. 그가 이 계획을 제출하자, 사장은 그 계획

문안을 보이드에게 다시 넘겨 주며,

"판매원에게 보너스를 주다니, 터무니없는 소릴세. 그런 돈은 한 푼도 줄 수 없어!"

보이드는 사장의 완고하고 몰이해한 태도에도 쉽사리 물러서지 않았다.

그는 곰곰이 다른 방법을 생각해 냈다. 이번엔 보너스 제도를 수 정하여, 판매액을 올린 사람에게는 보너스가 아닌 상금을 주고 표창하는 형식을 고안해 냈다. 열흘쯤 지나서 보이드는 이 계획을 사장에게 제출했다.

사장은 자세히 검토한 후,

"이것은 먼젓번 보너스 안과 마찬가지 아닌가. 그러나 이 편이 좀 낫네. 한번 시험 삼아 해 보는 것도 좋겠지. 상당한 지출이지만 먼젓번 것보다는 부담도 적어질 것 같네. 다만 이것이 실패하여 적 자를 내면 군은 각오해야 하네."

이 계획을 실시하자 회사는 1년에 1만 7천 달러 정도 이익이 늘 었고 2년만에 10만 달러의 이익을 얻었다. 판매원들의 월수입도 7 퍼센트에서 10퍼센트로 늘어났다.

말할 것도 없이 이 경쟁제도는 회사 중역들에게도 환영을 받아, 현대에는 능률적인 제도로서 인정을 받기에 이르렀다.

큰 실망에 빠지게 될 만한 중대한 일에 직면하면서도, 보이드는 어찌하여 이처럼 결연한 태도로 일관할 수 있었을까? 내가 앞서 지적한 긍정적이며 건설적인 명랑한 인생관 ——성공자 특유의 인 생관 ——은 보이드의 특징이었다. 동시에 그의 행동 또한 자신감

있는 행동이었다는 것을 여러분은 이미 이해하였을 것이다. 어찌하
여 그는 이러한 인생관, 이처럼 거리낌 없는 자신감을 얻을 수가
있었을까?

자신의 기초

그는 30년 전에 벌써 인생의 여러 가지 문제에 대해 자기의 해답
을 구하였다. 인생의 여러 문제는 모든 사람들이 2, 30대에 들어서
면서부터 반드시 부딪치게 되는 중요한 문제이다.

그는 자기가 바라는 지위를 얻기 위해서 치르지 않으면 안 될
대가를 생각하고, 이것을 위하여 한때의 고생스러운 노력은 반드시
있어야 함을 각오했으며, 이것을 극복할 결심을 하였던 것이다.

즉, 그는 인생의 대가를 읽는 법을 알고, 그 정가표에 따라 자기
가 소망하는 것을 얻을 때 그 대가로 지불할 준비를 언제나 명심
하고 있었던 것이다.

또한 다른 모든 일과 함께 보이드는 면밀한 계획에 의해서 자기
의 생활을 유지해 나가는 데 얼마만한 수입이 필요한가를 뚜렷이
알고 있었다. 그리고 한번 약속한 일이라면, 어떠한 비공식적인 약
속이라도 정확하게 이행하였다. 자기의 직무에 대해서는 끊임없이
문제점을 찾아내서 적절한 처리방법을 연구했으며 어떠한 경우라
도 자기가 마음 먹은대로 돌진했다.

아래에 적은 사항은 보이드가 직접 문제를 만들어 거기에 해답

을 내린 항목들인데, 이것을 이용하여 당신의 인생을 생각해 본다면, 당신이 나아갈 길을 결정하고 인생의 여러 문제와 당신 자신과의 관계를 인식하는 데 큰 도움이 될 것으로 믿는다.

제1유형

제1유형은 당신의 도덕적 성격을 가늠해 보는 것이다.

1. 나는 어떤 사람이고 어떤 종교적 신념을 가지고 있는가.

2. 나는 인생의 명확한 목적을 가지고 있는가. 즉, 앞으로 2, 3년 내지 10년 안에 달성시킬 목표를 명백히 말할 수 있는가.

3. 친구나 동료, 윗사람에게 성실하고 솔직한가.

4. 나는 도덕적으로 결백한가.

5. 자신의 목적을 이루기 위해서 항상 노력하고 있는가.

6. 장래를 위한 지식을 쌓기 위하여 연구를 게을리하지 않는가.

제2유형

제2유형은 육체적인 조건에 관계되는 것으로, 이것 역시 즉석에서 답변할 수 있을 것이다.

1. 육체적인 약점이 있는가.

2. 신장에 비하여 체중이 보통인가.

3. 음식 섭취는 잘하고 있는가.

4. 매일 밤 충분한 수면을 취하는가.

5. 운동은 충분한가.

6. 몸과 마음에 나쁜 영향을 끼칠 좋지 못한 습관은 없는가.

제3유형

제3유형은 간단히 답변할 수 없을지도 모르겠다. 그러나 잘 생각해서 될 수 있는 한 명확한 해답을 내리도록 하자.

1. 쉽사리 실망하거나 낙담하지 않는가.

2. 생활상의 어려움으로 인해 극단적으로 낙관하거나 비관하지 않는가.

3. 실망이나 낙담했을 때에도 일을 평상시와 같이 계속할 수 있는가.

4. 맡은 일에 정력을 다 기울이고 있는가.

5. 어제 그르친 일 때문에 오늘의 일에 방해를 받지는 않는가.

6. 신속하고 명확하게 결단을 내릴 수 있는가.

7. 확신 있는 해답을 내릴 때까지 문제에 집중할 수 있는가.

8. 동료나 상사에게 정직한가.

9. 생각이 깊고 신중하며 기지가 있고 친절한가.

10. 의견이 다른데도 불구하고 타인의 의견만을 좇은 일이 있었는가.

11. 일에 빈틈이 없고, 또한 일하는 태도가 훌륭하다고 생각하는가.

12. 수입의 몇 퍼센트를 저축하고 있는가.

13. 교양과 지위의 향상을 위해서 수입의 몇 퍼센트를 쓰고 있는가.

14. 기술과 집중력·결단성·인내력·깊은 생각·믿음성 중에서 자신의 지위에 가장 필요한 것은 무엇인가.

15. 위와 같은 성능을 얼마나 지니고 있는가.

16. 현재의 일은 자신의 일생에 얼마나 의의를 가지는가.

17. 현재의 일은 자신의 일생을 걸만큼 희망이 있는가.

18. 희망이 없다면, 인생을 걸 만한 적합한 일이 있는가.

19. 당신은 왜 위의 사항에 그러한 답변을 하였나.

20. 당신은 자신의 인생에 궁극적인 목적을 달성할 수 있는 인물인가.

마지막으로 제20조항에 대한 해답은 위의 모든 해답을 종합한 결과로 내려지는 것이다.

❀
인생 행로의 지표

이상 세 가지 유형의 문제에 대한 해답은 당신에게 중요한 지침이 된다. 또한 당신이 자신의 인생 행로에서 부딪히는 여러 문제에 대해 처리 방법을 알려줄 것이다. 위의 사항을 얼핏 보면 아무것도 아닌 듯하지만, 실은 그렇지 않다. 그러므로 뜻을 잘 생각하고 여기에 대한 답변을 정확히 할 수 있도록 자기의 생활 태도를 고치고자 노력할 때, 당신은 성공의 가장 큰 요건이 되는 긍정적이고 확신적이며 활동적인 발랄한 인생관을 획득할 것이다.

그러므로 당신은 세상을 비관적으로 보거나 회의적인 두려움에 빠지지 않으며 높은 이상을 기대할 수 있게 된다.

3개월이 지나면 각 사항에 다시 한 번 답해 보라. 그리하여 3개

월 전의 해답과 비교해 보라. 이것을 끊임없이 되풀이할 때, 당신
은 현재의 지위보다 진보·향상된 모습을 똑똑하게 인식할 수 있
을 것이다.

제 3 장
인생의 건축기사

　뉴욕의 맞은편 허드슨 강을 사이에 두고 자리잡은 뉴저지 주 파리세드 한 모퉁이의 전망 좋은 곳에 서서, 수백 피트 아래쪽을 내려다보면, 수백 명의 사람들이 마치 개미떼처럼 분주히 오가며, 어깨 위에 무엇인가를 메어 나르고, 또는 줄을 당기며 열심히 일하는 것이 보인다.

　이렇게 높은 데서 내려다보면 모든 광경은 마치 개미집을 상자 속에 넣고 들여다보는 것과 같다.

　딱정벌레처럼 작게 보이지만 실은 굉장히 큰 뗏목이 발동선에 끌리어 잠함 ——물 속에 있는 큰 나무통 ——이 있는 쪽으로 미끄러져 간다. 그 잠함은 아이들 장난감만하게 보이나, 실은 상상할 수 없을 만큼 큰 것이다. 뗏목이 운반하여 온 시멘트와 자갈은 이 잠함 속에서 콘크리트가 되어, 허드슨 강의 수면에서 85피트 아래

땅바닥에 깔려 있는 암반 위에 그 주추를 놓는 것이다.

옆에서 젊은 기사가 설명하여 준다.

"저 주추를 하나 만드는 데에도 수천 평방야드의 시멘트가 사용됩니다. 저것이 만들어지면 인간이 만든 물체로서는 역사상 최대의 것이 됩니다.

그리고 그 주추 위에는 수면 위로 6백 피트 높이의 철탑이 서게 되지요. 강 건너 저 뉴욕에도 똑같은 높이의 철탑이 세워질 것이며, 양쪽 철탑 사이에는 굵기가 전신주 둘레만한 강철 로프가 있는데 그 길이는 1,500피트이고, 앞으로 샌프란시스코의 금문만에 만들어질 다리를 제외하면 세계에서 제일 긴 것이며, 그 다음가는 다리의 길이보다도 두 배나 긴 셈이 된답니다."

이리하여 그 후 조지 워싱턴 다리는 세계의 눈을 경탄시키며 훌륭한 모습으로 준공되었다. 그 모습을 멀리서 바라보면 단순하고 경쾌한 구조가 탐스러울 만큼 아름다운 인상을 준다.

길이가 3,500피트인 강철 로프를 하늘 높이 걸고, 그 다리 위를 자동차와 수많은 사람들이 수시로 왕래한다.

이 위대한 공적을 쌓기까지의 여러 가지 장애 ——높이와 거리와 풍압, 물과 열, 한냉 등 ——를 극복하는 데에는 수많은 기술자와 노동자가 참가하고 있다.

그러나 어떤 의미에서 그 원형은 한 사람의 위대한 인물 오르맬 H. 애먼느의 머리로 만들어졌다 하여도 과언이 아니다.

인생 건축의 출발점

애먼느는 샤퍼젠이라는 오래 되고 조그마한, 그리고 조용한 마을에서 자라났다. 어렸을 때부터 그림을 잘 그려 앞으로 미술가가 되겠다는 희망을 품고 있었다.

샤퍼젠의 마을 한가운데로 라인 강이 흐르고 거기에 세계에서 제일 긴 나무 다리가 놓여 있다. 그 길이는 4백 피트, 폭은 18피트이며, 이 다리를 만든 사람은 위리히 그류벤만이라는 교육도 별로 받지 않은 시골 목수였다.

그 다리는 모두 나무만으로 만들어졌는데 흔히 볼 수 있는 시골의 조그마한 냇물 위에 놓인 나무 다리를 연상하면 된다. 그런데 이 다리에는 대들보가 없다. 강물 위에 걸친 조그마한 나무 다리를 어떤 마술사가 엿가락을 늘이듯 길게 뽑아 놓은 것 같다. 이 다리를 멀리서 보면 무척 쓸쓸해 보일 정도로 퍽 소박하다. 애먼느 소년은 스케치북과 연필을 들고 그림을 그리기 위해 답사한 풍경 가운데 이 다리의 소박한 아름다움에 이끌려 건축에 흥미를 갖게 되었다.

그는 중학생 시절에도 스케치북을 손에서 놓지 않았다. 건축가가 되려는 욕망은 차츰 그의 가슴 속에 싹트고 있었다. 대학교에 들어가서는 수학에 흥미를 느꼈다. 정밀과학에의 흥미는 더욱 커서, 대학 졸업 후 공학 연구를 위하여 스위스의 공예 학원에 들어갔다. 그러나 이 때는 아직 공학의 어느 부문을 전공하느냐에 대해서 결심이 서지 않고 있었다.

공예 학원 2학년 여름방학 때, 그는 우연하게도 교량회사에서 일하게 되었다. 이 시기에 그는 교량건축에 대해 얼마간의 실제적인 지식을 얻었다. 다리가 세워지는 것도 보고 일부 다리의 제작을 직접 감독, 설계도 하였다.

목적을 잡아라

애먼느는 고향에 돌아와서 다시 한 번 위리히 그류벤만이 만든 나무 다리를 보았다.

어쩌면 저리도 아담할까? 그리고 대들보도 없이 저리도 길게 훌륭히 내뻗었을까? 더구나 그 뛰어난 다리는 교량건축에 대해 전혀 배운 것이 없는 시골 목수의 손으로 이루어진 것이다. 그는 새로운 눈으로 다리를 바라보며 감탄했다.

공예 학원의 교수 중에 힐가드라는 사람이 있었다. 그는 북태평양 철도회사의 철교 건축기사로서 미국에서 많은 성공을 거두어 유명해졌으며 최근에 귀국하였는데, 학생들에게 종종 미국의 교량건축 실정을 말하여 주곤 했다.

"미국에서는 모든 일이 이곳 유럽보다도 능률적으로 행하여지고 있다. 미국은 젊은 나라다. 그들은 아직 개척되지 않은 여러 문제점들이 앞에 놓여 있기 때문에 열심히 연구하며 건설사업에 열중하고 있다.

기계의 사용도 이곳보다 훨씬 앞서 있고 기술자가 자유스럽게 자기의 연구 결과를 발휘할 수 있는 기회도 많다. 유럽에서는 경험이 많은 백발 노인이 아니면 맡겨지지 않을 만한 큰 사업을 젊은 친구들이 얼마든지 해내고 있다."

학생들이나 그밖의 사람들이 미국에 대한 지나친 숭배의식이라고 그를 비웃었다. 그렇지만 힐가드 교수는 새롭고 진실한 배움을 위하여 자신의 견문을 피력하는 데 조금도 거침이 없었다. 당시 미국의 대표적 다리인 브루클린 다리의 사진이라든지, 그밖의 오하이오 강, 미시시피 강들의 사진을 보여 주며, 또한 최근 허드슨 강에도 큰 다리를 놓는다는 말이 떠돌고 있다는 이야기를 종종 들려주었다.

이런 이야기들은 애먼느에게 하나의 지표를 심어 주고 인생의 목적을 깨닫게 했다. 그리고 미국에서의 이러한 큰 교량건축에 자기도 참가하여 보리라는 결심을 굳게 하였다.

그러나 그는 즉시 시작하지는 못하였다. 그는 이제 겨우 스물을 갓 넘은, 아직 배움의 도중에 있는 청년이었기 때문이다. 공예 학원을 마치자마자 그는 스위스의 건축회사에 입사하여 설계와 현장감독을 맡았다. 그리고 독일의 한 회사의 초청으로 교량건축의 설계와 현장 공사일에 종사하게 되었다.

그리하여 그는 점차로 실제 경험을 쌓아 오랫동안 바랐던 꿈, 신대륙에 건너가 큰 교량건축에 참가하려는 자신감이 생겼던 것이다.

1903년, 미국에서는 서부의 철도공사가 시작되어 뉴욕의 이스트 강에 대철교가 걸리게 되고, 드디어는 허드슨 강에도 대규모의 철교가 세워지리라는 소문이 무르익고 있었다.

❦

꿈 을 위 한 돌 진

"이 소문을 듣고 나의 가슴은 뛰었다. 그러나 가장 흥미를 끈 것은 허드슨 강에 놓여질 다리의 길이었다. 이 길이야말로 문제 중에서도 가장 큰 문제였기 때문이다."
라고 애먼느는 당시의 일을 감개무량한 듯 회상했다.

그 당시 허드슨 강에 다리를 놓는다는 것은 하나의 꿈에 지나지 않았다. 소문이 나돌기는 했지만 다리를 놓는 일이 실제로 착수되는 것은 언제일지 알 수 없는 노릇이었다. 그러나 애먼느는 그 꿈을 이루려는 생각에 어쩔 줄을 몰랐다.

그의 눈에는 라인 강에 놓인 그 길고 긴 나무 다리와 새로이 세워질 허드슨 강의 철교가 뚜렷하게 보이는 듯하였다. 마침내 미국에 건너갈 때가 왔다고 생각하며 이 결심을 힐가드 교수와 상의하자, 교수는

"가게! 무슨 일을 하더라도 가서 경험을 쌓아야 한다. 그곳에 가거든 눈과 귀를 크게 열고, 입은 꼭 다물어야 해."
하고 충고를 해 주고 몇 통의 소개장도 써주었다. 이 계획을 자신이 근무하는 회사에 말하자,

"그런 터무니없는 일은 그만두게. 미국으로 건너가는 것보다는 여기 있는 것이 확실히 좋을걸세."

하고 만류했다. 그러나 그의 결심은 돌이킬 수가 없었다.

1904년 봄, 그는 고향을 떠나 뉴욕에 도착하였다. 뉴욕에서 그는 경험을 쌓는 일이라면 무엇이든 했다. 그의 이름이 미국에서 유명해지자, 유럽에서 유리한 조건으로 그를 초빙하려는 신청도 많았지만 모두 거절하였다. 그는 1907년에 추락 사건을 일으킨 세인트로렌스 강의 미벡 다리의 사고 원인 연구에 전력을 기울였다.

그 동안 그가 오랫동안 그려왔던 꿈을 이룰 때가 왔다. 뉴욕시 항만부에서 착수한 대사업인 허드슨 강의 조지 워싱턴 다리 건설의 주임기사로 뽑히게 된 것이다. 물론 그는 이 대공사에 커다란 성공을 거둔 다음, 계속해서 샌프란시스코 금문만 다리의 설계와 시공의 고문이 되었다.

건축을 자기 손으로

애먼느의 이 성공은 우연히 얻어진 결과라고 할 수 없다. 출세할 기회가 많았던 것은 사실이지만, 그것은 누구에게나 한두 번은 찾아오는 운명의 혜택일 따름이었다. 그러나 다른 일에 관여하지 않고 오직 자기의 목적을 향하여 매진하는 사람만이 그 기회를 잡을 수 있다.

애먼느는 유럽의 개척 시대에 일체 다른 것에 눈을 돌리지 않고, 오직 미국에 건너가서 대교량을 건설하겠다는 야망만을 변함 없는 목표로 삼았다. 그의 머리 속에 항상 그렸던 것은 오직 세계 최대의 교량이었으며, 그 다리를 건설할 강을 찾기 위하여 대서양을 건넜던 것이다.

미국에 건너가서도 그는 항상 자기의 목표를 대교량 건설에 두고 그 이상을 향해 일했으며, 모든 경험도 오직 이 야망을 이루기 위해서 최선을 다했다.

인생의 대가를 읽고, 여기에 대한 지불을 하기 위하여 꾸준히 노력할 때, 인생 건축의 근본 문제를 해결하는 기초공사가 행하여지는 것이다.

교량의 건축 기술에 요구되는 대가는 건설 현장의 여러 조건을 빈틈없이 측정하는 능력, 즉 시공에 필요한 재료와 기술을 사용하는 능력들이다.

이 일은 인생 건축에 있어서도 마찬가지다. 교량 건축가라 하여 다리를 놓는 기술과 능력이 능숙하다 해도 그와 동시에 인생 건축도 알아두어야만 완전한 성공을 할 수 있다.

우리들은 자신의 인생 건축을 설계하지 않으면 안 된다. 타인이 이 일을 해 줄 리도 없고, 할 수도 없기 때문이다.

제 **4** 장
직업선택의 시각

제너럴 전기회사에 전기의 마술사라 불리우며, 수많은 기술자를 고용하여 기업을 이끌고 있는 찰스 P. 스타인메츠에게 어느 신문기자가 질문을 했다.

"성공할 수 있는 유명한 청년과 그렇지 못한 청년을 어떻게 구별하십니까?"

그는 진지하게 대답하였다.

"어떤 목적 ——월급이 오른다든가, 큰 부자가 된다든가 ——을 달성하기 위한 수단으로 직업에 종사하는 사람을 나는 원하지 않습니다. 나는 일을 위하여 일하는 사람을 좋아합니다. 자기 일을 즐기며 더욱더 새로운 것에 도전하는 사람은 퇴보하지 않고 향상하게 됩니다. 일이라는 것은 거기에 종사하는 사람을 태운 모터와 같아서 그 모터를 더욱더 완전하고 힘 있게 만들려고 노력하는 사람은 그 모터의 움직임에 따라 점차 더 발전할 것이고, 현재의 모터의 움직임에 만족한다면 끝내는 정지할 수밖에 없을 것입니다."

이 스타인메츠의 말은 '사람은 인생의 건축기사로서 자기 일에 온갖 정력을 쏟지 않으면 안 된다'는 뜻이다. 누구나 흥미 없는 일에는 열심히 할 수가 없다. 그렇기 때문에 자기의 적성에 알맞는 직업을 구하여야만 된다.

자신의 적성에 맞는 일에는 흥미를 느끼기 때문이다.

천부적인 재능을 찾아내라

바트 에베렛의 중학교 졸업도 눈앞으로 다가왔다.

그는 취업 담당자가 배부한 조사표에 졸업 후의 직업으로 세일즈맨이 되겠다고 썼다.

그러나 과연 그 직업이 자기의 적성에 적합한 것인지도 몰랐고 그 방면에 대단한 흥미가 있는 것도 아니었다. 그러면 왜 세일즈맨이라는 직업을 지망하였는가. 그 이유는 단지 아버지가 목재 판매원으로서 성공하였으며, 형도 보험회사 판매원으로 성공하고 있기 때문이었다.

그런데 담임 선생은 이 조사표를 보고, 고개를 갸우뚱했다. 그는 에베렛의 성품을 잘 알고 있었기 때문이다. 에베렛은 천성적으로 분위기를 언제나 즐겁게 이끄는 능력이 있었으며 학교에서 밴드를 조직하고 있었다.

그가 콧노래를 하거나 휘파람을 불면, 모든 학생들이 모여들어 노래를 합창하며 장단에 맞추어 춤을 춘다. 그는 오케스트라나 밴드의 지휘자가 될 소질을 가지고 있었다.

담임 선생에게서 이런 말을 전해 들은 취업 담당자는 에베렛에게 조용히 말하였다.

"바트 군, 군은 왜 훌륭한 재능을 버리고 판매원같이 경쟁이 치열한 일을 택하는가. 그것은 아까운 보물을 땅 속에 묻는 것과 같은 일이야. 각 중학교에서 밴드의 지휘자를 구해 달라는 신청도 많은데, 우리들은 적격자가 많지 않아 고심하고 있네. 그러니 다시 잘 생각해 보는 것이 어떤가?"

이 조언으로 그는 자기 자신을 되돌아본 후 적성에 맞는 음악적인 직업을 골라 매진하게 되었다.

중학교를 마친 수년 후, 그는 한 대학의 밴드 지휘자가 되어 있었다.

흥미의 마력

클리블랜드에 위크스라는 중년 의사가 있었다. 그는 양친이 바라는 대로 의사가 되었다. 그러나 내색은 안 했지만, 마음속으로는 자기 적성에 맞지 않는 직업이라고 항상 느끼고 있었다. 그는 해가 갈수록 자신의 직업에 더욱더 흥미를 잃어갔다.

위크스의 집은 대단한 부자였기 때문에, 의사라는 직업에 그다지 열중하지 않아도 넉넉히 먹고 살 수가 있었다. 그래서 그는 대부분의 시간을 골프나 운동으로 보내고, 환자를 진찰하는 것은 취미에 속하는 일이었다.

어느 날, 골프 링크스 식당에서 점심을 먹으며, 그는 한 친구에게 자기의 괴로움과 의사 생활의 무의미함을 한탄하였다.

"그러면 의사를 그만두면 되지 않나?"

"다 틀렸네. 다시 시작하기에는 너무 늙어버렸어."

"아니, 이 사람아. 자네는 재산이 많잖은가. 그러니 급히 서두를 것 없이 천천히 새 일을 찾을 수가 있지 않은가 말일세."

"무엇을 해야 될지 나도 모르겠단 말이야. 그러나 이대로 의사 노릇을 하는 것이 인생의 낭비라는 것은 알고 있지."

"자네에게 적합한 것을 찾아보게. 마침 내가 잘 아는 직업적성 연구가가 있는데, 거기 찾아가서 상의하여 보게."

위크스는 그 친구로부터 소개장을 얻어 테일러 박사를 찾아갔다. 테일러 박사는 그의 성격·습관·취미·기호·생활 등을 충분히 검토한 결과, 그가 실업인으로서 감각이 뛰어나며, 스포츠에 상당한 관심이 있음을 알아냈다.

그는 이 조사를 토대로 적당하다고 생각되는 여러 가지 직업 중에서 스포츠 도구 제조사업을 권유하였는데, 이것이 위크스의 마음을 크게 흔들었다.

그는 곧 의사직을 그만두고 경험을 얻기 위하여 스포츠 상점의 판매원으로 잠시 일한 다음 계속 노력하여, 오늘날에는 미국에서 제일 큰 운동용구 제조회사의 중역으로 활약하고 있다.

현명한 전업(轉業)

셀든 벤다는 농업 전문학교를 졸업하였지만, 농사일에 종사할 생각이 없어서 은행에 취직하였다. 1, 2년 후 그는 자신의 선택이 잘못되었음을 깨달았다. 그래서 직업적성 연구가에게 상의하러 갔다. 거기서 그는 세일즈맨이 되었으면 좋겠으나, 여기저기 뛰어다녀야 하는 일은 질색이라고 솔직히 말했다. 연구가는 벤다가 자신의 적성을 파악하지 못하고 있음을 알고, 두 가지 질문을 했다.

"당신은 자주 실망하거나 낙담하지 않는가?"

"예."

"실망과 낙담도 자주 하지만, 확신과 희망을 가지고 다음 일에 용기를 내어 정진할 수 있는가?"

"예."

벤다는 이 두 가지 질문과 자기의 답변을 깊이 생각해 본 후, 결국 세일즈맨의 소질이 있음을 믿게 되었다. 그리하여 카탈로그 회사의 판매원이 되었으며 1년반 후에는 그 회사의 지점장이 되었다. 그러던 어느 날, 그는 또다시 예전의 직업적성 연구가를 찾아가서 한 가지 문제를 상의하였다.

"어떤 농기구 제조회사의 카탈로그를 보다가 '노력을 절약하는 전기 농기구'가 우연히 눈에 띄었습니다. 그래서 그것을 직접 팔고 싶은데 어떻게 하면 좋겠습니까?"

결국 그는 농기구 판매회사로 자리를 옮겼다. 농기구는 그가 팔고 싶은 물건이었기 때문에 3년 만에 서부지방의 어느 대회사의 판매 지배인이 될 만큼 놀라운 수완을 발휘하였다.

그는 자신의 모든 능력을 집중하고 발휘할 수 있는 일을 여기에서 발견하였던 것이다.

❀

다시 한 번 검토하라

랄프 휴라는 피츠부르크 대학을 졸업하고 가족을 부양하기 위하여 대형 백화점에서 가죽장갑을 팔았다.

처음에는 홍미가 있었지만, 2년쯤 계속하다 보니 차츰 싫증이 났다. 한자리에만 계속 머물러 있으니 더 이상 가죽장갑에 대하여 알 것도 없을뿐더러, 도무지 새로운 홍미를 끄는 것은 전혀 없는 듯했다.

그래서 그는 다른 제철 회사로 옮기기로 했다. 그 생각을 모교의 취업 담당자에게 이야기하였더니, 취업 담당자는 자세히 검토한 결과, 휴라는 철강업에 알맞는 인물이 아니라는 것을 알아냈다. 분명한 것은, 그는 그저 현재의 일에 싫증이 났다는 것뿐이었다.

그래서 그는 휴라에게 몇 가지 질문을 했다.

장갑에는, 몇 종류의 가죽이 사용되고 가죽의 산지는 어디이며 가죽장갑 제조업자들은 어떻게 하여 굵은 손가락이나 가는 손가락에도 꼭 들어맞게 만들어 내는지 질문했다.

휴라는 그 질문에 전혀 대답하지 못했다. 그래서 그는 직업을 바꾸기 전에 가죽장갑에 대해 연구하기로 했다.

그는 가죽장갑 제조업자에게 편지로 문의하기도 하고 제조공장에 견학도 자주 갔다. 그리고 가죽장갑의 재료가 되는 동물의 생태 연구도 시작하였다.

어느 날, 그는 모교의 취업보도실에 유쾌한 한 통의 편지를 보냈다. 그 내용은 한 귀부인에게 암사슴 가죽으로 만든 여성용 고급 장갑을 팔았다는 것으로서, 흥미로운 에피소드가 있었다.

그 부인은 당장 필요한 물건이 아니라면서 안 사겠다고 거절하였는데, 그가 암사슴에 대해서 여러 가지 재미있는 이야기를 들려주었더니, 호기심이 생겨 고급 가죽장갑을 사가지고 갔다는 내용이었다.

그 후, 휴라는 자신의 직업에 커다란 장래성을 발견하였다.

현재 그는 미국에서 가죽장갑과 가죽 제품 분야에서 손꼽히는 권위자가 되어 있다.

이로써 당신이 종사하고 있는 현재의 일에도 커다란 성공의 열쇠가 숨겨져 있음을 알 수 있다. 성공의 열쇠를 찾기 위해 노력도 하지 않고 싫증을 느끼는 사람이 이 세상에는 너무 많다. 이 이야기는 그들에게 좋은 교훈을 줄 것이다.

자칫 잘못 생각하여 자기 손 안에 있는 큰 기회를 놓치는 일은 다시 한 번 검토함으로써 막아야 할 것이다.

포드의 다섯 가지 조언

나는 전에 헨리 포드에게, 산업계에서 손꼽히는 지도자가 되기 위해서는 어떻게 하는 것이 좋은가 물어보았다. 그때 포드가 한 말을 요약해 보겠다.

그것은 다섯 가지로 말할 수 있는데, 산업계뿐만 아니라 세상에서 유명한 성공자가 되기 위한 근본적인 원리가 될 것이다.

첫째는 신중하라는 것이다.

자기 자신과 주변을 언제나 깨끗하게 정돈하라. 이것을 실천할 수 있는 사람은 반드시 뛰어난 사람이 될 것이다. 질서·정돈·신중은 능률을 발휘하는 데 크나큰 효과를 나타낸다.

자신이 사용하는 도구들을 언제나 깨끗하게 하는 사람은 좋은 일을 할 수 있다. 난잡한 것은 원재료의 낭비나 정신적·육체적 낭비를 의미한다.

둘째, 새로운 일을 시작할 때 ──논문을 쓰거나 새 기계를 설계하거나 어떤 생산 방법을 개량한다거나── 는 먼저 역대 연구가들을 충분히 살펴보라는 것이다.

나는 언젠가 일류 설계 기사를 고용해서 직물기계의 개량을 부탁한 일이 있었다.

나는 그 기사에게 지금까지의 어떤 직물기계보다도 훌륭한 기계를 만들어 내도록 부탁했다. 그런데 이 기사는 다른 기계에는 일류 기술자였지만, 직물기계의 설계는 처음이었다. 나는 이 기사에게 현재 시판되고 있는 직물기계에 대한 예비적 연구는 하지 말고, 백지상태에서 출발하도록 하였다.

기사는 나와의 약속대로 지금까지 시중에 나와 있는 기계는 거들떠보지도 않은 채 백지상태에서 막대한 경비의 후원을 받으며 일을 하였다. 그런데 그렇게 많은 노력과 시간과 비용을 써서 만들어진 것은 여태껏 세상에서 쓰이고 있는 직물기계에 비하여 별로 우수한 것은 못 되었다. 결국 그 기사의 노력은 허사였다.

셋째, 어떤 사람들은 일생을 연구에만 헌신하는데, 그 연구를 실행으로 옮기는 것이 중요하다. 아는 것을 실행하라. 지식을 최대한으로 활용하라. 실행함으로써 더욱더 알아야 될 요점이 발견되는 것이다.

넷째, 결심한 것에 대하여 자신의 능력을 의심하지 말라. 물론 사람에게는 항상 한계가 있기 마련이다. 그러나 그 한계가 어디 있는지는 아무도 모른다. 사람은 누구나 자기가 생각하는 것보다 더 큰 일을 해낼 수 있다.

다섯째, 자식을 학교에 보내는 것이 그 자식에게 자본을 투자하는 것과 마찬가지인 것처럼, 모든 돈을 자기의 지위 향상을 위하여 아끼지 말라.

돈을 모으는 것이 무슨 필요가 있는가. 특히 젊은이가 해야 할 것은 현재 돈 모으는 것이 아니라, 그것을 사용하여 장차 쓸모 있는 사람이 되기 위한 훈련과 지식과 경험을 쌓는 것이다. 옛날에는 노후를 대비하여 돈을 모으라고 아이들에게 가르쳤었다.

돈을 은행에 저축하여도 창의력이나 지도자의 자격은 양성되지 않는다. 그래서 나는 아이들에게 이렇게 강조한다.

'너의 돈을 써라. 향상을 얻을 수 있는 일에 돈을 써라. 유용한 일에 쓰고도 남는다는 것은 장래에 할 소리다.'

제 5 장
개성의 정가표

보프 헐버트를 내가 처음 만났을 때, 그는 부엌용품과 전기용품을 만드는 중소기업 판매부 부지배인으로 있었다. 그는 상냥하고 책임감이 있으며, 또한 듣기 좋은 저음의 목소리를 가지고 있어서 노래를 부를 기회만 있으면 모든 일을 제쳐 놓고라도 노래를 부르러 가곤 하였다. 이렇듯 일에 좀 태만하였지만, 회사에서는 상당한 신뢰를 받고 있었다.

내가 보프와 연락이 끊기기 몇 주일 전, 보프의 신변에 불행한 일이 일어났다. 돌연 그의 직속 상관인 판매 지배인이 죽었다. 당연히 보프가 그 후임으로 판매 지배인이 되는 줄 알았는데, 의외로 외부에서 새로운 지배인이 초빙됐던 것이다.

그것은 회사 내부에서도 하나의 놀라움이었다. 어떤 사람은 보프가 정당한 취급을 받지 못하고 있음을 동정했다.

이와 반대로, 종종 일에 태만하여 동료들한테 책임을 떠맡기곤 했으므로 당연한 결과라고 수군대는 사람도 있었다. 이때 보프의 나이는 이미 35세였으므로 친구들은 보프의 인생도 끝이라고 마음 아프게 생각했다.

승진의 기회를 놓친 것은 보프에게 큰 상처를 주었음에 틀림없었다. 그러나 그것이 자신의 인생에 어떠한 결과를 가져왔는가는 훨씬 후에야 비로소 알게 되었다.

최근의 일이다. 내가 시카고에 갔었을 때, 한 친구에게서 보프의 얘기를 듣고 깜짝 놀랐다. 보프가 굉장한 성공을 거두고 있다고 했다. 15년 전, 보프의 친구들이 꿈에도 상상할 수 없을 정도의 대단한 성공이었다.

보프 헐버트는 시카고의 유명한 대농기구 회사의 판매 지배인이되어 있었다. 그는 5백 명의 판매원을 거느리고 있으며, 판매계에서는 그를 '인간 제조기'라고 불렀다.

그는 신인이든 고참이든 가리지 않고 성격이 나쁜 사람을 일일이 지도하여, 일류 판매원으로 만들어 내는 데 특별한 재주가 있다는 것이다. 또한 그가 그 회사에 들어간 후로 회사의 매상이 세 배나 증가하였다고 한다.

❧

인생의 전기(轉機)

나는 이 이야기에 커다란 흥미를 느껴서 곧 보프를 찾아갔다. 여러 가지 옛날 이야기를 주고받던 중, 나는 보프에게 '피츠부르크의 부엌용품 회사에서 일을 할 때는 최선을 다했다고 볼 수 없지 않느냐'라고 말하고,

"지배인이 죽은 뒤, 후임이 되지 못하였을 때 어떤 마음의 변화가 있었나요?"

하고 물어 보았다. 그러자 보프는 크게 웃으면서,

"다른 곳에서 지배인을 데려온 것은 나에게 큰 타격이었지. 1주일 동안은 어찌나 우울하고 맥이 풀리는지, 친구나 동료들이 모두 뒤에서 손가락질하는 것만 같았네. 그런데 어느 날, 나는 갑자기 깨달았네. '다른 곳에서 새로운 지배인을 데려온 것은, 나에게 어떤 결점이 있기 때문이라는 것을. 이리하여 나는 생전 처음 내 자신을 돌이켜 보았어.

그래서 이 문제를 철저하게 밝혀보기 위하여, 피츠부르크 대학의 심리학자로부터 자기를 발견하는 방법에 대하여 지도를 받았다네."

이리하여 헐버트는 심리학자의 가르침에 따라 자기의 장점과 결점을 검토했다.

그 결과 다른 사람한테 사랑받을 만한 장점도 있지만 여러 가지 결점이 있다는 것을 깨달았다. 즉, 그의 결점은 자기가 맡은 일도 비위에 맞지 않으면 소홀히 하는 버릇이다.

이것이 사소한 일이라면 내버려두어도 상관없지만, 만약 중요한 일이면 마땅히 자신이 해야 할 일을 누군가 다른 사람이 그르치지 않도록 항상 경계하지 않으면 안 되었던 것이다.

이러한 장점과 결점을 분석할 즈음, 헐버트는 갑자기 깨달은 바

가 있었다. 즉, 회사 내에서는 그를 없어서는 안 될 사람, 근면한 사람으로는 생각지 않고 있었다. 더욱이 적극적인 노력가라고도 전혀 생각지 않았다.

그래서 그들은 헐버트를 회사의 운명과 자신들의 생활을 좌우하는 중대한 자리에 앉히기를 꺼렸다. 그러나 헐버트에 대한 믿음에는 변함없었다. 역시 그를 좋아하고 그의 노래를 듣는 것을 즐겼다.

사람의 성격적 기초

나는 헐버트에 대해서 워랫 왈스 차터스 박사의 의견을 들어보았다. 그는 직업적성 연구의 권위자로서 수많은 저서를 집필했다.

박사는 이렇게 자신의 견해를 피력하였다.

"헐버트의 경험은, 모든 사람들에게 훌륭한 교훈을 주고 있다. 그가 승진하지 못했던 것은 책임감이 부족했기 때문이 아니다.

그에게는 충분히 책임감이 있었지만 단지 실제로 의무를 다 할 수 있도록 자신의 자질을 충분히 나타낼 줄 몰랐을 뿐이다.

그의 성격은 쾌활하고 친절하며 재주도 많고 자신감도 있었다. 그러나 가장 중요한 근면과 적극적인 창의성의 부족이 그의 치명적인 약점이었다. 만약 이 성격에 대한 반성의 기회가 없었고, 또 그 약점을 보완하려는 노력이 뒤따르지 않았다면 오늘날의 그는 존재하지 않을 것이다. 그렇게 되면 다른 직업을 택했다 해도 마찬가지였을 것이다."

이 차터스 박사의 말 가운데 성격에 대한 언급이 있는데, 이것은 일반적으로 인식되고 있는 단순한 의미가 아님을 곧 알아차렸을 것이다. 박사가 말하는 성격이란 매우 구체적이며 특수한 내용을 가진 것이다.

계속하여 박사의 말을 들어보기로 하자.

"성격은 약 6천 가지 사람의 속성 가운데 한 개인이 소유하고 있는 것, 소유하지 않는 것 또는 그 합해진 수에 따라 전체로서의 성격이 결정된다. 이 6천 가지 속성의 존재는 심리학자에 의하여 확인되고 있으며, 그것은 행동과 효과를 결정하는 움직임이란 점에서 몇 가지 큰 특성으로 구별된다. 이 행동과 효과를 결정하는 특성이 모자라거나 없다면, 어떠한 잠재능력을 가진 사람이라도 이것을 가지고 있는 사람과 경쟁할 수는 없다.

다시 말해서 가령 당신이 기대했던 만큼 승진을 못 한다면, 그것은 아마도 당신의 능력이 모자라서 그런 것은 절대 아니다. 능력은 두뇌·숙련 그리고 소질 문제이다. 이런 것은 잠재적인 힘에 불과하며 식어 빠진 모처에 지나지 않는다. 당신이 승진을 못 하는 이유는, 아무도 당신의 능력을 뒷받침해 주는 데 가장 필요한 그 특성이 없거나, 아니면 이그러져 있기 때문인 것이다."

특성의 분류

이 특성에는 10가지가 있으나 크게 두 가지 특성으로 구별한다. 먼저 기질 특성부터 살펴보자. 이것을 매일의 실생활에 생생하게 반영시키는 정도에 따라 당신의 기질이 결정된다. 그래서 이것을 기질 특성이라 한다.

이 다섯 가지 특성은 당신의 태도와 성격 가운데 뚜렷하게 나타난다.

1. 기질 특성
① 자신감
② 친화성
③ 쾌활성
④ 비평력
⑤ 기지

다음은 자제특성(自制特性)이다. 이 특성 역시 매일매일의 실생활에 생생하게 반영시키는 정도에 따라 당신의 자제력을 결정짓고, 당신의 일에 대하여 그 수완과 노력에 영향을 끼친다.

2. 자제 특성
① 근면성

② 창의력

③ 기억력

④ 적응력

⑤ 신뢰성

10가지의 이 특성들은 어느 것이나 모두 잠재능력의 효과적인 활동과 관계가 있으며, 그것은 모터를 가동시키는 장치와 같다.

이러한 장치는 모터를 가동시키며, 운동을 계속시킨다. 이와 마찬가지로 이러한 특성들은 당신의 능력을 활동하게 하며, 당신이 나가고자 하는 곳으로 이끌어 간다. 이 특성들에 비교한 모습은 당신 자신의 분석된 모습은 당신의 현 위치를 알려준다.

자신감의 강화

성공과 실패는 자신감의 유무로서 결정되는 경우가 많다. 장래에 대한 불안, 일에 대한 불안 등은 모두 자신감의 부족을 나타낸다.

뉴욕의 토지 건물 관리인에게 고용되어 일하고 있는 35세 가량된 페어방크스라는 부인이 있었다. 그녀의 일은 아파트에 방을 빌리러 오는 사람을 접대하는 것이었다. 그래서 언제나 너그럽고 다정스런 애교와 친절을 잃지 않는 것이 중요하였다.

그런데 안면이 있는 사람과는 퍽 조용하고 부드러운 음성으로 이야기할 수 있지만, 처음 만나는 사람 더구나 집을 빌리러 오는 손님과 이야기할 때는 목소리가 이상하게 떨려서 때로 좋지 않은 인상까지 주었다.

일이 뜻대로 안 될 경우에는 그것이 더욱 심하여 마치 상대를 꾸짖는 것처럼 들린다. 이로 말미암아 고민하던 끝에, 마침내 뉴욕 대학 심리학 교수 하리아랜 오버스트리트 박사를 찾아가서 상의하였다. 박사는 그녀의 말을 자세히 듣고 난 뒤, 자신감이 부족하다는 것을 알았다. 그런데 이 결함에는 매우 뿌리 깊은 원인이 잠재해 있었다.

그녀는 3년 전에 남편과 이혼하였는데, 결혼에 실패한 것을 매우 부끄럽게 여겼다. 이혼을 순전히 자신의 실수라고 생각했다. 그녀에게 자신감이 없는 것은 계속 불안을 느끼기 때문이었다. 다시 말해서 결혼 생활에 실패한 원인이 현재의 직업 생활까지도 실패하게 만들지 않을까 항상 불안하게 여기는 것이다.

박사는 그녀의 이야기를 듣고, 결혼의 실패는 그녀의 부족함 때문이 아니라 남자에게도 커다란 책임이 있었다는 것을 지적하여 주었다. 그리고 그녀에게는 결혼 생활을 훌륭히 꾸려나갈 수 있는 여러 가지 장점이 있으며, 그것은 지금의 직업을 성공적으로 이끄는 데 훌륭한 무기가 될 것이라고 말해 주었다.

그녀의 장점으로는, 특히 친절하며 동정심이 많고 언제나 희생 정신이 투철하다는 것, 또 남들과 같이 일하는 것을 좋아하고, 일거리를 정돈하는 데 민첩한 재주와 일처리 능력도 뛰어나다는 것 등이다.

박사한테서 이런 지적을 받은 후로, 그녀는 자기의 장점을 개발하기로 결심했다. 자기 결점에 불안만 느끼는 것이 도리어 자기를 해치는 것임을 깨달았기 때문이다.

지금까지 자신은 남에게 사랑받지 못하는 여자라고 여기고 있었기 때문에 사람을 대하면 어쩐지 마음이 굳어지며 겁을 집어먹곤 했었다.

이러한 약점을 감추려고 노력하다 보니 자연적으로 긴장이 되어 목소리가 떨리고 더듬거려 상대방에게 불쾌감을 주곤 했던 것이다.

페어방크스는 드디어 자신감을 얻어 맡은 일을 훌륭히 수행할 수 있게 되었다.

물론 그렇게 되기까지는 많은 노력과 신념의 시간들이 필요했다. 그녀는 자기의 태도를 좋은 방향으로 고친 결과, 점차 놀라운 효과를 얻게 되었다.

그대 자신의 장점을 알라

파크레이는 백화점의 총무부에서 퍽 책임 있는 지위에 있었다. 그러나 백화점의 중역들은 그가 타인의 의견에 너무 의지한다는 불만을 가지고 있었다.

그것을 안 파크레이는 자기가 좀더 출세할 수 있는 데도 불구하고 그렇지 못한 원인이 거기에 있음을 깨달았다. 그래서 당시 피츠부르크 대학의 교육 조사부의 주임 교수인 차타 박사와 의논했다.

그는 박사에게 고학으로 대학을 졸업했고, 학비를 벌기 위하여 일체의 사교생활을 하지 못했다고 말하였다.

그 결과, 그것을 큰 약점으로 생각하여 타인을 대할 때에는 자기를 남보다 낮추는 버릇이 있었다. 그리고 자기의 판단과 행동에 무슨 결함이 있는지 늘 근심하고 있었다.

그러나 그는 결코 두려움을 가져야 할 사람은 아니었다. 차타 박사는 그의 성격을 자세하게 분석하고 연구한 결과, 매우 훌륭한 인재임을 알게 되었다. 그래서 박사는 파크레이에게 지금까지 한 일 가운데서 가장 자랑스러운 일을 적어오라고 했다.

며칠 후, 파크레이는 20가지를 써 가지고 왔다.

그 중에서 열 가지만 적어 보자.

1. 학교에서는 타인에 비하여 공부하는 시간이 적었었는데 성적은 좋았다.

2. 한 상점에서 3년 동안 근무하였는데, 그곳을 그만둘 때에는 여러 사람들이 나를 몹시 아쉽게 여겼고, 언제든지 돌아오면 환영한다는 말을 들었다.

3. 어느 해 여름방학 때 책을 써서 많이 팔린 일이 있다.

4. 대학 시절, 학비를 내 손으로 벌었기 때문에 참기 어려운 일도 많이 견디었다.

5. 공부를 위하여 향락을 자제하였다.

6. 병을 앓고 있는 누이 동생과 가족을 경제적으로 돌보았다.

7. 벗으로서 자식으로서 형제로서 항상 성실함을 잊지 않았다.

8. 큰 실망에 빠진 일도 있었지만, 끝내는 그 실망을 극복할 수

가 있었다.

　9. 항상 정직함과 성실함을 잊지 않았다.

　10. 일은 언제나 정확하고 신속하게 해냈으며 신뢰에 어그러짐이
없었다.

　그래서 차타 박사는 이번에는 파크레이에게 20명쯤 아는 사람의
이름을 들어서 자기 자신이 그들보다 나은 점을 적어 보라고 말했
다.

　2, 3일 후 파크레이는 다음과 같은 표를 만들어 왔다. 그 중 대표
적인 것은 이러하다.

　1. A보다 나는 신뢰할 수 있는 인물이다.

　2. B보다 나의 태도는 신중하다.

　3. C보다 나는 교양이 있다.

　4. D보다 나는 판단력이 있다.

　5. E보다 나는 사람의 의견을 이해하는 것이 빠르다.

　6. F보다 나는 과장됨이 없고 융통성이 있다.

　이 표를 보고 차타 박사는 파크레이에게 이런 충고를 했다.

　이것은 누구나 잘 들어 둘 만한 충고이기도 하다.

　"맨 처음 보여준 표에 나타나 있는 당신의 됨됨이를 살펴보면 당
신은 어떠한 일이라도 훌륭히 해낼 수 있는 사람입니다. 겁을 먹거
나 두려움이 생기면 다시 이 표를 보십시오. 그러면 어떠한 새로운
문제라도 당신은 용기를 가지고 해낼 수 있을 것입니다."

대체로 사람들이 자신감을 잃는 것은 너무나 이상적인 완전함을 바라고 있기 때문이다. 그러므로 자기에게 부족한 능력을 타인에게서 발견한다.

그러므로 타인의 좋은 점은 확대경으로 보고, 자기 것은 망원경의 꽁무니로만 본다. 다른 사람도 역시 어디엔가 결점이 있다는 것을 생각지 않는 것이다.

다음과 같은 두 가지 원리를 명심하라.

1. 자신이 없으면 타인과 자기를 잘 비교해 보라.
2. 보통 혹은 다른 사람보다 훨씬 뛰어난 자기의 장점을 눈여겨 보라. 이것을 성실하게 행하면, 비뚤어진 교만이 아닌 진실한 자신감을 얻을 수 있을 것이다.

사람을 사귀는 두 가지 비밀

유나이티드 프레스(UP)의 노련한 외신기자로서 매우 유명한 웨브미라는 젊었을 때 중요한 두 가지 문제, 즉 일과 여성에 매우 두려움을 느꼈다고 고백한다. 그런데도 그는 용기를 내어 남녀노소 가릴 것 없이 많은 사람과 만나야 하는 통신기자 생활에 뛰어들었던 것이다.

기자가 된 처음 몇 해 동안은 될 수 있는 한 여성과 만나는 일은 의식적으로 피하려고 하였다. 이러한 성격의 미라가 여러 방면의 중요 인물과 인터뷰할 용기를 어떻게 낼 수 있었는가에 대해서, 그는 이렇게 말한다.

"기자로서의 선천적인 나의 약점을 고민하고 있을 때, 때마침 나는 시카고에서 진리의 계시 같은 것을 얻었다.

그것은 자신이 먼저 상대편에게 친밀감을 나타내면 상대편도 친밀하게 대한다는 것이고, 사람은 누구나 자기의 약점을 느끼고 있다는 것이다.

지금은 고인이 된 시카고의 유명한 법의학자(法醫學者) 찰스 엘브스타인이 이 비결을 나에게 가르쳐 주었다. 그는 못생긴 편이었는데도 시카고에선 가장 널리 존경받고 인기를 독차지하고 있었다.

어느 누구나 그와 한번만 만나면, 10년 동안 사귀어 온 옛 친구처럼 금세 친밀하게 된다. 나는 그 비결을 본인에게 직접 물어 보았다. 그러자 앞에서 말한 아주 단순한 두 가지 원리를 가르쳐 준 것이다.

그 후부터 사람과 만날 때마다 곧 상대편을 마음으로부터 받아들이기에 애쓰는 동시에, 이 사람도 나와 마찬가지로 열등감을 느끼고 있다고 생각하기로 하였다."

언제나 비관하지 말고 자신감을 갖는 것이 필요하다. 자기 자신을 믿지 않는 것이 모든 실패의 큰 원인이다. 힘이 있다고 확신하면, 거기서 강한 힘이 솟아오른다. 그러나 아무리 힘이 있는 자라도 자기 자신이 약하다고 생각하면 약해지는 법이다.

사랑받을 수 있는 사람

차타 박사의 제자 가운데 에베리라는 여자가 있었다. 그녀는 공부를 뛰어나게 잘하며, 머리가 매우 좋았다.

그녀는 대학을 졸업하고 백화점에 입사하였다. 그런데 그녀는 자기 성미에 맞지 않는 사람에겐 무조건 날카로운 비평을 퍼붓는 버릇이 있어서, 그 때문에 출세할 기회를 놓치고 있었다.

한번 눈밖에 난 사람의 말은 상대가 누구든간에 전혀 상대하지 않는다. 이런 까닭으로 자연히 사람들이 그녀를 싫어하게 되고, 또 힘이 되어 주려는 사람도 나서지 않았다.

차타 박사는 그녀에게 자기만큼 머리가 좋고 똑똑하고 시원스럽지 못한 사람들을 비웃고 날카롭고 냉정하게 비평하는 태도는 스스로를 고독하게 만들 뿐이라고 충고하고, 이 결점을 고치는 방법을 가르쳐 주었다.

이것은 이러한 결점을 가진 사람들이면 누구나 귀담아 둘 필요가 있는 귀중한 교훈이다.

"당신은 지금 여기 서 있다. 지금부터 인생길을 출발하려는 것이다. 그런데 당신은 재주나 노력을 헛되게 만드는 버릇에 얽매여 있다. 당신은 사람들과 친밀하게 지낼 수 있는 성품을 기르지 않으면, 언제까지나 이 출발점의 상태를 벗어나지 못할 것이다."

그리고 박사는 그녀에게 그 냉랑한 성격을 고치는 방법을 가르쳐 주었다. 그녀는 그 가르침을 지키려고 노력하였기 때문에, 현재는 그 백화점에서 중요한 자리를 차지하게 되었고 사람들은 그녀를 친절하고 다정한 사람이라고 존경하고 있다. 이러한 좋은 결과를 가져오게 한 교정 방법은 이렇다.

1. 당신은 처음 대하는 사람도 즉시 좋은 사람 싫은 사람으로 결정해 버린다. 그러나 초면에 싫은 사람이라고 느꼈던 사람도 사귀어 보면, 좋은 사람일지도 모른다.

2. 당신은 그 비판적인 버릇을 고치지 않으면, 사람과 전혀 접촉이 없는 직업을 가질 수밖에 없다. 한번 눈밖에 나면 그 사람은 어디서나 자기 재능에 접촉이 없는 직업을 가질 수밖에 없다. 한번 눈밖에 나면 그 사람은 어디서나 자기 재능에 알맞는 자리조차 얻지 못한다는 것을 각오해야 된다. 독설을 퍼붓고, 자기만 잘난 체하는 사람은 어디서나 그 이상의 여러 가지 손해를 보고 있는 것이다.

3. 지금부터 1주일 동안 비판적인 말을 한마디도 하지 않기로 결심하고, 이것을 지켜보라.

4. 타인에 대한 비판적 태도를 없애려면, 이렇게 해 보라.

① 타인의 행동을 주의해서 살펴보라. 그리고 한 가지 결점이 보이면, 그 사람의 두 가지 장점을 찾아보라. 기차나 전철 속에서, 또는 극장이나 운동장같은 사람이 모이는 곳에서 그들이 보여 주는 조그마한 여러 가지 친절에 주목하라.

② 자기가 가장 악평을 한 사람들의 이름을 적어 놓고, 그 사람들의 장점을 알아내지 못한다면 그것은 당신이 정확히 보지 못한

까닭이다.

5. 좋은 사람이든 싫은 사람이든 상대를 신뢰할 줄 아는 사람이 되라. 싫은 사람에게도 될 수 있는 한 호의를 베풀 마음이 없으면, 당신이야말로 신뢰할 수 없는 사람이라는 비평을 받을 것이다.

이러한 수양을 하면 '줏대 없는 사람'이 되지나 않을까 염려할 수도 있는데 절대 그렇지 않다. 타인을 날카롭게 비판하는 버릇이 있는 사람에게는 이 정도의 수양을 하여야만 알맞게 친화적인 성격으로 균형이 잡혀질 것이다.

남을 유쾌하게 하는 사람

뉴욕의 어떤 대은행가가 모르간 상점에서 이름을 날리던 때, 데비슨에 대한 이야기를 해 주었다.

1918년, 나와 데비슨은 런던에 있었다. 데비슨은 적십자 전시위원회의 위원장을 맡고 있었다. 어느 날, 우리들이 파리를 향해 런던을 출발하려는데, 데비슨은 나에게 프랑스 현지에서 일하는 적십자 친구들은 좋은 담배가 없어서 곤란을 겪고 있다고 말했다.

잠시 후, 그는 현지에서 특별히 훌륭한 일을 했다고 생각되는 사람들의 이름을 뽑아 쓴 종이를 내보이며, '이 사람들에게는 좋은 담배 한 상자씩 주려고 하는데 어떻게 생각하느냐'고 물었다.

나는 그것을 한번 죽 보고 나서, 모씨의 이름이 빠져 있는 것을 지적하여 이 사람에게도 담배를 주어야 하지 않느냐고 말했다.

데비슨은 잠자코 있다가 곧 놀랍다는 눈빛으로 나를 보고,

"내가 그 사람을 잊어서 되겠는가? 나는 그에게 특별히 두 상자를 줄 셈이네."

"어째서 두 상자를?"

하고 내가 되물으니,

"그거야 당신도 한 상자 줄 만하다고 생각하였고, 나도 한 상자 줄 만하니 합해서 두 상자가 아닌가."

하고 대답하였다.

데비슨은 내가 알고 있는 사업가 중에서도 참으로 훌륭한 사업가이었다. 그가 성공을 하게 된 가장 큰 원인의 하나는 쾌활함에 있었다고 본다. 그와 만나면 어떠한 사람이든 유쾌해지며 헤어지는 것이 섭섭해진다. '왜 그럴까, 도대체 그의 무엇이 사람의 마음을 유쾌하게 이끄는 것일까?' 때때로 나는 이상히 여기곤 하였다.

데비슨은 떠들썩한 수다스러움은 없다. 그러나 가령 당신이 무슨 계획이든 그것을 가지고 그를 찾아간다면, 그는 무슨 일이 있든지 당신의 계획에 열심히 귀를 기울일 뿐, 결코 냉정하게 대하지는 않을 것이다.

앞서 말한 담배 이야기만 하더라도 사람의 이름을 깜박 잊어버리는 것은 누구에게나 흔히 있을 수 있는 실수인데, 나의 한마디에 곧 성의 있는 반응을 보이는 이러한 쾌활한 성격이 그를 재계의 거물로 만든 것이다.

어떤 사람이 새로운 의견을 내놓으면, 그는 먼저 그 의견의 좋은 점을 발견하는 데 힘쓰고 그 후에 결점을 지적하지, 결코 처음부터 나쁜 점만 들추어내는 일은 없다.

그는 당사자도 미처 알지 못하는 좋은 점을 발견하려고 노력한다. 이러한 습관으로 말미암아 많은 사람들이 데비슨을 좋은 사람, 믿을 수 있는 사람이라고 따르게 되어 재계에 큰 신망과 세력을 쌓을 수 있었던 것이다.

어떤 의견을 가지고 온 사람에게 처음부터 냉대하며 흥미 없다는 태도를 보이면, 그 사람은 당신을 유쾌한 의논 상대자로서 보지 않게 될 것이다.

설사 그 의견이 부질없는 것일지라도 그 가운데 취할 만한 것을 찾기에 노력하며, 전체적으로 훌륭한 안건이 아닐지라도 좋은 점을 몇 가지 들어서 개선을 암시해 주도록 해야 할 것이다.

자기 일에만 골몰하는 뻣뻣한 사람을 유쾌한 사람이라고 생각할리 만무하다. 때로는 잠시 자기 일을 제쳐놓고, 타인의 문제나 의견에 자기의 노력을 아낌없이 투자하는 일도 필요하다. 이것은 타인에게 좋은 조력자가 되는 길을 여는 것뿐만 아니라, 자기를 자신의 테두리 밖으로 잠시 동안 개방시킬 수 있다. 이것이야말로 쾌활한 사람됨을 만드는 중요한 밑천이 되는 것이다.

자기의 문제를 입밖에 내지 않고 마음속으로 번민할 때도 있을 것이다. 이런 때에는 일단 머리에서 완전히 그 문제를 없애도록 하라. 그러면 언제나 쾌활하고 평안한 마음이 되어, 자연히 유쾌해질 것이다.

비난을 참아라

프랭크 프롬이 뉴욕 시의 공익 사업을 하는 대회사의 사장이었던 시절에, 부사장으로 재직하던 사람으로부터 들은 이야기이다.

"프랭크 프롬 사장은 참으로 놀라운 사람이다. 언젠가 나는 업무상 큰 실책을 저지른 적이 있다.

내가 부사장이 된 지 얼마 안 되어서였다. 사업상의 중대한 문제로 간부회의가 있었다. 그 문제에는 막대한 경비가 따르기 때문에 회의는 오래 계속되었지만, 잠정적인 결론만 짓고 뒷날 다시 최종 결론을 논의하기로 하고 회의를 마쳤다.

그 뒤 하루도 못 된 토요일 오후에 돌발적인 사건이 생겼다. 나는 이 문제를 독단적으로 결정하여 실행에 옮겼다.

그런데 월요일이 되어 보니, 사정은 이상하게 변하여 나는 회사에 막대한 손해를 끼친 셈이 되고 말았다. 중역회의에서 잠정적이나마 결정한 일이었다고는 하지만, 내가 독단적으로 처리해 버린 것이 험악한 결과를 만들어 놓았던 것이다.

그리고 내가 독단으로 결정하지 않고 현장의 직원과 연락만 취했던들, 더 좋은 방법이 있었으리라는 것이 밝혀졌다. 나는 벗어날 길 없는 궁지에 빠지고 말았다. 사람들은 나를 비난하기 시작하였고 그 비난은 천백 번 당연했다. 내가 잘못한 것이므로 변명도 하지 않았으나, 비난이 너무 심하였기 때문에 나중엔 그만 화가 치밀었다.

어느 날, 복도에서 사장 프랭크를 만났다. 사장은 그때까지 나에 대해서 한 마디의 비난도, 사장실로 부르지도 않았다. 그러나 내가 저지른 실책의 뒷수습을 해야 할 입장에 있는 사람은 사장이었다. 나는 사장의 동정과 위안을 바라는 마음에 가슴이 미어지는 듯하였다.

"사장님, 제가 저지른 실책엔 변명의 여지도 없습니다만, 사내(社內)의 비난은 너무 지나친 것 같습니다."

라고 호소했다.

사장은 잠깐 나를 쳐다보았지만 나의 말은 전혀 귀에 들리지 않은 것처럼 아무 대답도 않고서,

"마침 자네를 부르려던 참일세. 먼젓번 그 보고서를 지금 곧 보여 줄 수 있겠는가?"

라며, 전혀 다른 일을 끄집어냈다.

나는 그 보고서를 사장과 함께 검토하였다. 이것이 프랭크 사장의 방법이었다. 그때는 무슨 영문인지 몰랐지만, 후에야 비로소 그 뜻을 깨달았다.

며칠 후에 나는 또 사장실에 갔다. 그리고 다시 회사 내에서의 집요한 비난을 호소했다. 회사 내에서는 아직도 시끄러운 비난이 그치지 않는데 사장은 어떻게 생각하는지, 중역회의의 임시적인 결론에 비추어 보아 내가 취한 독단적인 행동이 전혀 용납될 수 없는 것인가를 물어 보았다.

사장은 대답하였다.

"그런 것은 잘 모르겠고, 나에게는 둑에서 물이 넘쳤다는 사실만
이 문제일세, 어째서 그렇게 되었는가 하는 그런 것은 벌써 다 잊
어버렸네. 그러나 사내의 비평이 골치 아픈 일이라면 좀 앉게나,
이야기 좀 하세."

이렇게 말하며, 사장은 나에게 차근차근 이야기해 주는 것이었다.

"입장을 바꾸어, 내가 자네였다면 어떻게 했을까? 선의든 악의든
간에 그러한 비난 가운데서 나에게 유익한 교훈이 되는 것을 찾아
내는 것이 나의 방침이야. 사람들의 비판 가운데에서 정당하다고
생각하는 것이 있으면, 마음속에 잘 새겨두었다가 장래의 참고로
할 것이고, 그럴 필요가 없는 비판은 일체 무시해서 한쪽 귀로 듣
고 한쪽 귀로 흘려 보내지.

독단적으로 일을 결정하기 전에 현장의 직원과 연락이 있어야만
했다는 비판이 정당한 것이라고 생각하거든, 이것을 잘 새겨두었다
가 다시는 똑같은 실책을 범하지 않으면 되지 않나. 그밖에 무엇이
있나. 나의 얘기는 이것뿐이네. 자, 오늘의 문제를 의논할까?"

이것이 프랭크 사장의 방식이었다. 그는 항상 실수 없이 순조롭
게 일을 하기 위해서 고심한다. 그러나 예상했던 것보다 나쁜 결과
가 나타나더라도 근심한다거나 사람을 꾸짖지는 않는다.

이것이 나의 일생에 있어서 가장 귀중한 사업상의 교훈이 되었
다. 그 후부터 나는 나에 대한 비판을 들을 때마다, 그 비판 속에
서 참고할 만한 것은 자기 것으로 하고, 그밖의 것은 일체 잊어버
리고 마는 현명한 방식을 프랭크 사장에게서 배운 것이다.

앞서 '인생의 전기'에서 예를 든 보프 헐버트도 비판 중에서도 가장 쓰라린 비판을 받았을 때, 처음에는 몹시 분개하고 실망하였지만, 이 비판의 뜻을 반성함과 동시에 자기의 마음을 깨우쳤다.

많은 사람들은 친구나 자신의 일에 관계되는 사람들로부터 받는 비판을 잘 새겨들을 줄 모른다. 설사 그것이 악의에서 나온 비판일지라도 귀중한 보배가 그 속에 숨겨져 있다.

타인으로부터 비판을 받았을 때에는 아무리 나쁜 비판이라 하더라도 그것을 수용하여 그 속에 파묻혀 있는 보배를 찾아라. 그것은 황금과 같아 소량이라도 값비싼 것이다.

거기서 자기가 생각지도 못했던 귀중한 교훈을 얻을 수 있다. 이것을 자기 수양의 계기로 만들면, 비판에 대해서 신경과민이 되는 결점을 고칠 수가 있다.

❦

자신과 타인의 생각

존 데이는 뉴욕의 혼잡한 네거리에서 오랫동안 교통경경을 하였다.

어느 날, 그는 여느 때와 마찬가지로 신호대에 올라서 있었다. 바람이 세차게 불어댔다. 30세 가량의 말쑥한 옷차림의 부인이 길을 건너려고 모퉁이에 서는 것이 보였다. 파란 신호를 기다리는 동안, 그 부인은 핸드백을 열고서 무엇인가 종잇조각을 만지작거리고 있었다.

데이는 이 부인이 무의식중에 발을 내딛지나 않을까 주의하여
보고 있었다. 그런데 그때 마침 심한 회오리바람이 불어서, 이 부
인의 핸드백 속의 종잇조각과 지폐들을 날려 버렸다.

한 장의 지폐가 데이의 옆을 스쳐 날아갔다. 그는 얼른 손을 뻗
었으나 잡히지 않았다. 지폐는 가랑잎처럼 큰 거리에서 날아다녔
다. 부인은 놀라서 안색이 변한 채 돈을 쫓으려고 했다.

데이는 키가 2미터나 되었으므로 여자 걸음보다 빨리 쫓아갈 수
있었다.

그는 얼른 사방을 둘러보았다. 잠시 자리를 떠나도 별일 없으리
라는 확신이 들자, 급히 걸음을 옮겨 겨우 지폐를 주웠다. 2달러짜
리였다. 그는 숨차게 뛰어와서 모퉁이에 서 있는 부인에게로 갔다.

부인은 그가 지폐를 쫓는 것을 지켜보고 있었던 모양인지 당황
하였던 빛은 조금도 남아 있지 않았다.

"부인, 당신의 2달러짜리 지폐입니다."

그가 지폐를 내보이니, 부인은 그것을 받아서 자세히 살펴보고,
구겨진 것을 펴서 핸드백 속에 집어넣으며,

"5달러짜리 지폐는 어떻게 되었지?"

기가 막힌 그는,

"부인, 정신 차리시오. 저는 5달러짜리 지폐는 모릅니다. 두 장을
쫓을 여유는 없었으니까요."

그 부인은 의심스러운 눈초리로 그의 얼굴을 보고 있었다.

"그 여자는 아마 지금도 또 한 장의 지폐는 내가 주머니 속에 집
어넣었을 것이라고 의심하고 있을지도 몰라."

라고 데이는 말했다. 데이의 말은 사실이다. 의심까지 하였다는 그 여자는 얼빠진 사람이다. 모자라는 사람은 자기 생각만 하고 자신의 행동과 말이 타인에게 어떤 영향을 주는지를 생각지 않는다.

체스터필드 경은 '아들에게 보내는 편지'란 글 가운데에서 이렇게 말하고 있다.

"나는 과거 30년간, 타인에게 끼칠 영향을 생각하지 않은 채 얘기하거나 글을 쓴 적은 한번도 없다."

광고업자로서 미국에 이름을 날리던 레비리는 나에게 다음과 같은 이야기를 해 주었다.

세계대전이 일어난 후, 나는 찰스 슈와브가 사장으로 있는 베즐헴 제강회사의 일을 하게 되었다. 난생 처음 하는 일이라 몇 개월 동안은 여간 힘들지 않았다.

4개월 동안은 뭐가 뭔지 도무지 분간할 겨를도 없었기 때문에 급료를 청구하는 것마저 잊어버리고 있었다.

그러자 어느 날 슈와브는 나를 자기 방에 불러서,

"자네는 반찬 가게의 외상값을 어떻게 하고 있는가?"

라고 물었다. 나는 얼른 그 뜻을 알아차리지 못하고,

"때때로 친구들의 호주머니에 신세지고 있지요."

하고 농담조로 대답했다.

그러자 슈와브는 약간 웃어 보이며 말했다.

"아니, 내가 말하는 것은 자네의 보수에 대해서야. 자네한테 대단한 수고를 끼치고 있는 것을 알고 그 보답에 대해 신중히 생각하고 있으나 자네의 희망도 한번 들어보고 싶어서 말일세. 얼마면 좋겠는가?"

"내 입으로 금액을 말하고 싶지 않으니, 사장님 쪽에서 적당히 정해 주십시오."

하고 대답하였더니 슈와브는,

"아니, 얼마 정도면 자네한테 적당한지 내쪽에서는 알 수가 없잖나. 자네가 써보게."

하고 종이를 내밀었다.

"사장님도 어느 정도 생각이 있을 것이고 저도 물론 있습니다. 그러니 당신 생각을 종이에 쓰신다면 저도 쓰겠습니다. 그것을 대조해서 큰 차이가 있다면 그 중간으로 정하는 게 어떨까요."

하고 나는 제의했다.

나는 연봉 1만 달러를 썼고, 슈와브는 2만 달러를 썼다.

"좋아, 자네는 5천 달러의 손해, 나는 5천 달러의 이익이다. 5천 달러는 자네에게 빌리는 것으로 하지."

이리하여 나의 연봉은 1만 5천 달러로 정해졌다.

레비리는 그 후 수년 동안 슈와브와 베즐헴 제강회사의 광고고문 일을 계속하여, 고정적인 연봉 이외에도 막대한 특별 보수를 받았다.

누군가가 포도주를 부어 주려고 하거든, 단단히 컵을 붙들고 있어야 한다. 왜냐하면 그는 그대를 시험해 보려는 것이다.

그 잔으로 가득 마시고 싶거든 8할쯤을 요구하라. 그러면 그는 잔에 넘치도록 가득 부어 줄 것이다.

록펠러의 기지(機智)

존 록펠러는 그의 아버지가 기지에 넘치는 이야기를 많이 들려주었는데, 그 가운데 이런 이야기가 있다.

J. P 몰간은 대단한 중국 도자기 수집가로서, 그의 수집품은 박물관에 진열되어 있었다.

그런데 몰간이 죽고 이 수집품이 팔리게 되자, 당시 부호 록펠러 일가의 젊은 청년이었던 존 록펠러는 이 수집품이 경매되기 전에 마음에 드는 도자기만 골라서 살 수 있는 편의를 얻게 되었다.

이 도자기 경매 가격은 3백만 달러나 5백만 달러가 될 것이라고 사람들은 말하곤 했다.

젊은 존 록펠러는 이 경매 가격을 아버지에게 받으려고 했는데 그의 부친은 중국 도자기의 미술적 가치를 몰랐기 때문에, 그런 것에 쓰는 비용은 터무니없는 낭비라고 생각하여 돈을 주려 하지 않았다.

그래서 존은 아버지에게 정중하게 편지를 보내었다. 자기는 지금까지 사치스런 뱃놀이나 도박이나 그밖에 부질없는 낭비는 단 한 번도 해 본 일이 없다는 것, 자신이 이번에 사려는 중국 도자기는 인류 문명의 소산 가운데에서도 보기 드문 훌륭한 예술품이며, 미술적 가치로 따져도 말할 수 없을 만큼 고귀할 뿐 아니라, 학문적으로나 교양면에 있어서도 다시 얻기 어려운 귀중한 물건이라는 것을 그럴듯하게 설명했다.

그의 부친은 이 편지를 읽고서, 이번만은 돈을 빌려주기로 승낙했다. 그리고 이렇게 덧붙여서 그의 아들을 놀라게 하였다.

"존, 너의 편지를 보고 아버지는 매우 기뻤다. 나는 너에게 이 돈을 빌려주는 것이 아니라, 너에게 그 중국 도자기를 선물로 주는 것이다."

자신이 희망하는 바를 타인이 반대하거든 이렇게 하라. 즉, 목적에 벗어나지 않는 선에서 가장 정중하고 성의 있는 태도로, 될 수 있는 한 인상 깊고 조리에 맞도록 그 이유를 설명하라. 그것이 목적을 이루려는 사람의 기지인 것이다.

교묘한 회화술

위리 고리어의 연극에 나오는 유명한 문구로 '입은 하나인데 귀가 둘 있는 것은 무슨 까닭이냐?'라는 말이 있다. 말하기는 쉬워도 듣는 것은 어렵다는 뜻이다. 말하는 것뿐만 아니라 듣는 것도 열심히 해야 한다.

영국의 논설가 W. F 조지가 흥미 있는 말을 하고 있다.

"이야기를 잘 하는 사람은 존경을 받지만, 잘 듣는 사람은 그보다 더욱 존경을 받는다. 나는 다른 사람들과 마찬가지로 자의식이 강하기 때문에 남의 얘기를 듣는 것이 서툴다. 그래서 상대편의 말이 듣고 싶으면 내가 말하는 속도를 줄이고 있다."

이것은 매우 현명한 방법이다. 말하는 속도를 줄이면, 상대편에게 말할 기회를 그만큼 더 주게 되며 상대가 말하는 동안 자기는 생각할 수 있는 틈을 갖게 된다.

그러나 남을 말하게 하고 자기는 듣는 입장이 된다는 것은 재치 있는 회화술임에는 틀림없으나, 실지로 닥쳐 보면 그것의 실행은 곤란한 경우가 많고 또한 위험한 경우도 있다.

상대편에서 자기를 말하도록 만들고 있음을 알아차리면 그쪽도 똑같은 태도로 나올지도 모르고, 사람에 따라서는 그러한 계략에 반감을 가질지도 모른다. 또한 건방진 태도라고 당신을 경멸할지도 모른다.

상대편을 말하도록 만들어 흥이 나게 한 다음, 계약서에 도장이 나 찍게 하려는 따위는 풋내기 외판원들이나 하는 짓이고, 더욱이 조금이라도 머리를 쓰는 상대라면 그 수단에 넘어가지 않으려고 오히려 경계하게 된다.

거래상으로나 사교상으로나 이런 책략을 쓰는 것은 위험한 짓이 다. 상대는 결코 호감을 갖지 않으며, 오히려 뒤에 쓴맛을 남기게 되므로 그런 일은 절대 피해야 한다.

상대를 진실로 설득시키려면 꾀를 부리지 말고, 솔직하게 자기의 생각을 털어놓아야 한다. 자기를 부풀려서 과장하면 실패하는 것은 뻔한 노릇이다.

자기의 생각을 말할 때에는 어디까지나 공손하고 정중하여야 하 며, 또한 상대가 흥미를 갖도록 하는 것이 중요하다.

그러기 위해서는 독서나 견문으로 얻은 풍부한 화제를 가지고 있어야 하고, 그때그때의 상황에 맞는 지식을 가지고 있으면 더욱 중요하게 쓸 수 있다.

상대의 의견과 자기의 생각이 어긋날 때, 조용히 자기의 견해를 말할 수 있게 되면 더욱 좋다. 경우에 따라서는 상대가 말하는 도중에 자신의 말을 끄집어내는 것도 무방하다. 적당할 때에 적당한 질문이나 의견을 말하면, 상대는 자신의 말을 잘 듣고 있었음을 알고 호감을 느끼며, 얘기에 재미를 붙여 올 것이다.

그렇지만 결코 계략적으로 꾸미면 안 된다. 당신의 입에서 자연스럽게 나오는 질문이 아니면 상대는 결코 좋아하지 않는다.

상대를 어리석게 대하면 결코 친구를 얻을 수 없다.

소박함의 승리

제아무리 교묘한 계교를 부린다 해도, 책략적인 기교는 상대에게 불쾌한 반감을 일으켜서 실패하는 수가 많다. 이러한 기교로써 얻을 수 있는 것은 성실성 있는 소박함으로 얻을 수 있는 효과에 결코 미치지 못한다.

나는 헨리 포드와의 회견에서 귀중한 체험을 얻었던 적이 있다. 당시 포드를 만나보고자 하는 사람은 두 가지 유형으로 나눌 수 있었다.

그 하나는, 포드에게서 경제상의 의견이나 포부를 들으려는 사람, 또 하나는 포드의 독특한 처세관이나 인생 철학을 들으려는 사람들이었다. 나는 후자의 목적으로 디아본에 있는 포드의 사무실을 찾아갔다.

마침 그때는 포드 형(型)의 차가 구식이 되어서 폐기되고, 새로운 형태의 차가 판매되기 시작할 무렵이었다.

그런데 나는 그 새 차의 판매 때문에 눈코 뜰 새 없이 분주한 포드에게 '잠깐 동안만 모든 번거로운 일을 잊어버리고 나를 위하여 당신의 그 흥미 깊고 유익한 인생관을 들려주기를 바란다'라는 따위의 소리는 아무리 뻔뻔하여도 말하기 거북한 노릇이었다.

맨 처음의 짧은 면회에서 나는 형세가 불리함을 깨닫고, 앞으로 시간이 있을 때 조용히 만나기로 할 테니 며칠만 머물러 있게 해 달라고 부탁하여 포드의 허락을 받았다.

이리하여 매일 사무소 건물의 안팎을 기웃거리다가 사무실 복도에서 두세 번 그와 인사한 적도 있었다. 이리하여 며칠 동안에 두 번 포드와 마주앉게 되는 기회를 잡을 수 있었지만, 쉴 사이 없이 전화가 걸려오고 사람이 드나들어 제대로 이야기할 수가 없었다.

결국 포드에게서 한가롭게 자유스러운 감상을 듣는다는 것은 불가능한 노릇이라고 단념할 수밖에 없었다.

나는 마지막으로 그와 만나 지금까지의 방해됨을 사과하고, 곧 뉴욕으로 돌아가기 위하여 디트로이트역에 가겠다고 말했다. 그러다 용기를 내어 한마디 물었다.

"대단히 무례한 질문 한 가지 해도 괜찮겠습니까?"

"염려 말고 말씀하시오."

"저의 집에 10년이나 쓰고 있는 낡은 자동차가 있습니다. 별로 불편이 없고 또 구식 포드 차도 아니지만 가족들이 새 차로 바꾸

고 싶다기에 자동차 시장에 가보았더니, 포드의 새로운 차가 있었
습니다. 그래서 가족들이 시험해 보려고 타보았는데 뭔가 신통치
않아 보여서 사지 않았습니다. 제가 궁금한 점은, 왜 좀더 완벽한
차를 만들지 않았을까 하는 것입니다."

내가 이렇게 말하자, 포드는 한바탕 크게 웃어댔다. 얼굴을 찌푸
리지나 않을까 걱정했던 내가 도리어 아연해졌다. 포드는 두 다리
를 쭉 뻗어 책상 위에 얹으면서,

"근사한 말일세. 자, 더 들려주게. 그대는 얘기할 것이 많을 줄로
아는데……."

하고 웃음이 끊이지를 않았다.

그리고 그는 우리들이 포드의 새로운 차를 좋아하지 않는 이유
가 무엇인가, 차의 길이가 짧아서인가, 가벼워서인가, 또는 모터의
힘이 충분하지 못해서인가, 모양이 아름답지 못해서인가 등등 여러
가지를 물어왔다. 나는 정직하게, 그리고 될 수 있는 대로 자세히
대답하였다. 그는 전문가도 아닌 나의 의견을 일일이 열심히 흥미
깊게 들었다.

포드는 그 차에 대한 나의 비판을 신중히 들은 후에, 독특한 유
머를 섞은 다정스러운 말투로 이렇게 말하였다.

"지금 가지고 있는 헌차를 버리지 말고 움직이지 않을 때까지 가
지고 계시오. 나도 지금의 칠기통엔 불만이오. 나의 기분은 언제나
인생의 첫걸음을 내디딘 청년과 마찬가지라오, 좀더 나은 차가 만
들어질 수 있다는 희망을 나는 아직 버리지 않고 있소."

이것이야말로 내가 듣고 싶었던 말이었다. 나는 이 기회를 놓치

지 않고 곧 나의 직무에 착수하였다.

"지장이 없으시다면 또 한 가지 질문을 하는 무례를 용서하십시오. 오늘의 청년들에게 중요한 몇 가지를 말씀해 달라고 하면, 당신은 어떤 말씀을 해 주시렵니까?"

이렇게 질문을 하자, 포드는 벌떡 일어나더니,

"나와 함께 아무도 방해하지 않는 조용한 곳에 가서 이야기를 나누기로 하세. 이것은 중대한 문제이니 조용히 이야기해야 되네."

라고 말했다.

다른 방에 나를 안내하고, 그는 젊은이에 대한 처세론을 1시간 남짓이나 이야기하여 주었다.

이 담화 기사가 '포드 씨, 청년에게 말하다'라는 표제 아래 신문지상에 발표되자, 전 미국의 수많은 신문과 잡지에 실리게 되었다. 그 요점을 추려서 쓴 것이 앞장에서 소개한 '포드의 다섯 가지 조언'이다.

이 조그마한 성공은 나의 기교로서 이루어진 것은 아니다. 이때 나는 방문기자로서의 모든 수단과 기교를 부릴 필요를 느끼지 못하고, 단념하여 돌아가려던 참이었다. 다만 나는 포드처럼 천재적인 대사업가가 왜 더 나은 차를 만들어 내지 않는가라는 소박한 의심을 솔직히 말했을 뿐이다. 그저 포드를 공격하지 않고 조심하여 정중히 질문하였던 것이다.

이것이 성공을 가져오게 해 주었으며, 이 일 후, 나는 방문기자로서 항상 이 체험을 일에 응용하고 있다.

포드의 눈으로 보면 나도 사회의 일부를 대표한 사람이다. 내가

솔직하게 의견을 말하는 것을 듣고, 그는 사회의 비판을 직접 듣고
자 한 것이다.

이 세상에서 참으로 훌륭한 사람들치고, 타인의 의견이나 생각을
듣는 것을 좋아하지 않는 사람은 한 명도 없다.

자기의 의견을 주장하기만 하고, 남의 의견은 받아들이지 못하는
절름발이 거래는 안 한다. 신선한 의견이라면 말을 못하더라도 그
들은 열심히 귀를 기울인다. 그리고 이쪽에서 한 주먹만큼 내놓으
면 그에 몇 배 되는 보답을 해 준다.

제 6 장
개성을 어떻게 살려야 하는가

이 장에서는 자제적 특성, 즉 근면·창의력·기억력·적응력·신뢰성 등에 대하여 말해 보기로 한다. 이러한 것은 일에 있어서 당신의 효과를 결정한다.

당신은 근면한가

하리 필립은 아직 30살이 채 안 된 젊은이다. 최근에 결혼생활을 시작했고, 가구점의 부지배인으로 있었다.

아내에게 다소 재산이 있었기 때문에, 그 일부를 상점에 투자해 하리는 별로 일에 힘들이지 않아도 될 것으로 생각했다.

어느 날 그는 자기가 맡은 장부 정리의 일이 늦어진데 대하여 사장에게 변명하려고 하였는데, 사장은 손을 내저으며 말했다.

"군이 무슨 말을 하려는지 알고 있네. 먼젓번에도 여러 번 같은 소릴 들었어. 오늘은 한마디 자네에게 듣기 싫은 소릴 하려네. 군이 지금 하는 식대로 계속한다면 군은 10년 이내에 완전히 실패하고 말 것이며, 군의 가족은 거리에서 헤매게 될 거야.

무슨 뜻인지 알겠는가? 군의 부인은 군을 남편으로 섬기고 있는 것을 부끄러이 여기게 되네. 현재의 태도를 고치지 않는 한, 군은 머지않아서 '하리 부인의 남편'이라고 불리우게 될 것일세. 처의 것을 갉아먹고 있는 산송장이란 뜻일세. 그런 모욕을 당하고도 일에 최선을 다하는 것이 자기를 구하는 유일한 길임을 깨닫지 못하면, 가까운 장래에 군이 인생의 낙오자가 될 것은 의심할 바 없는 일이야."

사장은 하리의 장래를 위하여 신랄하게 비판하였다. 여러 가지 실례를 들어서 설명하고, 그래도 고치지 않는다면 구제할 길 없는 불쌍한 사람이라고 충고했다. 아니나 다를까, 하리는 얼굴이 새파랗게 되어 즉시 회사를 그만두겠다고 말했다.

"안 돼, 그것은 안 돼. 오늘은 군의 사직서를 받을 수 없어. 열흘 동안 휴가를 줄 터이니, 천천히 잘 생각해서 결정하기로 하게. 그래도 군이 퇴사하고 싶다면 그땐 군의 희망대로 하겠네."

하리는 1주일도 못 되어 다시 출근했다. 그리고 사장 앞에 단정히 서서 자기의 잘못을 사과하고 난 뒤, 그의 교훈을 깊이 명심하여 마음을 새로이 하고 싶은데, 좋은 방법이 없겠느냐고 겸손한 태도로 물어 보았다. 사장은 잠시 동안 생각하고 나서 다음의 네 가지 조항을 내보였다.

1. 출근 시간은 9시 정각이다. 그런데도 군은 항상 10분이나 20분 늦게 출근하였다. 앞으로 한 달 동안은 9시 10분 전에 출근하라. 그 10분은 회사에서 필요로 하는 것이 아니라 군을 위한 것이다.

2. 회사를 위하여 군은 해야 할 모든 일을 종목별로 만들어, 2, 3일에 한번씩 꺼내 보고 과연 모든 일이 예정대로 끝났는지 반성하라.

3. 점심시간에 동료들과 잡담하지 말고, 앞으로 한 달 동안은 휴식시간을 30분으로 줄이라.

4. 현재 군이 맡은 일 가운데서 가장 중요한 것은 회사의 장부정리이다. 나의 생각으로는 3개월 이내에 끝마치도록 예정표를 만들고, 매주일 완수하여야 할 할당량을 명백히 하여, 이것을 충분히 검토하라.

하리는 종이에 적어, 이 교훈에 충실히 따랐다. 그리하여 지금은 사장의 완전한 신용을 얻어 중요한 일을 맡아보고 있다.

"경험 많으신 사장님의 실제 체험으로 얻어진 이 교훈은 나를 분명히 깨닫게 하였다. 예정과 할당표는 해이한 정신을 가다듬는 데 큰 도움이 된다. 그 후부터 나는 일에 대한 예정표를 만들고 그것을 실행하고 있다."
라고 하리는 말하였다. 게으른 버릇이란 자기도 깨닫지 못하고 있을 때가 많아서, 남으로부터 그것을 지적당하면 자기 일이 아닌 것처럼 뜻밖의 일로 생각한다.

이것은 자기 성미에 맞지 않는 일은 게을리하기가 쉽기 때문인데, 그다지 좋아하지 않는 일도 끝까지 충실하게 해결한다는 것을 타인이 인정토록 하는 것이 중요하다. 하리 필립의 경우와 마찬가지로, 인생을 새로이 고쳐 나아가야 할 사람이 적지 않다.

그러한 사람은, 하리의 사장이 준 것과 같은 교훈적인 프로그램을 자기에게 적용시켜 새로이 만드는 것이 매우 유익할 것이다. 그리고 반드시 실천하여야 된다.

창의력을 높이 산다

로자 밥슨은 경제학자이자 재정 방면의 권위 있는 전문가로 유명하다. 그러나 청년 시절의 그는 공업기사 교육을 받고 매사추세츠의 공예학원을 졸업하였다. 그런데 그는 학원을 졸업하자 갑자기 은행에서 일하고 싶어졌다.

어느 날 신문에서 은행의 사원 모집 광고를 보았다. 그러나 그 광고에서 지망자는 우편으로 신청하라고만 씌여 있을 뿐 은행의 이름은 밝히지도 않았고, 다만 우체국의 사서함 번호만 게재되어 있을 뿐이었다.

로자는 이 모집에 응해 보려고 생각했다. 그러나 우편으로는 정확히 어떤 은행인지 알 수 없었으므로 직접 찾아가기로 했다. 그 우체국을 찾아 사서함의 소유자가 누구인지 물었다. 그러나 규칙에 위반되는 일이라고 알려주지를 않았다.

로자는 잠시 동안 그곳에 서서 궁리를 했다. 순간 단순하고도 확실한 방법이 떠올랐다. 그것은 해당 사서함 옆에서 계속 기다리다가 사서함을 여는 사람에게 묻는 방법이었다.

그날은 시간이 너무 늦었기 때문에, 이튿날 아침부터 우체국 문이 열리자마자 사서함 옆에서 지키고 있었다. 1시간쯤 지나자 은행원이 나타났다. 손에는 편지를 집어넣을 가방을 들고 있었다. 그 가방에는 뚜렷하게 은행의 이름이 씌어 있었다.

로자는 적당한 시간에 은행으로 가서, 사원모집을 관리하는 사람에게 면회를 청하였다.

"사원을 모집하고 있다는 것을 자네는 어떻게 알았는가?"

은행원은 수상하다는 듯이 물었다.

"신문 광고를 보았습니다."

"신문에는 우리 은행의 이름이 없었을 터인데?"

그래서 로자는 그 동안의 이야기를 설명하였다.

이 말을 다 듣고 난, 그 은행원은 매우 재미있다는 듯이 크게 껄껄대며 웃었다. 그리고는 책상 위에 산더미같이 쌓여 있는 우편 뭉치를 가르키면서,

"이 우편 더미가 무엇인지 알겠나? 5, 60통은 넘을 걸세. 나는 아직 하나도 읽어보지 않았는데 이제는 읽을 필요가 없게 되었네. 군을 채용하기로 하겠네."

은행은 로자에게 일자리를 주었다. 그것은 적어도 이 청년에게는 창의력이 있음을 인정했기 때문이다.

취직을 원하는 사람들이 독창성을 나타내는 것처럼 고용주에게 흥미를 돋구는 것은 없다. 새로 취직하려는 사람이나 현재의 지위에서 승진하려는 사람이나, 창의력의 유무가 고용주의 공통된 절실한 흥미이며 기대라는 것을 알아야 한다.

한 친구가 내게 물었다.

"창의가 무엇이며, 어떻게 하면 그것을 발휘할 수 있는가?"

나는 이렇게 대답하였다.

"지금 이 미국에서 제일 바쁜 사람을 지적해 보게. 그러면 그 사람의 내력이 그것을 충분히 설명하여 줄 것일세."

그랬더니 며칠 후 그 친구가 다시 와서 이렇게 말했다.

"미국에서 제일 바쁜 실업가는 프랭크 플로프라는 인물이야, 그는 헨리 도하테의 파트너이며, 도하테의 모든 사업에 관계하고 있대. 141개의 회사 사장으로서, 부사장으로, 현역 중역으로서 일을 맡아 보고 있대. 또한 전 미국에 걸쳐 2백 개가 넘는 지방단체의 공공사업 회사의 중역을 겸임하고 있다네. 이 사람이야말로 제일 바쁜 사람이 아니겠는가?"

창의의 약동

프랭크 플로프는 덴버에서 자랐다. 그는 일곱 살 때 아버지를 여의었고 여덟 살 때 궁핍한 살림을 꾸려가기 위해 고생하는 어머니의 수고를 덜 결심으로 학교를 그만두고 일을 하겠다고 나섰다. 어머니는 조용히 달래었다.

"너의 그 마음은 고맙지만, 나는 조금도 고생이라고 생각지 않으
니 너무 걱정 말아라. 너는 공부나 열심히 해서 훌륭히 중학교를
마치도록 해."

"그래도 토요일의 여유 시간을 이용해서 일하는 것은 괜찮잖아
요."

"정, 네 뜻이 그렇다면 그렇게 하렴."

이리하여 프랭크는 토요일에만 보험업자의 마부 노릇을 하였다.
주인이 방문처에서 이야기하는 동안 말고삐를 잡고 기다리는 일이
었다. 일급은 51센트였고, 그 외에 틈이 생기면 신문도 팔았다.

중학교에 다니면서도 여러 가지 방법으로 돈 버는 일에 열중하
였고, 졸업하기 전부터 벌써 졸업 후의 직업에 대비하는 마음을 길
렀다. 중학교를 마치자, 곧 덴버 합동 전기회사의 미터기 검침원이
되었다.

한 달에 50달러를 받고 1년의 근무 성적을 평가해 승진시켜 준다
는 약속이었다.

그는 대학에 들어가서 더 공부하고 싶었다. 그러나 그의 창의성
은 대학보다는 사업에 정진하는 것이 좋음을 증명해 주고 있었다.

후일 전기업계에서 성공할 기회가 얻어지리라는 특별한 예감은
없었다. 그러나 이 업계에서 일을 재미있게 하기 위하여 열심히 연
구하였다. 그는 자기에게 맡겨진 일은 무엇이나 열심히 하였다. 사
소한 일이라도 잘 알아두면 그 사업에 더욱더 익숙해질 수 있다고
생각했기 때문이다. 그는 자신의 일을 끝내고 다른 일이 없는가 살

펴보았다.

미터의 검침을 하기 위하여 밖에 나다니는 일 외에도, 회사 안에 있을 때에는 손님들을 상대하기도 했다. 그래서 그는 출세하려면 많은 사람들과 사귀는 것이 필요하다고 생각하여, 손님들의 이름과 얼굴을 기억하기 위해 노력하였다.

한번 왔던 손님이 두 번째 올 때에는 곧 자기 쪽에서 먼저 손님의 이름을 불러서 그 용건을 들었다. 회사의 사무실에도, 자기가 할 수 있는 일이면 무엇이든지 도와주었다. 그 동안, 그는 회사의 회계 사무를 담당하려는 야망을 갖게 되었다.

덴버 전기회사는 오래 된 회사였으므로 나이 많은 사원이 여럿 있었다. 그들은 퇴직금이라도 타서 하루속히 그만두었으면 생각하는 사람들이다. 그들은 젊고 능력 있는 사람들에게 자신의 일을 떠맡기고 싶어하였다.

프랭크는 이러한 사람들이 일을 부탁할 때면, 무엇이건 떠맡아서 해 주었다. 이리하여 그는 자기 일 외에도 여러 가지 일을 배우는 기회를 많이 얻었다.

그의 흥미는 이것으로 그치지 않았다. 현장의 감독이나 그밖의 장소에서 일하고 있는 사람들이 사무실에 자주 드나들 때마다 그들을 붙들고, 기술 방면에 대하여도 이것저것 물어보았다.

또 틈을 내어 발전소나 배전소에 가서 실지로 견학을 하였다. 그러면서 1년 반이라는 세월이 흘렀다.

그는 이제 승진할 시기라고 생각했다. 그러나 회사에서는 아무런 소식도 없었다. 그는 자신의 생각을 책임자에게 말했다. 책임자는 이렇게 물었다.

"군은 일에 대해서 불만이 있는가?"

"일은 매우 좋습니다. 그러나 좀더 많은 월급이 필요합니다."
라고 프랭크는 대답했다.

책임자는 생각해 보겠다고 하였다. 그러나 깜깜소식이었다. 그는 회사의 처사에 좀 어리둥절했다. 그런데 다음 달, 봄부터 60달러로 승급된다는 소식이 들렸다.

얼마 후, 그는 근면함을 인정받아 검침원에서 서기로 승진하였다. 처음에는 전표를 정리하여 그것을 장부에 기입하는 일이었는데, 이 일이 회계 사무의 첫 단계임을 자각하여, 시간을 가리지 않고 일에 몰두하였다. 그날에 끝내지 못한 일이 있으면 한밤중까지라도 일을 다 마치고야 말았다.

그의 근면함과 끊임없는 탐구욕은 드디어 많은 사람들로부터 그가 지배인의 한팔이라는 칭찬을 받게 하였다. 관청에 제출할 보고서는 지배인을 대신하여 그가 작성하였다. 그 결과, 그는 자연히 지배인만큼이나 덴버 전기회사의 모든 사업을 알게 되었다.

이즈음 덴버 전기회사와 덴버 가스회사와의 합병설이 나돌았다. 그 즈음 발명가이며 기술자인 헨리 도하테가 이 합병이 가능한가 조사하기 위하여 덴버에 찾아왔다.

그리하여 덴버의 사원 중에서 그 누구보다도 전기사업에 정통한 전문가로서 프랭크를 발견하였다.

그는 뉴욕에 돌아가서 합병해도 좋다는 것을 자본가들에게 권고했다. 그리고 합병 후의 지배인은 현재의 지배인을 그대로 두고,

프랭크 플로프를 지배인의 비서 겸 회계 책임자로 임명토록 건의
하였다.

자본가들 가운데는 '프랭크 플로프는 너무 젊다. 겨우 스물다섯
살이 아닌가, 비서 겸 회계 책임자로는 가스회사 사람을 유임시키
는 것이 좋을 것 같다'라는 의견이 지배적이었다.

그런데 프랭크 플로프의 지배인은 합병되는 새 회사의 지배인이
될 것을 제의받자, 곧 조건을 붙여 말했다.

"나는 새 회사의 지배인이 되어도 좋지만 플로프와 함께이어야만
합니다. 일에 대해서 나는 전적으로 그를 신뢰하고 있습니다. 그가
젊어서 걱정이라는 자본가들의 말은 천만의 말씀입니다. 덴버회사
에서 그와 견줄 사람은 없을 것입니다. 그를 비서 겸 회계 책임자
로 임명하지 않으면 저 역시 지배인 자리를 사양하겠습니다."

이리하여 프랭크 플로프는 새 회사 지배인의 비서 겸 회계 책임
자가 되었다.

승진하는 사람

플로프가 자기의 경력을 이야기하면서 이렇게 말하였다.

"나는 이렇듯 상사의 신뢰를 바탕으로 승진했습니다. 그 이유가
무엇인지 아십니까? 나는 항상 상사의 일을 조금이라도 덜어 주기
위하여 내가 할 수 있는 일이라면 무엇이든 자진하여 해냈죠. 나의
목적은 오직 하나, 그 일을 알고자 하는 것이었습니다.

이러한 노력의 대가에 대하여는 전혀 생각지 않았을 뿐만 아니라, 이것이 나의 창의력을 키우는 방법이었다는 것도 그때는 깨닫지 못하였습니다. 내가 어떤 행동을 하면 거기에 부수적으로 따르는 이익에 대해서는 완전히 지워버리고 무엇이고 자기 힘닿는 데까지 기꺼이 감당해 내는 것이 필요합니다.

이것이 곧 창의를 실제로 활용한다는 것을 배우는 비결이죠. 어떤 이기적인 결과를 기대할 수 있는 일에만 손 대려고 하면, 창의라는 것은 결코 나타나지 않을 것이며 또 나타날 수도 없게 됩니다. 상사한테 신용을 얻고 승진할 수 있는 가장 좋은 방법은 낮은 지위에서 자기의 창의력을 충분히 발휘함으로써 좋은 인상을 주는 것입니다.”

새로운 회사에서 중요한 지위에 오르게 된 프랭크 플로프는 먼젓번 전기회사에 있을 때와 마찬가지로, 이번에는 가스사업에 대해 연구를 하였다. 여러 가지 모든 기회를 놓치지 않고, 다른 도시에 있는 회사들의 경영방침을 연구하였으며, 이 때문에 종종 시찰을 위해 여행을 하기도 하였다.

이러한 연구 결과, 전기 가스사업은 이미 반 년쯤 전에 수입과 지출을 정확히 산출할 수 있는 경영방법을 사용했어야만 되었다는 생각을 가지게 되었다.

이리하여 그는 이미 지나버린 수지의 계산은 염두에 두지 않고, 수개월 후의 수입과 지출을 정확히 예상하여 사업을 운영하였다.

그 결과로 얻어진 것이 오늘날의 ‘예상 경리법’이라는 경리방법이다.

이 방법을 사용하면 회사는 다가올 6개월 이후의 지출과 수입을 정확하게 알 수가 있다. 오늘날 전기회사와 가스회사에서는 대부분이 플로프의 방법을 널리 사용하고 있다.

그런데 얼마 후, 덴버 전기·가스회사가 매우 위급한 상태에 빠지게 되었다. 이와 마찬가지로 플로프의 창의력과 전기·가스에 대한 지식이 일대 시련을 받기에 이르렀다.

많은 경쟁이 벌어지고, 1년 반 동안 수입보다 지출이 많은 상태가 계속되었다. 경쟁에서 이기기 위한 부득이한 지출의 증가였다.

회사는 플로프의 예상 경리법을 최대한으로 활용하면서, 대량 수요자와 사업을 연구 조사하여 발전할 수 있는 방법을 강구하여 주는 등, 직·간접으로 고객을 놓치지 않으려고 수단과 방법을 가리지 않았다. 이즈음 전기·가스회사 직원의 재교육을 목적으로 건립된 학교는, 그 후 더욱 확장되어 공익사업의 간부 후보생을 양성하는 곳으로 유명하게 되었다. 이로써 자연히 건립자인 플로프의 공적이 높이 찬양받게 되었다.

1905년 도하테는 플로프와 공동 투자하여 '시티 서비스'라는 회사를 창립하였다. 당시의 연간 수입은 1백만 달러였는데, 15년 후에는 그것의 백 배나 되는 어마어마한 규모가 되었다.

내가 플로프를 다시 만났을 때, 시티 서비스 회사는 1만 9천 명의 숙련된 근로자를 고용하고 있었다. 당시 프랭크 플로프가 맡은 일은 인재를 발견하여 적당한 자리에 임용하는 것이었다.

그는 창의성 있는 인물을 어떻게 발견하여, 적재적소에 등용시키는가를 나에게 말하여 주었다.

그 방법은 오늘날에도 많은 곳에서 응용되고 있다. 플로프의 말을 간추려 보자.

"사업 속에서 평생 동안 살아온 간부들도 때로는 잘 모르는 문제에 부딪치는 경우가 종종 일어난다. 그렇기 때문에 매일매일의 모든 일에 될 수 있는 한 많은 지식을 갖고 있어야 한다. 이렇게 언제나 상대방을 도울 수 있는 사람을 선발했다가 일이 생기면, 곧 그 인물을 불러서 의견을 듣고, 자기의 책임 아래 결재를 내릴 수 있도록 해야 한다. 아무것도 모르는 상태에서 결재를 하는 독단은 위험하다.

최고 간부의 결재는 아래에서부터 순서를 밟아 올라감으로써 나타나는 결과이므로, 하나의 조직 내에서 창의성을 발휘하는 사람은 승진하는 기회를 얻을 수 있다.

지배인이나 비서 또는 어떤 부서의 책임자가 나를 찾아와서,

"이번에는 이런 것을 하려는데 어떻겠습니까?"

라고 나의 의견을 묻는 일이 있다면, 그 사람은 나의 머리를 빌려 쓰려고 하는 자이다.

그러나 '이러한 것을 해야 합니다'라고 말하는 사람은 자기의 머리를 쓰는 자인 것이다. 편지나 보고서 같은 것을 보아도 그것을 쓴 사람의 성품을 잘 알 수가 있다.

만나서 이야기해 보면, 역시 편지나 보고서를 보고 상상했던 것과 마찬가지로 '이런 것을 하면 어떻겠습니까?'라는 사람과 '이렇게 해야 되겠습니다'라는 사람의 성격이 역력히 구별된다.

가장 중요한 것은 열성과 창의성이다. 비평을 두려워하지 않는 사람은 그것을 부끄럽게 여기지 않고 얼마든지 남에게서 배우려고 한다. 일에 정성을 다하며, 자기의 머리로 문제를 처리해 내는 사람은 반드시 승진한다.

나는 자기의 책임을 회피하는 자나 마음이 좁고 독선적인 자나 말만 앞세우고 실천하지 않는 자, 험담을 좋아하는 자들을 채용하지 않는다. 조금만 사정이 달라져도 어쩔 줄 몰라서 우왕자왕하는 자나 곤란을 당하면 곧 좌절해서 포기하는 자는 쓸모가 없다.

플로프는 어떤 부문의 책임자나 대표의 자리가 비었을 때, 곧 그 뒤를 인계받아 일할 수 있는 사람들을 미리 준비하는 제도를 채용하였다.

이 제도는 '능력부'라고 부르는 상세한 기록을 토대로 하여 운용되는데, 이 외에도 여러 가지 자료집을 만들어서 각 부장이나 간부들에게 미리 배부하여 준다.

간부는 자기 부하들의 능력을 관찰하여 그 자료집에 기입한다. 거기에는 창의성과 관계가 있는 다섯 가지 항목이 있다.

이러한 항목은 간부의 위치에 있는 사람이라면 누구라도 부하 직원들에 대하여 알고 싶어하는 점일 것이다. 또 상사가 자기의 어떤 능력에 관심 있는가에 대해서 알고 싶은 사람은, 아래의 다섯 가지 항목에 대답해 보는 것이 좋다.

1. 일에 대한 태도

① 일을 열심히 하는가.

② 특히 열심히 하는가.

③ 시키지 않으면 일을 하지 않는가.

④ 자진하여 일하며, 정확하게 일을 하는가.

2. 타인에 의지하지 않고 자기의 의견을 말할 수 있는가.

3. 신중한 판단력을 가졌으며, 익숙치 않은 새로운 방법이라도 안심하고 시킬 수 있는가.

4. 능력과 야심의 성숙기에 달하고 있는가.

5. 현재보다 더 책임 있는 지위를 맡겨도 믿을 수 있을 만큼 역량이 충분한가.

자기가 맡은 일을 끝마치면, 반드시 또 해야 할 일을 찾아보아야만 한다. 자기가 미처 모르는 일에 대해서는, 조금도 주저하지 말고 그것을 아는 사람에게 물어 보아야 한다.

상사의 수고를 덜도록 자기의 힘 닿는 데까지 일하라. 현재 맡고 있는 일을 검토하며, 더욱 좋은 방법을 생각해 내도록 하라.

그리고 결과를 미리 생각하도록 하며, 그 결과가 올바르게 나타나도록 전력을 다하라. 그리고 창의성을 최대로 약동시켜라.

🏵 기억력이 좋아지려면

아이크 히긴스는 뉴욕 경시청의 경관이다. 그는 '카메라 눈의 사나이'라고 불리울 만큼 한번 본 사람은 결코 잊어버리지 않을 정도로 기억력이 뛰어났다.

이 유명한 카메라 눈 덕분에 그는 경시청을 퇴직한 후에도 좋은 직업에 종사하게 되었다. 국제적인 도둑을 추적하기 위하여 은행가와 보석상이 연합해서 만든 대규모의 사립 탐정국에 들어갔던 것이다.

그가 맡은 맨 처음의 일은 남아프리카로 달아난 도둑을 추적하는 일이었다. 범인의 얼굴은 한번도 보지 못했으나, 단지 그의 사진을 호주머니에 넣고 가서 무난히 체포하여 왔다.

15년 후, 그는 네바다 주에 가게 되었다. 이때 샌프란시스코 경찰에서 그에게 도움을 청하는 전보가 왔다.

어떤 사건의 용의자를 찾아내었는데, 확실한 증거가 없어 체포를 못하므로 확증을 잡아 달라는 내용이었다.

히긴스는 곧 그 용의자가 있는 캘리포니아로 달려갔다. 그리고 그 범인이 사용하던 여러 가지 가명(假名) 중 몇 개를 즉석에서 들추어내어 그의 정체를 폭로해 버렸다.

이리하여 그 용의자가 진범임이 확인되었다. 이 범인은 히긴스가 15년 전에 뉴욕 경시청에서 단 한 번 만난 적이 있었을 뿐이었다.

사람의 이름과 얼굴을 기억하는 이 놀라운 기억력에 대해서 히긴스에게 물어본 일이 있다. 그때 그는 이렇게 대답하였다.

"나는 젊었을 때 오랫동안 경관 노릇을 했지만, 탐정이 되고 싶어서 모든 노력을 다하였다. 탐정이 되면 보수도 좋고, 일도 퍽 재미있을 거라고 생각했기 때문이다. 그 때문에 나는 전과자의 사진을 연구하였고, 또 경관이 된 뒤에는 매일 아침 점호 시간마다 유치장에 있는 사람들의 얼굴을 연구하였다.

그 연구 방법은 대단한 것이 아니다. 그저 그 얼굴들을 머리 속에 사진 찍듯이 한참 동안 응시하면서 '이것이 이 사나이다. 이름은 ○○○, 별명은 ○○○, 이 얼굴과 별명은 무슨 일이 있어도 잊지 않겠다.' 하고 결심할 뿐이었다. 그 이유는 물론 탐정으로서 성공하기 위해서이며, 탐정으로 성공하려면 사람의 이름과 얼굴을 외우지 않으면 안 되기 때문이었다.

이외에 따로 기억력을 좋게 하기 위해 사용한 방법은 없다. 나는 단지 외우고자 하는 것을 머리 속에 사진찍어 내듯이 잘 새겨둘 뿐이다. 이것은 누구나 다 할 수 있는 간단한 방법이다. 여기에 무슨 속임수나 요술이 있는 것은 아니다."

이 말을 듣고, 나는 얼굴과 이름을 기억하는 방법으로 참고가 될 만한 것은 없는가 물어 보았다. 그러자 그는,

"물론 있죠. 그리고 누구나 쉽게 할 수 있는 것이죠. 중요한 것은 마음가짐에 달렸을 뿐이고, 꼭 외워야만 한다는 마음만 있다면 사람의 얼굴과 이름을 잊어버리는 일은 없을 것입니다."
라고 말했다.

그리고 이름과 얼굴을 기억하는 10가지 방법을 가르쳐 주었다.

이름과 얼굴을 기억하는 10가지 방법

1. 사람의 이름을 들으면 그 자리에서 여러 번 되뇌인다. 그 인물에 흥미를 가지고 다시 만날 것을 기대한다. 이 사람을 잊으면 후에 대단히 난처한 일이 생기리라 생각하여, 결코 그 이름과 얼굴을 잊지 않겠다고 결심한다.

2. 한번 기억한 사람의 이름을 기회가 있을 때마다 되풀이하여 쓰고 명료하고 정확하게 말하여 본다.

3. 그 사람과 만났을 때도 똑똑한 발음으로 그를 부른다. 이야기하면서도 몇 번이고 이름을 부르고, 헤어질 때에도 다시 한 번 이름을 부른다.

4. 이름을 부를 때, 그 사람의 얼굴을 똑바로 쳐다본다. 그리하여 얼굴의 특징을 기억한다. 부분적인 특징과 전체적인 인상을 머리 속에 새겨넣는 것이 중요하다.

5. 어떠한 장소에서든 그 사람을 만나면 곧 그의 이름을 부른다. 혹은 신문 같은 데에서 그 사람의 사진을 보면 곧 그의 이름을 외워본다. 이렇게 하면, 이름은 똑바로 기억될 것이며 결코 잊어버리는 일은 없을 것이다.

6. 연습을 해 보는 데는 이런 방법이 있다.

① 사람들이 많이 모이는 곳에 가서 알지 못하는 사람들과 접촉한다. 초면인 사람에게 위와 같은 방법을 시험해 본다. 소개받을 때 이름을 가르쳐 주지 않으면 일부러라도 이름을 물어 보도록 한

다. 그리고 그 이름을 정확하게 부르면 상대편도 결코 불쾌한 기분을 갖지 않을 것이다.

② 이 연습을 시험삼아 시작할 때는, 가벼운 기분으로 하는 것이 좋다. 3, 4명을 알게 되면, 일단 그 사람들로부터 거리를 두고 그 이름과 얼굴을 서로 맞추어 몇 번이고 이름을 되풀이하여 불러 본다. 생각이 나지 않으면 그들에게 다가가 이름을 정확히 알아본다. 그러면 이번에는 확실하게 이름이 머리 속에 새겨진다.

7. 잠들기 전에 그날 만난 사람들의 이름을 전부 적어 본다. 그리고 그 이름 밑에 만났던 장소·이야기의 요점·복장 등에 대해서 기입해 둔다.

8. 이웃에 살고 있는 사람들의 이름을 전부 외워 본다. 혹은 자기가 자주 가는 상점의 점원 이름을 외워 본다. 이러한 방식으로 새로운 이름과 얼굴을 찾아서, 마치 화물과 거기 딸린 꼬리표 모양으로 정확하게 기억에 새겨지도록 한다.

9. 일주일 동안 만난 새로운 이름과 얼굴을 될 수 있는 대로 많이 써본다. 그리고 그 주일의 마지막 날에는 이름들이 씌어진 표를 다시 보고 그 표에 있는 인물을 얼마나 기억을 하고 있는지, 그 사람을 만났을 때의 정경과 무슨 이야기를 했는지 생각해 본다. 일주일 동안 만났던 사람 중에 50명의 이름과 얼굴을 기억할 수 있다면, 그 기억력은 상당한 것이라고 할 수 있다.

10. '얼굴은 생각이 나지만 이름은 그만 잊어버려서……'라고 단념해 버리는 것은 좋지 못한 버릇이다. 사람의 이름과 얼굴, 그 사람과 만났을 때의 용건과 장소 등을 기억한다는 것은 자기의 재능

을 효과적으로 나타내는데 매우 중요한 도움이 된다.

히긴스가 말하는 이 방법은 단기간의 연습으로 대단히 큰 효과를 얻을 것이다.

정확한 관찰과 판단

무릇 중요한 지위에 있는 사람들은 그의 협력자나 부하의 기억력에 매우 큰 가치를 두고 있다. 광고업자로서 유명한 아이비리는 자신의 체험을 말하고 있다.

"나는 휴가 중에 한번도 본 적이 없는 먼 곳으로 여행하는 것을 즐기는 습관이 있는데, 1906년에는 당시 운하의 대공사가 진행 중이었던 파나마로 여행하였다. 그런데 그곳에 머무르려 한 예정일의 절반도 못 되어서 뉴욕의 사무실에서 전보가 왔다.

펜실베니아 철도회사의 사장인 카사 씨가 나에게 광고를 부탁했으므로 빨리 돌아와서 카사 씨와 만나도록 하라는 것이었다.

카사 씨는 물론 나의 일솜씨를 잘 알아본 후에 일을 부탁했겠지만, 나는 펜실베니아 철도에 관해서 전혀 아는 바가 없었다. 그래서 즉시 돌아간다 하더라도, 펜실베니아 철도의 광고에 대하여 카사 씨와 이야기를 나눌 만한 아무런 예비지식도 없었다.

전보에는 돌아오는 대로 카사 씨와 만나보라고 하였으니, 펜실베니아에 가서 실지 조사를 해 볼 여유도 없고, 또 파나마에서 타고

갈 배 안에서는 서류정리와 보고서 작성 때문에 연구할 수가 없었다. 카사 씨와 만나면 우선 광고 방법에 대한 질문을 받을 것인데, 그 어색한 장면을 생각하니 매우 우울하였다.

뉴욕에 도착한 즉시 나는 카사 씨를 방문하였다. 그러자 그는 친절하게 나를 자기 방으로 안내하고,

"파나마 여행은 즐거웠는지요?"

하고 물었다. 나는 여행 중에 보고 들은 여러 가지를 자세히 이야기하였다.

"파나마는 어때요?"

그는 또 물었다. 여기에 대해서도 내가 알고 있는 한도 내에서 대답하였다.

다음에 카사 씨는 또,

"철도 공사는 어떻게 진행되고 있습니까?"

라고 물었다. 그에 대해서도 역시 내가 본 그대로를 상세하게 말하였다. 철도 공사는 지금 한창이어서 많은 부실 공사를 볼 수 있었고, 또 새로 부설된 철도를 따라 걸어 보았으며, 기사와 만나서 나눈 이야기를 그에게 들려주었다.

이러한 문답이 약 반 시간 가량 있은 뒤에 면회는 끝났다. 카사 씨는 나를 배웅하면서,

"대단히 재미있는 얘기를 들었습니다. 모쪼록 우리 회사의 광고를 잘 부탁합니다. 당신에게도 반드시 흥미 있는 일거리가 될 것입니다."

하고 말했다.

밖으로 나왔을 때 나는 마치 여우에게 홀린 것 같은 기분이었다. 무척 이상야릇한 만남이었다고 생각하였다. 그러나 지금에 와서는 그것이 조금도 이상하게 생각되지 않는다.

카사 씨는 자신의 경험에 비추어서, 어떤 복잡한 상황을 보고 그 요점을 잘 기억하고 거기에 따라서 정확한 판단을 내릴 수 있는 인물은 다른 어떠한 경우에도 대체로 믿고 부탁할 수 있는 인물임을 알고 있었던 것이다.

어떤 문제의 요점을 명확하게 말할 수 있는 사람은 그 문제의 처리에 대해서도 정확한 판단을 내릴 수 있는 인물임을 의미한다.

실업가·상인·기술자·금융가, 기타 어떠한 직업에 종사하는 사람을 막론하고 크게 성공하는 사람은 반드시 이 두 가지 점을 가지고 있다.

다시 말하면, 첫째는 정확한 관찰, 둘째는 적절한 판단이다. 이것은 두 개의 중요한 주춧돌이다. 정확한 관찰은 반드시 적절한 판단을 낳게 하고, 적절한 판단은 정확한 관찰 없이는 이루어지지 못한다. 더욱이 알아주어야 할 것은, 이 두 가지가 명철한 기억력이 없이는 존재하지 못한다는 것이다.

훌륭한 기억력을 지닌 사람은 반드시 사물을 주의 깊게 정확하게 관찰하는 사람이며, 또한 그 관찰에 의하여 틀림없는 판단을 끄집어낼 수 있는 사람이다.

기억력이라는 것은 결코 머리 속의 독립적 존재가 아니다. 그것은 사고를 돕는 보조기관의 하나임에 틀림없다. 회사일이든 집안일이든 오락이든 취미이든, 모든 당면한 문제에 주의를 집중할 때 기억력은 활동하는 것이다.

히긴스 탐정은 사람의 이름과 얼굴을 잘 외우는 것이 중요한 일이라고 말했다. 이것은 어떠한 실물을 기억할 때에도 똑같이 통용되는 진리이다.

어떤 사물에 대해서 열심히 알려고 하면 할수록 그 사물이 잘 기억되는 법이다. 잘 알아본다는 것, 잘 아는 것 이외에 별다른 특별한 기억법은 없다.

✦

타인의 의견을 경청하라

피츠부르크 대학교의 인사 과장으로 있는 존 해록에게, '실력이 엇비슷한데도 많은 수입을 얻는 사람이 있는 반면 그렇지 못한 사람도 있으니 이것은 무슨 까닭입니까?'라고 물어보았을 때, 그는 이렇게 대답하였다.

"많은 수입을 얻는 사람에게는 두 가지의 특징이 있습니다. 그 하나는 타인과의 대담이나 회의에서 타인의 의견을 잘 받아들이는 것이죠. 그들은 타인의 이야기를 편견 없이 이해합니다. 자기의 견해를 주장하는 것보다 타인의 의견에 열심히 귀를 기울입니다. 또 한 가지는 자기의 의견을 말함에 있어서 확신 있고 똑똑하게 이야기합니다."

당신은 남보다 더 깊이 생각하며, 더 좋은 견해를 갖고 있을지 모른다. 그러나 당신이 그 견해를 명료하게 표현하지 못한다면, 그

깊은 생각도 그다지 실제적인 효과를 거두지 못할 것이다.

타인에게 무엇이든 제안하려 할 때, 한 점의 흐릿함도 남기지 않도록 그 제안의 내용을 충분히 검토하고 친구들이나 동료의 비판을 직접 들어보는 것도 좋다.

먼저 타인의 의견을 듣는 것이 중요하며, 자기의 생각을 철저하게 고집하는 것은 실패의 원인이 된다. 타인의 의견을 자기 생각에 종합하여 쓸 수 있으면, 그것을 실행할 때 그 사람을 좋은 협력자로 할 수도 있다.

록펠러는 고용인에 대해서 그 적응성 여부를 관찰하는 눈이 매우 날카로웠다.

그와 함께 일하던 사람이 이런 이야기를 해 주었다.

나는 언젠가 오래 전부터 마음에 품고 있던 사업계획을 록펠러에게 제안한 일이 있었다. 나는 이 사업에 충분한 자신과 열의를 가지고 있었으며, 오랜 시일을 두고 여러 번 검토하고 생각한 계획이니만큼 어떠한 경우에도 결코 실패의 염려는 없다고 확신하고 있었다.

록펠러는 나의 설명을 30분 이상이나 열심히 듣고 있었다. 설명을 마친 뒤에, 나는 이것으로서 충분히 납득되었으리라고 생각했다. 그런데 록펠러는 조용히 말하는 것이었다.

"그 계획의 불리한 점에 관해서도 군의 견해를 듣고 싶은데."

나는 그의 질문에 대하여도 생각할 수 있는 가능한 범위 내에서 상세하게 이야기하였다. 그러자 이번에는 그의 특징인, 칼로 베어내는 듯한 똑똑한 어조로 이렇게 말했다.

"군의 설명은 이 계획의 좋은 점을 그렇지 못한 점보다 상당히 과대평가하고 있다고 생각되네만, 그런 대로 잘 고려되었다고 보네. 생각해 보기로 하지."

이리하여 취약점에 좀더 수정을 가하여서 얼마 후에는 그 계획이 채택되었다.

마음이 좁으면 왜 출세를 못하는가

가정용 기구를 생산하는 회사의 기술자이며 지배인이 이렇게 강조했다.

나는 사원을 신규 채용하면, 반드시 먼저 타인의 의견을 물어야 하는 부서로 보낸다. 동시에 한편으로는 타인이 그 신입사원에게 의견을 물어보아야 하는 책임 있는 일을 시켜본다.

만약에 그가 능력 있는 사람이라면, 몇 주일 안에 그의 일은 순조로이 진행될 것이다. 그가 겸손하고 친절하며, 주위 사람들과 잘 어울리고 타인의 의견을 재빨리 이해한다면 사람들이 금방 그와 친해져서 그에게 의논하며 협력하게 될 것이다.

그런데 이러한 성향이 없다면, 사람들은 그와 함께 일하는 것을 좋아하지 않게 될 것이고, 그의 일은 날이 갈수록 적어지며 줄어들 것이다. 이런 사람이 2, 3주일 후에 나를 찾아와서 일이 한가로워서 답답하다고 호소하였다고 하자.

나는 이런 사람들에게는 장래성이 없다고 판단한다. 가령 한번만 더 기회를 주기 위해 상사에게 그에게 더 일을 주라고 말한다 해도, 그는 또다시 한가한 상태가 될 것이다.

그래서 결국은 타인과 협력할 필요가 없는 기계적인 일로 그를 보내든가, 회사를 그만두라고 할 수밖에 없다.

큰 사업체에서 일하는 사람은, 모두 자기가 일을 만들어서 하고 있다. 조금이라도 능력이 있는 사람에게는 일이 저절로 모여드는 법이다.

여러 가지 조그마한 일들이 그를 필요로 하기 때문에 모여드는 것이다. 그래서 고용주는 그의 급료를 높이 책정하고 그에게 부하 직원을 맡긴다.

먼저 자기가 일을 만들어 출세하는 것은 두말할 것도 없이 명예로운 일이다.

한 가지 예를 들어보기로 하겠다.

머리가 매우 좋은 기술자가 있었다. 우리들은 그 사람의 재능을 높이 평가하였다. 그런데 그는 좋은 지위도 많은 급료도 받지 못하였다. 왜냐하면 그는 '숨쉬는 기계'에 지나지 않았기 때문이다.

그는 문제를 깊이 파고드는 재능을 가지고 있었다. 그러나 꼼꼼이 자기의 일에만 몰두할 뿐, 그 외의 일은 거들떠보지도 않았기 때문에, 우리들이 아무리 그 구멍에서 끄집어내려고 애써도 고슴도치같이 더욱더 좁은 구멍으로 기어들어갈 뿐이었다.

왜냐하면 그는 자기 주위와 조화를 이루지 못했기 때문이었다. 다시 말하면 타인과의 관계에 있어서 적당하게 자신을 조화시킬 능력이 없었다.

그는 자기와 의견이 다른 사람에게는 신경질을 내며 핏대를 올리거나 성을 내곤 했다.

그래서 그가 자신의 의견을 주장하기 시작하면 우리들의 의견이 결국에는 그에게 지고 마는 경우가 종종 있다. 기술적인 면에서 그는 상당히 높은 지위에 오를 것처럼 보였지만, 사귀기 어려운 기질, 타인을 이끄는 능력이 결여되어 있다.

당신이 타인의 의견을 잘 수용하는 인물인지는, 다음을 보고 판단할 수 있다. 즉, 타인이 어떤 의견을 말했을 때, 먼저 그 의견의 장점을 생각하게 된다면, 당신은 매우 조화로운 사람이다. 그러나 반대로 '그게 뭐야, 이런 엉터리 같은 생각은 귀담아 들을 필요가 없어' 하고 속으로 외치며, 자신의 의견만을 주장한다면 당신은 확실히 조화로운 사람이 아닌 것이다. 이런 자세는 반드시 고칠 필요가 있다.

그 방법은, 타인이 당신에게 어떤 의견을 제시하였을 때 지금까지 당신이 취하여 온 태도를 그 반대 방향으로 돌리면 된다. 그러나 다음과 같은 점에 주의하는 것이 좋다.

1. 타인의 이야기를 공손히 잘 들으라.

2. 질문을 하라.

3. 부정적인 태도는 피하라.

4. 비평을 하기 전에, 먼저 그 사람이 충분히 그 의견을 발전시킬 수 있도록 당신의 생각을 빌려 주라.

5. 타인에게 쾌활한 기분을 주는 솜씨가 이때엔 많은 도움이 된

다. 타인으로 하여금, 그 의견에 대하여 자신이 생각하고 있는 것보다 더 나은 생각을 발견할 수 있도록 너그러운 분위기를 조성하여 주도록 마음을 쓰라.

솔직함의 가치

펜실베니아 철도회사의 중역 회의에서 일어난 일이다.

한 중역이 용지 매수에 대한 지주들의 요구서를 읽었다. 중역은 그것을 천천히 읽으며 ——중요한 점에는 공평한 해석을 곁들이면서 ——지주들의 요구는 대체로 그다지 무리한 것이 아님을 밝히고 난 뒤, 그 서류를 책상 위에 놓으면서 말했다.

"이 요구서는 이치에 맞는 것입니다. 그러나 제가 당사자와 만나 이야기하였을 때의 인상으로 미루어 보면 이 요구서의 내용이 그대로 믿어지지 않습니다. 그는 어딘지 솔직하지 못한 사람으로 생각되기 때문입니다."

다시 말하면, 지주를 직접 면담하였을 때 받은 인상보다 이 요구서에서 더 좋은 인상을 받은 것이다.

적어도 펜실베니아 철도회사와의 교섭에 관한 한, 그 지주가 회사의 한 중역에게 준 나쁜 첫인상은 안 좋은 결과를 가져오게 할만큼 치명적인 것이었다.

큰 회사의 중역이라면 타인의 우물쭈물하는 임시 변통적인 속임수에 날카로운 감성을 가지고 있어서, 그러한 사람은 절대로 신용하지 않는다.

록펠러 부자(父子)도 솔직함을 대단히 중시하였다. 몇 해 전, 세계적으로 불경기가 심각해지던 때였다.

한 신문사의 사장이 기자에게 록펠러를 인터뷰해서 해가 바뀌면 호경기로 변한다는 낙관인 기사를 써 오도록 지시하였다.

그 기자는 록펠러가 절대 근거 없는 그런 이야기를 할 리가 없다고 말했다. 그러나 사장은,

"그렇게 솔직할 필요는 없어. 록펠러는 우리들의 마음을 알아줄 것일세."

하면서 기어이 기자를 보냈다. 그러자 록펠러는 메모지에 직접 이렇게 써 보냈다.

'나는 언제나 나의 과오에 대해서는 모든 책임을 질 것입니다. 그러나 나의 부질없는 농담으로 여러 사람에게 손해를 끼치는 것은 결코 좋아하지 않습니다.'

록펠러 회사에서 연금 2만 5천 달러를 받고 은퇴한 광고업자 아이비 리는 록펠러 2세와의 교제에서 경험한 것을 이렇게 말하고 있다.

1914년에 나는 처음으로 록펠러 2세를 만났다. 콜로라도 석탄 철강회사에 노동자의 파업이 한창 확대될 때였다. 그에 대한 록펠러 부자의 태도나 그들 부자와 회사와의 관계를 세상 사람들은 대단히 오해하고 있었다. 그때 그는 나에게,

"나와 아버지는 신문이나 세상 사람들의 오해를 받고 있는데, 우

리들의 딱한 이 입장을 밝히려면 어떻게 하면 좋을지 당신의 의견을 듣고 싶소.”

하고 말했다.

“제 생각으로는 단 한 가지 길밖에 없습니다. 그것은 탄광의 책임자가 절대로 옳다는 사실과 진상을 책임지고 신문 지상에 폭로하는 것뿐입니다.”

라고 대답했다.

존 록펠러는 잠시 생각에 잠기더니, 이어 이렇게 말하였다.

“이 문제에 대해서 여러 가지 조언도 많이 들었소, 신문 광고란에 크게 성명을 내라느니, 자기의 기관 신문에 내보내라는 등의 조언이 많았소 그러나 그런 방법은 어쩐지 나의 성미에 맞지 않았는데 그런 쓸데없이 복잡한 수단을 쓰지 않고도 현명한 방법을 당신에게서 처음 들었소. 분명하고 솔직한 당신의 의견에 나도 찬성합니다.”

나는 지금까지 오랫동안 존 록펠러의 상담역을 큰 실수 없이 해왔는데, 그때 만약 내가 다른 어떤 모략적인 방법을 이야기했더라면 이러한 관계는 맺지 못했을 것이다.

✿

신뢰 받는 사람

존 록펠러가 어떤 난처한 사태에 직면하였을 때, 그 사실을 매우 솔직하게 아버지에게 고백한 결과, 아버지도 또한 이를 티없는 담백한 마음으로 용서한 일이 있다.

존 록펠러가 대학에 다닐 때에는 직업에 대하여 아무런 방향을 정하지 않고 있었다.

대학을 마친 것은 스물세 살 때였는데, 그때 그가 취할 수 있는 길은 세 가지가 있었다.

그 하나는, 실업가로 성장하기 위하여 대학원의 법과에 들어가 공부하는 것이고, 또 하나는 외국 유학을 떠나서 견문을 넓히는 것, 나머지는 곧장 아버지 회사에 들어가서 사업에 종사하는 것이었다.

어떤 길을 택하는가는 완전히 그의 의사에 맡겨졌다.

그의 아버지는 벌써 60세에 가깝고, 당연히 후계자가 될 자기로서는 대학원에 들어가거나 해외에 유학할 여유가 없다고 생각하였다. 그래서 그는 여름방학이 끝나자, 곧 부친의 사무실로 출근하기로 하였다.

아버지는 아들에게 아무것도 지시하지 않았다. 그러므로 존은 사무실에서 자기가 할 일을 스스로 찾아내지 않으면 안 되었다. 존은 그 당시에는 몰랐지만, 아버지는 그를 시험해 보려는 심산이었던 것이다.

록펠러 일가의 거대한 재력과 사업들을 이어받기에 충분한 소질과 자격이 있는가를 보려고 한 것이다.

존 록펠러는 아버지 사무실에 들어간 지 얼마 안 되어, 자기 손으로 증권을 매매하려는 호기심을 갖게 되었다. 그것이 금융과 투자의 지식을 얻는 데 가장 빠른 길이라고 생각했기 때문이었다.

그래서 친척 중의 한 사람과 합작하여 증권투자를 하기로 하고 그 자금은 차입금에서 대기로 하였다. 그 후의 일을 록펠러는 이렇게 이야기하여 주었다.

별로 신통치 않은 브로커 한 사람이 나를 찾아왔었다. 그는 '지금 월 가(街)의 어떤 유력한 중매상이 노리고 있는 주식을 사지 않겠는가. 사면 반드시 많은 이윤을 보게 된다'고 말하였다.

그래서 우리 사무실에서는 그 브로커와 공동재산으로 주식을 사고, 그 소유권을 절반씩 나누기로 하였다. 이 주식이 머지않아 크게 폭등할 것이라는 브로커의 열성적인 주장에 따라서, 우리들은 그 주식을 더 많이 사들였다.

그 결과 우리들의 차입금은 굉장한 액수로 불어갔다. 그런데 —— 이것은 후에야 비로소 알게 되었지만 ——우리들이 그의 권유에 따라 공동재산으로 주식의 매입을 계속하고 있는 동안, 그 브로커는 자기가 소유하고 있는, 우리들의 매입으로 폭등한 주식을 시장 가격으로 몰래 팔러 다니고 있었다.

어느 날 우리들은 그 브로커를 불러서 공동 재산으로 사들인 주의 반을 찾아가도록 했다. 그는 여러 구실을 붙이면서 찾아가는 것을 뒤로 미루었다.

그 동안에 그는 일체 나의 눈앞에 나타나지 않았다. 나의 사무실에도 오지 않고, 그의 사무실에 사람을 보내도 오지 않고, 참다 못하여 몇 날 몇 시까지 오지 않으면 좋지 못하다는 엄중한 통고를 하였다.

약속한 시일이 훨씬 넘어서야 비로소 그가 나타났다. 그 얼굴을 보자마자, 즉시 속았다는 것을 알았다. 그는 변명을 하며 자기가 책임을 지겠노라고 약속하였지만, 결국 우리들은 막대한 손해를 보고 말았다.

우리들은 차입금을 갚아야 할 돈이 없었다. 아버지에게 신세를 질 도리밖에 없었다. 나는 스스로의 실패와 어리석음을 고백하는 것은 괴로웠지만, 눈을 딱 감고 사실을 있는 그대로 숨김없이 털어놓으리라 결심하였다.

아버지는 나의 고백을 주의 깊게 듣고 계셨다. 잔소리나 책망은 한마디도 없었다. 그저 중요한 대목을 상세하게 질문하면서, 거래의 전말을 물었다.

나의 설명이 모두 끝난 후에 아버지는 간단하게 말씀하셨다.

"투기라는 것은 부질없는 짓이야. 염려 마라. 뒷처리는 내가 다 알아서 해 줄 테니."

아버지 록펠러는 그날의 느낌을 아들에게 알리지 않았다. 그러나 그야말로 중대한 운명의 날이었다.

아들은 커다란 시험에 통과한 것이었다. 스스로에게 불명예스럽고 부끄러운 일을 거짓 없이 사실 그대로 정직하게 말할 수 있는 사람이야말로 신뢰할 수 있는 인간이라는 것을 아버지는 알고 있었다. 얼마 후 젊은 존 록펠러는 늙은 아버지로부터 명을 받았다.

"존, 너는 이제 어떠한 일에도 책임을 질 수 있다. 지금부터 나의 일을 물려받아라."

중역은 어떤 인물을 구하는가

대기업의 지도적 지위에 있는 사람들은 항상 부하 직원들 중에서 진실어린 사람을 찾고 있다. 그들은 부하 직원을 통해서 많은 것을 알게 된다.

한 사람이 사업에 관한 모든 것을 전부 안다는 것은 불가능한 일이다. 어떠한 경우에도 진실을 말하는 부하가 필요하다. 다음은 어떤 전기회사 사장이 들려준 이야기이다.

최근에 나는 대학교 인사과에 '아주 정직한' 사람을 몇 명 주선해 달라고 부탁하였다. 물론 나도 재주 있는 사람을 원하지만, 좀 둔해도 진실을 말하는 사람이 더 낫기 때문이다. 어느 날 대학은 졸업하지 못하였으나, 화학과 공학을 전공한 젊은 남자를 채용한 일이 있다. 그에게 맡긴 일은 타다가 남은 석탄 찌꺼기의 견본을 분석해서, 우리 회사가 연료를 경제적으로 사용하고 있는가를 연구하는 일이었다.

그의 분석 결과, 그 찌꺼기는 아직도 10퍼센트의 가연성 물질이 포함되어 있다는 것을 알았다.

그럼에도 불구하고, 그는 자기의 기술에 자신이 없는 데다 남은 찌꺼기 속에 10퍼센트 이상의 타다 남은 것이 있으면 좋지 못함을 알고 있었기 때문에, 8퍼센트라고 속여서 보고했다. 즉, 그는 우리들 비위에 맞도록 적당히 보고했던 것이다.

우리들은 그 보고에 따라서 공장을 운영하였는데, 4개월이 지나 재확인하기 위해 견본을 전문가에게 보내어 분석을 의뢰했다. 그러자 이 전문가는 10퍼센트의 타다 남은 것이 있다고 보고했다.

우리들이 채용한 청년 기사는 4개월간의 급료를 아무런 대가 없이 거저 얻었을 뿐만 아니라, 7천 달러 가량의 가치 있는 연료가 손실되도록 방치한 셈이었다.

그가 정직하게 보고했다면, 손실은 막을 수 있었을 것이다. 설사 그의 정직한 보고를 우리들이 믿지 않았더라도, 그 의심을 푸는 것은 매우 쉬운 일이다. 그럼에도 불구하고 그는 거짓말을 하였기 때문에, 우리들은 더 이상 그를 고용할 수가 없었다.

이와 반대되는 한 가지 예를 들기로 한다. 어떤 전력회사의 중앙 배전소에 디크 와슨이라는 청년이 있었다. 이 배전소에는 나이프 스위치와 서키트 브레이크라는 큰 스위치가 설치되어 있었다.

서키트 브레이크 스위치는 일종의 안전장치로서 전류가 과대하게 흐르면, 자동적으로 끊어지게 되어 있다. 이 자동 스위치가 끊어지면, 다시 제자리로 되돌리기 전에 먼저 나이프 스위치를 내려 놓는 것이 절대적인 규칙으로 되어 있다.

만약 이러한 규칙을 지키지 않으면, 전류에 이상이 생겨 여러 값비싼 설비가 폭발하게 된다.

어느 날 전류가 갑자기 높아지자, 배전소의 서키트 브레이크 스위치가 자동적으로 끊어져 나갔다. 와슨은 곧 나이프 스위치를 내리려고 하였다.

그런데 이때의 고장은 순간적인 것이어서 곧 평상 전류로 돌아갔다고 느꼈기 때문에, 나이프 스위치를 내리지 않고 그대로 자동 스위치를 되돌렸다. 그러자 숨 돌릴 사이도 없이 몇 천 개의 가정·공장·회사의 전등이 꺼지고, 배전소의 값비싼 변압기는 터지고 말았다.

5분도 채 안 되어 배전소의 주임이 달려왔다.

"서키트 브레이크 스위치를 되돌리기 전에 나이프 스위치를 내렸는가?"

라고 그가 따져 물었다.

"내리지 않았습니다. 괜찮을 것 같아서 그냥 서키트 브레이크 스위치를 올렸습니다."

여기에 대해서 주임이 어떻게 했는가는 말할 필요도 없다. 물론 이것은 틀림없는 와슨의 부주의이며 실수이다. 그러나 이런 실수를 저질렀을 때에는, 와슨과 같이 솔직하라고 말하고 싶다.

그 일로 인해 사장은 그가 조금도 주저함 없이 모든 책임을 짊어지는 사나이라는 것을 알았다. 또한 배전소의 책임자들도 거짓말을 안 하는 사람이라고 와슨에 대한 의견이 일치하였다.

사장은 와슨이야말로 자기가 찾고 있던 사나이라고 생각했다. 그때 사장은 인사 문제의 책임자를 구하고 있었다.

인사 문제라는 일의 성질에 비추어 보아, 회사 내의 동료나 위의 간부급들을 막론하고 모든 인사 문제에 관하여 진실을 말하여 줄 수 있는 사람이 아니면 안 되기 때문에 사장은 신중을 기하고 있었다. 그런데 와슨에게 그 일이 맡겨졌다. 물론 이것은 실수를 거짓 없이 솔직히 자백한 그의 용기가 높이 평가된 까닭이다.

제 7 장
능력은 무한하다

아지론 댁의 호숫가에서 피서객들이 모닥불을 둘러싸고 재미있는 이야기를 하고 있었다. 뉴욕 대학의 학장 프레드릭 로빈슨 박사가 얘기 끝에, 사람은 어떤 한도 내에서 자기가 해내고자 생각한 일은 무엇이든 해낼 수가 있다고 말하였다.

이 자리에는 여러 방면의 유명인이 많이 모여 있었고, 음악가도 2, 3명 섞여 있었다. 박사의 의견은 곧 여러 반향을 불러일으켰고 대부분이 반대 의견을 내세웠다.

박사는 더욱더 자세하게 그 내용을 설명하고는 사람들의 동의를 구하였다. 그래도 역시 사람들은 박사의 의견에 전혀 동의하지 않았다.

"나는 대단히 합리적인 의견이라고 믿습니다. 이것은 매일 우리들의 주위에서 일어나고 있는 사실입니다."

라고 박사는 주장을 굽히지 않았다.

"시험해 보는 것이 어떻습니까, 부인. 박사님께 무엇이고 해 보도록 하는 것이?"

라고 어떤 사람이 박사 부인을 보고 말하였다.

"글쎄올시다. 여러분이 다 아시다시피 박사님은 음악적 소양이 전혀 없으니 음악은 어떻겠습니까?"

박사의 부인은 이렇게 대답하였다.

"재미있는 말씀입니다. 그러면 박사님께 악기를 연주시켜 그 의견의 옳고 그름을 증명키로 합시다."

반대 의견을 내세웠던 한 사람이 이렇게 말하였다.

어떤 음악을 선택하느냐는 이 자리에 있는 음악가들에게 맡겨졌다. 음악가들은 의논한 결과, 바이올린보다도 귀와 팔의 훈련이 필요한 첼로가 좋을 것이라고 말했다.

"좋습니다. 그 청을 받아들이겠습니다."

박사는 곧 대답하였다.

"그러나 그것은 물론 어느 정도의 시간적인 여유를 주시지 않으면 안 됩니다. 생리적으로 결함이 있을 때에는 아무리 시간이 있어도 할 수 없지만, 그렇지 않은 한 반드시 첼로 같은 것도 켜게 될 수 있는 것이오 나의 첼로 연주회에 여러분을 초대할 때까지, 여러분은 얼마 동안이나 시간 여유를 주시렵니까?"

"6개월!"

음악가 중 한 사람이 자기의 경험을 참작하여 말했다.

"물론 1개월만으로 충분하겠지만 나는 지금 매우 분주하고, 뉴욕

에 돌아가지 않으면 첼로를 구할 수도 없으니 넉넉하게 2개월의
여유를 주시면 고맙겠소."

60일이 지나서 마침내 로빈슨 박사의 첼로 연주회가 열렸다. 연
주회에는 아지론 댁의 호반에서 모닥불을 둘러싸고 있던 그날 밤
의 손님들과, 그 외에 음악을 좋아하는 사람들까지 5,600명의 청중
이 모였다. 박사의 첼로 연주는 매우 훌륭했다. 그가 연주한 것은
세계적 명곡이었다. 그는 자기 자신의 의견을 스스로 입증하였던
것이다.

놀라운 집중의 힘

나도 이 연주회에 참석하여, 60일 만에 박사가 첼로를 능숙하게
연주하는 솜씨를 보고 놀라지 않을 수 없었다.

그래서 박사가 아마 무슨 속성법을 사용했나 보다고 생각하였는
데, 사실은 그렇지가 않았다. 박사는 바이올린을 잘 켜는 친구한테
서 손놀림이나 손가락의 움직임 등 초보부터 배운 다음, 책을 보며
연습하면서 때때로 그 친구가 고쳐주는 것밖에 아무런 비법도 없
었다고 한다.

로빈슨 박사는 이렇게 설명하였다.

"이러한 종류의 성공에는 그리 어려운 문제가 없습니다. 나는 꼭
해내고야 말겠다는 굳은 결심을 한 다음 열심히 연습했습니다. 거
기에 또 한 가지, 성공을 위하여 노력한 결과 나의 목적에 정신을

집중시킬 수가 있었던 것뿐입니다."

이러한 일이 있은 후 1년이 지나서, 브루클린 미술관에서 개최된 브루클린 동판화 클럽의 전람회에서 나는 로빈슨 박사의 작품이 두 점이나 출품되어 있는 것을 보고 또 한번 놀랐다.

아주 엄선된 동판화 전문가의 출품들과 나란히 있어도 조금도 손색이 없는 훌륭한 걸작이었다.

나는 곧바로 로빈슨 박사를 찾아갔다. 박사는 웃으면서 '이것 역시 무슨 마술인 줄 아는가?' 하며, 까닭을 설명해 주었다.

어느 날 동판화 전문가의 아뜨리에를 방문하였을 때, 장난삼아 전문가가 내주는 동판에 철필로 그림을 그려본 것이 흥미를 느낀 시초였고, 여름 휴가를 이용하여 아지론 댁의 피서지에 도구를 가지고 가서 동판화 연습을 하였으며, 가을이 되어 뉴욕에 돌아와서는 여가를 이용하여 열심히 습작을 했다는 것이다. 그리고 시험삼아 그 작품 중에서 몇 점을 브루클린 전람회에 내보았더니, 뜻밖에도 두 점이나 입선되었다고 했다.

"이것도 역시, 사람은 자기가 하려고만 결심한다면 무엇이고 할 수 있다는 당신의 주장이 증명되겠군요."
라고 내가 말하니, 그는 이렇게 말하는 것이었다.

"그렇소 어떤 범위 내에서 건강한 몸과 정상적인 감각기관을 가지고 있는 사람이라면, 목적에 대한 그 일반적인 지능과 인내력에 따라서 숙달할 수가 있는 법이오."

능력의 제한 조건

로빈슨 박사의 말 가운데에는 두 가지의 조건이 있다.

첫째는 생리적인 결함이 있으면 안 된다는 것인데, 말하자면 색맹은 화가가 될 수 없고, 지체 장애자는 무용가가 될 수 없다는 것이다.

둘째는 그 사람의 지능과 집중력에 따라서 성공과 실패가 결정된다는 것이다. 바꾸어 말하면, 정상적인 육체와 지능을 가진 대다수의 사람들에게 있어서 '할 수 없다'는 제한이란 절대 없다. 대부분의 사람들은 내재하고 있는 능력을 실제로 응용하는 훈련이 없을 뿐이다.

이 훈련이 없기 때문에, 자기의 능력이 미칠 수 있는 최고 한도까지 가까이 갈 수가 없는 것이다.

때때로 우리들은 자신은 자기 능력을 유감 없이 발휘하여 만족하게 일을 해냈다고 생각할 때가 있다.

그리고는 '이렇게 멋들어지게 앞뒤가 맞아서 빠르게 해치우는 일은 정말 유쾌하다. 그런데 항상 이런 기분으로 일을 하지 못하는 것은 왜일까?' 하고 생각한다.

다른 생각 없이 정신을 집중시켜 자기의 모든 능력을 발휘하여, 일이 순조롭게 이루어지면 그 일은 일종의 즐거움이 된다.

이와 같이 정신을 집중시켜서 일을 할 때, 일종의 창조적 도취라고도 할 수 있는 무아지경에 사로잡힌다. 그러나 최선을 다하여 이루어 보겠다는 뚜렷한 목적을 갖지 않는 사람은, 그런 느낌을 결코 경험하지 못할 것이다.

당신의 목적이 스포츠맨이 되는 것일 수도 있고, 또는 교육자일 수도 있을 것이다. 그리고 또 과학에 끌려 학문을 탐구하는 과학자일 수도 있을 것이다.

요컨대 뚜렷한 목적을 언제나 눈앞에 똑바로 두고 있는 사람은, 자연히 그 능력을 최대한 발휘할 수 있도록 인도된다.

언제나 신선하라

천문학자이자 심리학자, 게다가 발명가로서 유명하고, 뉴잉글랜드의 주지사까지도 역임한 사람이 자기의 목적을 확고히 하기 위하여 독특한 방법을 사용하고 있다는 것을 나에게 이야기해 준 적이 있다.

그의 집 정원 한모퉁이에는 콘크리트로 만든 창고가 있었다.

그는 때때로 이 창고에 들어가서 문을 꼭 잠그고는, 잠시 죽었다고 마음먹는다는 것이다.

그리고 '나는 이제 죽는다. 내가 해야 될 일 중에서 아직도 못다 이룬 것은 없는가?' 생각해 본다는 것이다.

창고에서 나올 때까지 충분히 반성하고 생각한다. 그리고 완전히 정신적 안정을 얻고 인생의 목적이 마음속 깊이 새겨졌다는 것이 스스로 느껴질 때, 비로소 창고에서 나와 새로운 정력으로 일에 열중한다는 것이다.

관리 기술자로 유명한 릴리언 모러우 길버스 여사는 자기가 존경하는 위인들이나 또는 위대한 사업을 이룩한 사람들의 초상들을 공장 사무실에 걸어놓고 그것을 보면서 '이토록 훌륭한 사람들이 자신의 일에 최선을 다한 것처럼, 나도 나 자신의 일에 열성을 다하지 않으면 훌륭한 일을 해낼 수 없을 것이다'라는 반성을 항상 하였다고 한다.

정신집중 훈련

정신집중을 훈련하는 방법은 일상생활에서도 얼마든지 찾을 수 있다.

책을 읽고 그 내용을 기억하는 것도 한 가지 방법이며, 그 전날에 어린아이들과 주고받은 내용을 생각해 내는 것도 방법의 하나요, 연설이나 강연 등을 듣고서 그 요점을 정리하여 자기 연설로 되풀이하는 것도 정신집중에 도움이 된다.

그리고 신문기사 중에서 적당한 뉴스를 골라 그 사건의 성질과 사회적 관계, 그리고 결과 등을 생각해 보는 것도 정신집중에 퍽 효과가 있다.

죠지 게이나가 뉴욕 시장이던 시절, 친구들에게 써 보냈던 편지들은 매우 흥미 있고 여러 가지 좋은 말들이 많아서, 때때로 신문에도 발표되곤 하였는데, 그 중에 하나를 살펴보자.

"지금 나는 정신집중을 이룰 수 있게 되어서 대단히 기쁘다. 일체의 잡념을 버리고 내가 이루어야 할 목적에 온 정신을 집중시키면 마음먹은 대로 된다. 거대한 기관차가 돌진한다 해도, 나의 사무실이 파괴되지 않는 한 그것은 나를 방해하지는 못할 것이다."

《뉴욕 이브닝 선》지의 편집국에서는 이 편지를 일면의 머리기사로 크게 게재하고 덧붙여서 이렇게 썼다.

"우리들도 죠지 게이나의 성공을 축복하는 바이다. 그가 달성한 것은 장래성 있는 신문기자 초년생들이 반드시 가져야 할 첫번째 조건이다. 만약 그가 희망한다면 우리들은 기꺼이 그를 우리 신문사의 기자로 채용할 것이다."

제 8 장
진로의 결정 방법

　당신은 지금까지 자기의 능력을 스스로 평가해 보았을 것이다. 당신은 이제 자신의 능력을 발휘하여 이루어야 할 인생의 목적을 설정하여야 하며, 앞으로 나아갈 길을 그려야 한다.

　당신의 인생을 책임질 사람은 자신밖에 없음을 명심하라.

　오토멀 애먼느는 조지 워싱턴 대철교를 건설하기에 앞서, 그 다리를 필요로 하는 사람과 차량의 교통량을 미리 측량하였다고 한다. 이와 마찬가지로 당신은 자신의 인생이 사회의 어떠한 요구와 필요에 응하려는가를 미리 알아야 한다.

　"사회는 나에게 무엇을 요구하는 것일까?"

라고 당신은 질문할 것이다.

　"나는 모른다. 당신 자신이 나보다도 더 잘 알 것이 아닌가. 그런데 사회는 당신에게 당신이 할 수 있는 가장 훌륭한 일을 요구하는 것만은 틀림없다."

"내가 할 수 있는 일이란 무엇일까?"

라고 당신은 또 물을 것이다.

"그것은 당신이 제일 잘 할 수 있는 일이다."

"내가 제일 잘 할 수 있는 일이란 무엇일까?"

이 물음에 대해서는 나도 모른다고 대답할 수밖에 없다. 그러나 당신이 제일 잘 할 수 있는 일을 찾는 방법을 묻는다면 조언해 줄 수는 있다.

제4장을 다시 한 번 잘 읽으면, 당신에게 적합한 직업을 발견할 수 있는 눈을 어디에 두어야 할지 알 수 있을 것이다. 이로써 당신의 천성적인 경향·흥미·실력 등에 비추어서 직업을 선택하는 시각이 정해지는 것이다.

"그렇지만 이렇게 삭막한 경쟁시대에 내가 바라는 일을 얻는 것은 매우 어렵지 않은가?"

라고 당신은 말할 것이다.

그것은 사실이다. 그러나 그렇다고 해서 낙심할 것은 없다. 현대와 같이 살기 힘든 사회에서는 자신에게 알맞는 일을 구한다는 것이 하늘의 별따기보다 더 힘들다.

대부분의 사람들은 불만을 품으면서도 어쩔 수 없이 그냥 그대로 현재의 일에 매달려 있다. 그러나 일은 물질과는 다르다. '당신이 그 일을 어떻게 하는가. 일을 함으로써 자신에게 도움이 되는 것은 무엇인가.' 일의 가치는 이것으로써 결정된다.

❀
경험의 단계

광고업자로서 크게 성공한 셀시 브스트위크는 대학교를 마치고 교육계에 발을 들여놓았다. 그는 존 홉킨스 대학의 심리학 강사가 되었다가, 직업을 바꾸어 아동들의 교육과 영양에 관해 연구하는 연구소 주임이 되고, 그 다음에는 전혀 다른 방향의 진공소 청소기 판매업자로 전환하였다.

그러나 직업을 옮길 때마다 그의 실력은 더욱더 돋보였다. 그가 다시 네 번째로 직업을 바꾸었을 때 비로소 가장 적당한 일을 찾아내었고, 그의 실력은 최대한으로 발휘되었다.

그는 현재 광고회사의 중역으로 지도자 역할을 하고 있으며 대규모의 광고 문안을 짜거나 도안하는 일도 잘 알고 있다. 그러나 일에도 탁월한 능력을 발휘하지만 회사로 하여금 그를 중역으로 기용하게 만든 점은 그가 여러 가지 직업에서 얻은 귀중한 경험에서 비롯된 것이 아니겠는가.

그러므로 당신이 현재 하는 일은 모두 최후의 일에 대한 훈련장인 셈이다. 지금의 일을 완전하게 수행하면 최후의 성공은 의심할 바 없게 된다.

그것은 물레방아를 연상시킨다. 즉, 첫번째의 일은 물레방아의 맨꼭대기에 위치한다. 두 번째의 일은 하단이다.

그런데 물이 제일 세게 부딪히는 곳은 최하단이며, 여기에서 물레방아를 돌리는 제일 큰 힘이 발생되는 것이다.

이 각 단계는 당신이 지금부터 종사하려는 몇 가지의 일에 해당한다. 당신은 처음부터 첫번째의 일을 얻지 못할지도 모른다. 아니, 그것이 어떠한 것인지도 전혀 아는 바 없을지도 모르고 따라서 그 일에 종사할 준비도 전혀 안 되어 있을 것이다.

그러나 당신은 인생의 건축기사로서, 현재의 일에 종사하면서 앞으로 점차 전개되는 일을 그리며, 이 계단을 하나씩 밟아 올라가는 데 필요한 대가를 읽을 수 있게 된다. 첫 단계에서는 두 번째 단계에의 준비가 행하여질 것이며, 두 번째에는 세 번째의, 세 번째에서는 네 번째의 준비가 행하여진다.

이것은 다음과 같은 각도에서 생각해 보면 좋다.

1. 현재의 첫번째 일은 내가 희망하는 두 번째의 일을 얻는 데 있어서 어떤 의의가 있는가.

2. 매일 하는 일의 실적으로 보아, 첫번째의 일에 대해서 얼마만한 자격을 가졌다고 보는가.

3. 첫번째의 일은 앞으로 나의 실력을 발전시킬 수 있는 방향·분야·장소에 관하여 나에게 무엇을 가르쳐 주는가.

4. 첫번째의 일은 다음의 새로운 일을 할 때에 도움이 될 만한 것을 가르치고 있는가. 다음의 새로운 일과 어떠한 연관을 갖고 있으며, 그 일을 나에게 줄 사람과 접촉할 수 있는 길에 대해서 무엇을 알려주고 있는가.

다음 단계에의 발전과 비약은 충분한 준비 없이는 결코 이루어지지 않는다. 경험의 가치는 이러한 각 단계에 충실히 따름으로써 빛나게 되며, 이러한 노력의 충실은 인생의 대가를 말하여 준다.

인생의 주춧돌

인생을 건축하는 데에는 네 가지의 커다란 주춧돌이 필요하다. 그 네 가지의 주춧돌은 다음과 같다.

1. 성장하는 머리(하루하루 지식을 얻으라)

머리의 성장을 멈추면 안 된다. 보다 나은 일을 얻으려면, 능력과 숙련을 진보시키지 않으면 안 된다. 당신이 바라는 자리가 비었을 때, 어느 때나 그곳에 가서 앉을 준비가 되어 있어야 한다. 당신을 감독 지휘하는 상사의 노고를 당신이 덜어주도록 힘을 쓰면 쓸수록, 그 상사가 다른 곳으로 옮기게 될 때 당신은 그 후임으로 승진하게 될 가능성이 많다. 감독을 받을 필요가 없어지면 없어질수록, 당신은 그 회사에 있어서 중요한 인물이 되는 것이다.

2. 세련된 입(시기나 독설을 품지 말라)

칼로 찔려서 생긴 상처와, 독에 쏘인 상처 중에서 어떤 것이 더 낫기 어려운가? 칼로 찔린 상처는 반 년쯤 걸려서 나을 수도 있지만, 독에 쏘인 상처는 일생을 두고 아물지 않을 때가 있다. 때때로 우리들은 사랑하는 자에게도 불쑥 그런 독설을 내뱉어, 그로 하여금 하루 종일 슬픔에 싸이게 하는 일이 있다.

우리들은 이 일에 대해서 반드시 대가를 치르게 된다. 조심성 없는 한 마디로 가슴 아파 고민하는 사람을 보고, 우리들의 마음은 결코 평온하지 못할 것이다. 독설을 퍼붓고 화를 잘 내는 사람, 고집부리고 투덜대는 사람은 좋은 협력자나 친구를 얻을 수 없다.

3. 세계와 같이 고동하는 심장

자기 혼자만 고동하는 심장은 똑같이 혼자서만 고동하는 심장과 접촉하면 충돌이 생긴다. 즉, '저 사람은 저 혼자만 지껄이고, 다른 말은 못하게 하니 저 사람과는 말하기 싫다.'라고 되고 만다. 상대를 꾸짖는 것보다 칭찬을 많이 하면 할수록, 당신은 좋은 것을 더 많이 받게 될 것이다.

4. 힘있는 손(남을 돕는 손)

빼앗으려고 내미는 손과 주려고 내미는 손, 어느 쪽이 더 커다란 행복을 가져올 것인가? 타인에게 행복을 주었을 때는 당신의 행복도 크다. 주면 줄수록 줄 수 있는 것이 많아진다. 빼앗기보다는 주는 것에 마음을 써라. 그러면 당신의 인생은 더욱더 만족한 것으로 가득 찰 것이다.

이상에 말한 네 가지 주춧돌은 당신의 인생을 보잘것없는 것이 아니라, 보다 훌륭하게 만드는 절대적인 힘을 가지고 있다.

당신의 도착점

당신은 인생의 건축 기사로서 목표를 가져야만 한다. 당신의 직업은 한 가지의 목표이다. 사상가 알프레아토라는 말한다.

"자기의 일에서 행복을 찾지 못하면, 행복이라는 것을 이해하지 못하게 된다."

1. 자신과 가족의 생활을 충족시킬 수 있는 수입을 얻으라.

2. 1을 달성한 후, 다시 옆사람을 위하여 쓸 정도로 여유 있는 수입의 직업을 가지라. 당신이 인생의 건축가로서 훌륭히 성공할 수 있는 기준은 바로 이 두 가지이다.

사람들에게 제각기의 이상(理想)을 물으면, 여러 가지 재미있는 답변을 얻을 수 있을 것이다. 어떤 사람은 이상이 없다고 대답할지도 모른다. 그러나 누가 말하든 그것은 거짓말이다. 사람은 모두 인생의 목적과 그곳에 도달하려는 목표를 가지고 있다.

이것이 이상이다. 만약 당신이 아무런 목적 없이 닥치는 대로 살아 간다면, 자기 손발을 묶어 통 속에 넣어서 강물에 떠내려 보내는 것과 같이 구제할 수 없는 실패의 구렁텅이로 떨어지고 말 것은 뻔한 노릇이다.

자기 인생의 목표를 한번도 똑똑히 세워 보지 못하고 인생을 끝마치는 사람도 적지 않다. 당신이 가장 보람 있고 훌륭하다고 생각하는 일은 무엇인가?

이 세상에 존재하는 모든 일들이 다 똑같은 수입과 똑같은 사회적 지위를 준다면, 당신은 어떤 직업을 택하겠는가? 그 일이 당신의 경제적 조건만 보증해 준다면, 그 일이야말로 당신이 최선을 발휘할 수 있는 보람 있는 일이 아니겠는가.

인생 계획서를 만들어라

프랭크 길버트는 미국이 자랑하는 건축 감독자이다. 그는 젊었을 때부터 건축계에 재주 있는 솜씨로 유명하였는데, 어느 날 보스턴으로 가는 기차 안에서 신발업계의 일인자 윌리암 마크윈과 자리를 같이 하게 되었다.

"나는 당신의 감독법에 대단히 흥미를 가지고 있는데, 사본이 있으면 한 장 얻을 수 없겠소."

마크윈이 말했다.

"저는 감독하는 방법을 문서로 만들어 본 일이 없습니다. 아주 간단하니까요. 그리고 언제나 연구하여, 더 좋은 방법을 발견하면 서슴지 않고 그것으로 다시 바꿉니다. 이것이 저의 방침이지요."

라고 길버트는 대답하였다.

"프랭크 씨, 그것은 좋지 못한 습관인데요. 당신도 보통 사람과 마찬가지로 잘 될 때가 있는 반면 안 될 때도 있으니 그것들을 기록해 놓지 않으면, 마지막에는 혼란해질 것이오"

길버트는 보스턴에 돌아와서, 곧 자신의 감독 방법을 문서로 만들고 각 기사와 현장 감독 그리고 직공들에 이르기까지 모든 방식

을 볼 수 있고, 결점이 있으면 곧 고칠 수 있도록 만들었다. 이리
하여 그 방식은 점차 수정되어서 드디어 건축계의 보전(寶典)이라
고 불리우는 '현장감독 방식'이 되었다.

당신이 현재 하는 일 또는 장차 종사하고자 하는 일에 관해서
당신의 계획을 종이에 써놓아라. 그 계획은 어느 때나 당신의 행동
을 올바로 규정짓는다.

여기서 제 2 장을 다시 한 번 보길 바란다. 프랭크 보이드가 어떻
게 자기의 방침을 굳게 지키고, 또 모든 곤란을 이겨나갈 때 그 태
도가 얼마나 의연한 것이었던가를 상기하여 주기 바란다. 또한 당
신은 다음과 같은 것을 실행하면 좋을 것이다.

'나의 인생 계획'을 종이에 똑똑히 쓸 수 있기 전에는, 당신은 계
획이 없는 것과 마찬가지이다. 종이에 씌어진 계획에 의하여 자기
의 약점을 확실히 깨닫고 그것을 고치도록 노력하지 않으면, 약점
은 언제까지나 고쳐지지 않을 것이다. 자신의 계획을 보고 하루하
루 반성을 거듭함에 따라, 앞으로 나아갈 길을 올바로 규정지을 수
가 있다.

당신이 가장 절실히 바라는 것은 무엇인가? 그것을 종이에 써라.
당신이 가장 잘 할 수 있는 일은 어떤 것인가? 또는 그와 반대로,
못하는 일은 어떤 것인가?

또 바라던 것이 이루어졌을 때는 어떤 일을 할 수 있으리라 생
각되는가?

이러한 것도 종이에 써놓으면 좋다. 만약 장래의 일에 대해서 잘

모르는 점이 있으면, 그 일을 하고 있는 선배에게 물어보라. 그리고 그것도 종이에 써 두어라.

종이에 씌어진 사실을 참고로 하여, 자기의 현재 위치를 똑똑히 알고 목표까지 거리를 확인한다. 그리고 거리를 줄이기 위하여 할 수 있는 일들을 생각해 본다.

장래의 일에 관한 부족한 지식을 메우기 위하여서는 어떠한 책들을 읽어야 하겠는가? 또한 실제의 지식을 얻기 위해서는 어떠한 책과 어떤 사람과 접촉하면 좋을까? 이상의 일을 획득할 때까지의 준비기간을 측정한다.

1년 동안 때때로 씌어진 계획을 눈여겨보아 자기의 행동을 고치고, 연말에는 이것을 총결산하여 진전된 상태를 확인한다.

일단 목표를 정하고 나면, 그것을 확보한다. 가령 장래 희망이 법률가라면, 당신은 법률 공부하는 것을 감출 필요는 없다. 물론 전력을 다하면서 반드시 이 목적을 이룰 것이라 믿어야 하지만, 만약 이 야심을 으스대면 사람들은 웃을 것이다. 그들은 당신의 목표가 무엇인지 말하지 않아도 알아주게 되어 있다.

즉, 자기의 목표는 자기 가슴에 소중히 간직해 두는 것이 좋다.

현재에 전력하라

실행하라. 확고한 결심을 가져라. 지금 곧 계획을 만들어라. 실천함으로써 배워라. 이것도 없고 저것도 없다고, 또 무엇이 부족하다는 이유로 당신의 목적을 지연시키지 말라.

이상을 높게 가져라

항상 노트를 곁에 놓고 매일매일 깨달은 것을 적도록 하라. 노트처럼 당신의 진보하는 발자취를 명료하게 가르쳐 주는 것은 없다.

대부분의 사람은 자기가 아직도 경험이 부족하고, 배우는 도중에 있다는 것을 감추려고 한다.

향상을 원하는 사람은 여러 사람에게 묻는 것을 꺼리지 않는다. 한번 들은 것은 흘려버리지 말고 노트에 적어서 머리 깊이 새겨두도록 한다. 이것은 당신이 이미 얻은 목표와 더불어 하나의 또 다른 목표를 당신에게 보여 줄 것이다. 그리고 그것이 흡수되어서 당신의 목표를 더한층 향상시킬 것이다.

제 9 장
성공이란 무엇인가

지금까지 나는 성공자가 그 성공을 얻기까지의 대가를 계산하였으며, 그 대가를 지불하기 위하여 어떤 일들을 했는지 밝혔다.

이러한 성공자의 발자취를 한 사람 한 사람씩 더듬어 볼 때, 여러분들은 아마도 부러운 소리로 이렇게 말할는지도 모르겠다. '그들은 모두 특별한 사람이야'라고.

틀림없이 그렇다. 그들은 모두 특별한 사람이다. 그런데 당신이 만약 성공하는 대가를 알고 이것을 지불했다면 당신도 역시 특별한 사람, 뛰어난 사람이 될 수 있다.

'위대한 인물로서 세상에 이름이 알려지지 않은 사람이 이 세상에는 얼마든지 있다'라고 프랭클린은 말했다. 나도 역시 그러한 인물들을 많이 알고 있다. 그래서 이 책 가운데에도 비교적 세상에 알려지지 않은 평범한 일에 종사하는 훌륭한 인물들의 실례를 몇 가지 소개했지만, 그 이야기는 무궁무진하다.

성공이란 도대체 무엇인가?

자유기고가로서는 세계에서 제일 많은 보수를 받고 있는 배드퍼셔가 이렇게 규정지어 말하였다.

"성공은, 그대가 바라는 것을 잡는 것이다. 국회의원을 바라는 사람도, 거액의 돈을 모아서 여생을 안락하게 보내는 것을 희망하는 사람도, 또는 실직자가 직업을 구하거나 어린애를 많이 낳고 싶어하거나 세계적으로 이름난 예술가 혹은 운동선수가 되겠다든가 하는, 아무튼 자기가 구하는 것을 얻게 되는 것, 자기 것으로 잡는 것 ——이것이 성공이다."

말할 것도 없이 당신이 번 돈의 액수만 가지고 당신의 성공을 저울질할 수는 없다. 대부호에 비하면 당신이 벌었다는 돈의 액수는 참으로 보잘것없는 것이지만 당신은 그 대부호보다도 훨씬 성공하고 있는 것인지 모른다.

만약에 오직 돈 모으는 것을 하나의 목적으로 하고, 이 목적을 위하여 어떠한 희생이나 수단방법도 두려워하지 않는다면 당신은 거부가 될 것이다.

그러나 그들은 인생의 한창 좋은 시절을 소비하고, 친구와 건강을 희생한다. 돈만 알고 그 외의 아무것도 돌보지 않는 것은 결국 매우 불행한 사람이 되기 쉽지만, 돈을 번다는 그 목적 자체는 어쨌든 이루어진다.

당신이 행복을 원한다면, 최후의 목표가 중요하다. 당신의 목표는 당신의 야심을 특정하는 자이며, 또한 당신의 일이 얼마만큼 이 사회를 위하여, 인류를 위하여 보람 있는 것인가를 결정한다. 훌륭한 일을 하면 당신에게 필요한 돈은 충분히 보답될 것이고, 돈 이상으로 여러 가지 귀한 것도 자연적으로 얻어질 것이다.

가치 있는 목적을 선택하고 결과에 대해서는 전혀 마음을 쓰지 말며, 목적을 달성하는 데 필요한 대가를 지불하도록 부단히 노력하여야 된다. 겨울이 가고 봄이 오듯, 결과는 스스로 보답을 받게 될 것이다.

H. G. 웰스는 이렇게 말한다.

"재산·명성·지위·권세는 결코 성공을 저울질할 수 있는 척도가 못 된다. 성공을 측정할 수 있는 오직 유일한 척도는, 우리들이 이미 획득한 경지 및 성과와 앞으로 실현되기를 바라는 경지와 소망하는 일들과 거리인 것이다."

성공은 자기와 가족 그리고 이웃에 피해를 주지 않는 일을 발견하고 이것에 종사하는 것이다.

어느 눈보라치는 날, 나는 코네티컷 컨트에서 라톨스네크 산록에 있는 보그홀로를 향하여 차를 달렸다. 《내셔널》지의 의뢰를 받고, 이 산중에서 은둔 생활을 하는 조류화가 렉스 브라샤를 방문하기 위해서였다.

내가 떠날 때 잡지사의 편집장은 '렉스 브라샤, 20세기의 오즈본 (19세기 때 유명한 대조류학자)'라고 쓴 메모지를 주면서 이렇게 말하였다.

"별로 재미난 자료가 없을지도 모르겠네만, 만일 있으면 잡지에

싣겠네."

나는 렉스 브라샤가 어떤 조류화가인지 호기심 어린 마음으로 맹렬한 눈보라를 헤치고 자동차를 몰았다.

렉스 브라샤는 당시 55세, 키가 후리후리하고 햇빛에 검게 그을린 얼굴로, 은근하고 으젓한 태도를 지닌 사람이었다. 내가 찾아온 이유를 말하니, 그는 인디언처럼 무뚝뚝하게 걸어서 나를 스튜디오로 안내하였다.

그곳은 두꺼운 금고같이 만들어진 콘크리트 건물였는데, 조류의 그림을 화재에서 보호하기 위해서 건축하였다.

나는 그날 하루 동안 추운 스튜디오 안에서 수채화로 그린 작은 새들의 그림을 구경하였다.

신문지 반 장만한 것에서부터 그것에 대여섯 배나 되는 크기의 도화지에 그린 것이 870매나 있었으며, 1,201개의 가지각색의 여러 조류 ──큰 것, 작은 것, 수놈과 암놈, 알을 안고 있는 모양, 새끼를 키우는 모양 등이 그려져 있었다. 모두가 새들의 모습을 자연 그대로 그린 것으로 눈의 홍채까지도 생생했다.

나는 무슨 기적이라도 본 듯이 넋을 잃고 그 그림들을 보았다. 아름다운 날개의 깃, 금방 날아갈 듯 지저귀는 듯한 생생한 맵시는 손으로 만져보고 싶은 충동마저 느껴졌다.

나는 브라샤를 방문하기 전, 조류학자인 존 보로우의 저서 가운데서 그를 높이 평가한 것을 읽었고, 또 코네티컷 주의 조류 보호관 하버트 조브를 만나서 이야기를 들었었다. 조브는 조류의 생태 사진 촬영에 일생을 바치고 있는 사람인데, 브라샤의 그림에 대해

서 '세계에서 제일 아름다운 것, 자연의 새보다 더 아름다운 그림'
이라고 평하였다.

나는 브라샤에게 이 그림들을 그리게 된 까닭을 물어보았다.

❀ 어렸을 때 마음에 새겨지는 것

브라샤가 일곱 살 때 금융계에서 퇴직한 그의 아버지는 조류 연
구에 취미를 가지고 있었으므로 브루클린의 교외에서 새의 박제를
하며 노후를 보냈다.

아버지는 가끔 어린 브라샤에게 단 위에 놓여 있는 박제된 새들
의 이야기를 들려주곤 하였다.

그리고 아들에게 새에 대한 취미를 길러 주려고 노력하였지만,
어린 브라샤는 새보다는 장난하며 노는 것을 좋아하여 아버지를
실망케 하였다.

그러나 아버지가 세상을 떠나기 얼마 전부터는 그도 차츰 새에
흥미를 갖게 되어 아버지를 매우 기쁘게 하였다. 그가 열 살 때 아
버지가 세상을 떠났다.

그때 그는 돌아가신 아버지가 엘 대학에 기증한 여러 가지 아름
다운 박제된 새들과 똑같은 것을 자기도 직접 모아 보리라 생각하
였다.

이리하여 그는 돌아가신 아버지의 저서로 박제 기술을 배우고,
새와 새의 알을 부화시켜 기르기 시작하였다. 17세 되던 해에는 박

제 표본의 수가 155종에 달하고, 브루클린 박물관의 한 부분을 차지하게 되었다.

예상보다도 아버지의 유산은 얼마 되지 않아, 브라샤는 어머니와 생계를 위해서 큰 장식품 상점의 동판조각 조수가 되었다. 그는 그림 그리는 솜씨가 뛰어나 틈만 있으면 새나 얼굴, 꽃들을 그렸다. 일요일이나 명절날에는 들판에 스케치를 하러 나갔다.

그러다 어느 사이인지 야생 참새들에 대해 자세히 알고 싶은 욕망을 가지게 되었다. 그가 살고 있던 동부 해안지방에서 볼 수 없는 참새는 사진으로 모았고, 오즈번이나 그밖에 조류학자들이 제작한 사진이나 그림을 모았다.

그러던 중 북미에 있는 모든 조류의 생활과 모습들을 정확하게 그려 모으면 굉장하리라는 착안을 했다. 그러나 이 어처구니없는 야심을 어떻게 실현해야 좋을지 캄캄하였다.

'이것은 한평생의 일이 될 것이다'라고 생각했다. 그러나 그에게는 거기에 필요한 경비가 없었고, 친척이나 도움을 줄 연고자도 없었다.

또한 이것은 한 사람의 손으로 이루어질 수 있는 일 같지도 않았다. 자기 자신에게는 지식도 경험도 없었으며 자연과학 박물관의 조류학자들은 한평생이 걸려도 도저히 이룰 수 없는 일이라고 하였다.

그래도 그는 이 생각을 단념할 수가 없었다. 나무나 숲을 볼 때마다 거기서 지저귀는 참새들이, '무엇이 불가능해? 일생 동안 해내지 못하면, 다음 대 아니면 또 그 다음 대까지 물려주어 이루면 된다'고 말해 주는 것 같았다.

그는 이 목표에 필요한 비용을 계산하여 보았다. 현재 받고 있는 임금을 기준으로 해서 매일 15시간씩 일한다면, 20년 후에는 이 목표에 도달될 수 있으리라는 생각이 미치자, 드디어 이 목적을 향하여 돌진할 결심을 하였다.

탐구에의 출발

당시 그는 지페니 상점의 동판조각을 하고 있었는데, 수입을 더욱 늘리기 위하여 직업을 바꾸면서 1년간 사진 조각사가 되었다. 그 후에는 어떤 경마장을 상대로 하는 출판사의 표지 화가가 되어서 전력을 다하여 돈을 모아, 그 돈이 수천 달러에 이르자 미련 없이 곧 그 일을 집어치웠다.

그는 메인 주로 가서 한 척의 낡은 범선을 사들이고 할로프라고 이름지었다. 그리고 어부 한 사람을 조타수 겸 요리사로 고용하여 같이 기거했다. 그리고 남은 돈으로 식량을 사서 배에다 싣고 남쪽으로 출항하였다.

그것은 1859년 8월의 일이었다. 동부 해안을 거슬러 내려가, 새들이 많은 강이나 어구로 들어갔다. 거기서 자연 그대로인 새들의 모습을 스케치하였다. 하루에 50매나 그린 날도 있었다. 이렇게 새들의 모습을 연구하는 것은 대단히 참을성을 요구하는 일이었다.

새들에게 들키지 않고 보트로 늪지를 소리 없이 저어가기도 하고, 한 마리의 새를 보기 위하여 온몸을 물에 담그고 몇 시간이나 기다리지 않으면 안 될 때도 있었다. 혹은 산 속 깊이 헤쳐 들어가서 숲 속에 몸을 숨기고, 스케치를 할 수 있는 거리까지 새가 가까이 오기를 기다리지 않으면 안 되었다.

그럼에도 불구하고 특별한 주의가 없으면 스케치하는 연필소리에 놀라서 가까이 왔던 새도 날아가 버리는 것이었다.

이러한 탐구 여행이 2년이나 계속되었다. 그 후 4년 동안 브루클린의 집안에서 수채화로 4백 매의 새그림을 그려냈다. 그렇게 4년째가 되어가던 어느 날, 최후에 그린 것과 처음 시작할 때 그린 것을 비교하여 본 그는 기쁨과 실망을 동시에 맛보았다.

맨 끝에 그린 것일수록, 처음에 그린 것보다 훨씬 생생하여 살아 있는 새처럼 보였다. 그래서 지금까지 그린 것은 완성품으로 남길 가치가 없다고 판단하여 전부 불살라 버렸다.

그리하여 다시 붓을 가다듬어 이번에는 만족한 것이 그려지리라는 자신 아래, 한 장 한 장 그려 나갔다.

살아 있는 것을 그대로 옮기듯 정성을 다한 결과, 5년 후인 1905년에는 일단 그 전부를 완료할 수가 있었는데, 이번에도 전번과 같은 실망과 기쁨을 맛보지 않으면 안 되었다. 1900년 당시 그림을 그릴 때는 살아서 움직일 것같이 보여졌었는데, 5년 후에 다시 들여다보니 결코 그렇지 않았다. 그래서 이번에도 5년 동안의 작품 중에서 겨우 10장만 남기고 모조리 불살라 버리고 말았다.

방향의 재검토

그는 다시 곰곰이 생각하여 보았다. 처음 생각으로는 20년쯤이면 완성할 수 있다고 믿었던 것이, 일의 준비만으로도 벌써 16년이라는 세월을 소비하여 버렸던 것이다. 그러나 그는 비관하지 않았다.

흘러간 16년에 미련을 두지 않았고 이번에는 코네티컷의 컨트 근방에 있는 보그홀로에 아무렇게나 내버려둔 황폐한 목장이 있다는 소식을 듣고, 그곳으로 찾아가 보았다.

인적이 드문 그곳에는 숲이 무성해서, 우거진 나무들이 햇빛을 가리고, 임야와 목초지 그리고 늪지들이 있어서 무수한 새들이 번식하고 있었다.

그는 이 황폐한 목장 속에 내버려져 있는 움막을 수리하고 거기에 기거하며 새들을 그리기로 하였다. 이번에는 완전한 것이 그려지리라는 자신 아래서 출발하였다.

예금했던 돈은 다 떨어졌으므로 그는 멀리 동네에 내려가서 하루에 1달러 25센트의 임금을 받는 인부가 되기도 했고, 농부들의 일을 돕기도 하고 목공일도 하였으며 닥치는 대로 일을 하여 화구비를 벌었다.

아침에는 태양과 같이 일어나며, 밤에는 캄캄해서야 자리에 누웠다. 그러나 하루도 화필을 쥐지 않은 날은 없었다.

10년이라는 세월이 또 흘러갔다. 여름철의 긴긴 낮에는 오랜 시간을 그릴 수 있었지만 겨울엔 추위보다도 해가 짧아서 많이 그리지 못하는 것이 안타까웠다.

기온이 영하로 내려가는 추운 날씨에는 모포를 뒤집어쓰고 그림을 그렸다. 나무는 얼마든지 있어 불을 피워서 따뜻하게 할 수도 있었지만, 수채화는 숨쉴 사이도 없이 재빨리 붓을 움직이지 않으면 색깔이 번지고 얼룩지는 수가 있다.

그렇기 때문에 불을 피우고 있다가는 거기에 자주 눈이 가야 하며 나무를 지피려면 붓손을 멈춰야 하므로 모포를 뒤집어쓰고 일을 하는 것이었다. 손이 얼어서 못 움직이게 되면, 그때 비로소 불을 지폈다.

일이 진행됨에 따라서 목표도 확대되었다. '북미에 있는 모든 새'라는 최초의 목표는 '북미에 있는 모든 새와 수목'이라고 변해 있었다. 각양각색의 나무와 관목들이 새들의 그림과 마찬가지로 아름답고 정확하게 묘사되었다.

브라샤가 실제로 이 일에 착수한 지 정확히 34년 9개월 3주일째 되던 날, 이 일은 완성되었다.

❀

세상에 알려지다

그는 새의 화집을 출판하여 줄 출판자를 구했지만, 좀처럼 찾기가 힘들었다. 보그홀로까지 그의 작품을 보러 오는 사람은 몇 사람 있었다. 그러나 이 그림이 후세에 남겨질 대사업이라는 것을 충분히 인정하더라도 원색판으로 복제 출판하려면 적어도 50만 달러라는 거액을 필요로 했기 때문에, 이것을 맡아줄 사람이 없었다.

이리하여 30여 년의 세월을 소비하고 모든 정력을 다 바쳐 완성한 작품이 일반 조류 애호가의 손에까지는 미치지 못할 것 같았다.

보스턴에서 열린 미국 조류학자 협의에 참석한 한 조류학자가 새를 좋아하는 변호사를 동반하였다. 회의장에는 브라샤의 작품 몇 점 ——흑두 종달새, 들새, 뇌조 등 ——이 진열되었다.

변호사와 조류학자는 여러 그림을 훑어보다가, 뇌조의 수채화 앞에서 발을 멈추었다. 조류학자는 이 뇌조의 그림을 열심히 들여다보고 있다가 변호사를 돌아보며 말하였다.

"자네는 이것을 믿을 수 있겠나?"

그러자 변호사는 의아스럽다는 듯 고개를 저었다.

"무슨 속임수가 있는 것 같지 않나? 확대경으로 한번 자세히 조사해 보세."

조류학자는 확대경을 빌려 왔다. 그리고 뇌조의 그림에 바짝 갖다대고서 머리털 꼭대기부터 꼬리 끝까지 자세하게 들여다보더니, 놀라움에 떨리는 목소리로 말하였다.

"틀림없는 그림이다. 이렇게 실물 그대로 그려낼 수 있으리라고는 도저히 생각 못 했는걸."

"아니, 무엇을 알아보려고 했었나?"

라고 변호사가 물었다.

"나는 이 브라샤라는 화가가 새의 깃털을 종이에 붙인 줄 알았다네."

조류학자는 놀라움을 금치 못했다.

변호사는 이 이야기를 《내셔널》지에 기고하였다. 그리하여 이 잡지사의 편집장은 나에게 보그홀로로 브라샤를 방문하여 달라고 부탁하였던 것이다.

나의 브라샤 방문기는 다음해 2월 《내셔널》지에 발표되었다. 그후 수개월이 지난 어느 겨울에 나는 보그홀로에 들러 보았다.

그때 길가의 표지에 '치카데이 베레'라는 이름이 씌어져 있는 것을 보았다. 브라샤의 설명에 의하면, 나의 방문기가 잡지에 실리자 급기야 호기심을 가진 사람들, 즉 새를 좋아하는 사람들과 조류학자들의 자동차가 50대 이상이나 밀려왔다. 그 중에는 상원의원이나 주지사의 차도 섞여 있었다.

이로부터 매일같이 방문객이 끊일 사이가 없게 되어, 드디어 이곳 지방 관청이 도로를 넓혀 모래와 자갈을 깔고 목장도 손질하여 치카데이 목장이라 새로 이름짓고, 이 이름을 따서 도로에 표지를 세우게 되었던 것이다.

이러한 것은 그 누구도 예상치 못한 일이었다.

대사업의 착수

그 후 브라샤를 다시 방문하였을 때 나는 뉴욕의 한 출판사 사람을 동반하고 갔었다. 이 사람은 브라샤의 그림을 보고 난 뒤, 현재 원색판으로 출판하려면 60만 달러의 비용이 든다고 말하였다. 그리고 이 출판업자도 전번 사람들과 마찬가지로 이 불후의 대업에 손대는 것을 포기하였다.

그리고 다시 세월이 흘렀다. 나는 오랫동안 치카데이 베레를 찾아볼 기회가 없었다. 그런데 언젠가 여행을 하던 도중에 퀸트펄 공원에 우연히 들려보니, 그곳에 큰 석조건물이 건축되고 있음을 보았다.

그것은 브라샤 미술관 ——브라샤의 새들과 수목의 그림을 진열하기 위하여 특별히 만들어지는 회랑식 건물이었다. 나는 참으로 잘 되었다고 기뻐하며, 그 길로 곧 치카데이 베레로 달려갔다.

산 위의 낡아빠진 움막집은 훌륭한 집이 되었고, 스튜디오의 내부에는 회화도구와 그밖의 재료들이 가득 차 있었다. 그는 나를 보자마자 출판업자를 구하였다고 말하였다.

그리고는 나를 자기 방으로 안내하여 12권으로 된 책을 보여 주었다. 그것은 날씬한 가죽으로 모서리를 두른 호화판이었다.

맨 처음 나의 눈을 놀라게 했던 그 아름다운 새의 자태가 각 권마다 70매 내지 110매의 그림으로 선명하게 인쇄되어 있었다. 어느 책 표지 안쪽에는 미국 도서관 협회보의 비평문이 붙여져 있었는데, 거기에는 이렇게 씌어 있었다.

"본서는 오즈본의 《미국의 조류》 이래로 가장 가치 있는 불멸의 명저이다. 전 생애를 바친 일의 놀라운 업적 ——선의 천변만화, 색채의 조화, 구조의 세련 등은 예술작품으로 보아도 흠잡을 데 없는 걸작이다. 현재의 것은 큰 도서관에나 기증할 수 있는 것이지만, 보급판이 출판되면서 일반 도서관에도 비치할 수 있는 날이 올 것을 절실히 기대하는 바이며, 또한 그것을 믿는다."

책의 뒷장에는 이렇게 적혀 있었다.

"1930년 코네티컷 주 컨트 근교 치카데이 베레에서 제작함."

내가 출판자는 누구냐고 묻자 브라샤는 서슴없이 '렉스 브라샤'라고 했다.

나의 방문기가 잡지에 소개되어 커다란 반향을 일으키자, 그는 어떠한 수단을 써서라도 이것을 출판하여 세상에 내놓는다면 반드시 엄청나게 팔릴 것이라고 판단하였다. 그리하여 예약신청 방식으로 자신의 손으로 출판하기로 한 것이다.

맨 처음에 열 명의 친구들이 1천 달러씩 빌려준 돈을 합친 1만 달러의 자금으로, 출판업자가 50만 달러 이상이나 든다고 포기한 대사업에 뛰어들었던 것이다. 그는 이 자금으로 먼저 네 장의 원색판 견본을 첨부한 예약모집의 서류를 만들고, 이것을 조류에 흥미가 있으면 값비싼 책값을 지불할 재력이 있을만한 사람들 300명을 골라서 발송하였다.

300명 가운데 95명의 사람들이 한 권이 나올 때마다 100달러씩 지불하겠다는 예약을 하였다. 그는 용기를 얻어 일에 착수하였다.

약 100년 전에 존 제임스 오즈본이 당시 미국에 있는 489종의 새들을 수채화로 그려서 방대한 책으로서 출판하였을 때에는 원화를 동판인쇄로 하여 손으로 채색을 하였었다. 그러나 브라샤의 경우에는 더욱 발달된 인쇄술 덕택으로 870개의 그림과 201종의 새의 원화를 정교한 흑백 그라비아로 인쇄하고, 여기에 브라샤는 자신이 붓을 들어 채색을 하였다. 그것은 대단히 힘든 일이었다.

그런데 1929년 불경기로 95명의 예약자 중 65명이나 약속을 이행하지 못하게 되었다. 브라샤의 마음은 착잡하기 이를데 없었다. 그러나 여기에 굴하지 않고 일을 계속하는 동안에, 뜻하지 않은 일로서 또다시 광명이 비치게 되었다.

원조는 앞에서 온다

브라샤가 출판비용을 계산하여 보았더니, 한 권에 100달러로 팔고 있는 책의 생산 원가는 자그만치 154달러나 든다는 사실을 알게 되었다. 예약 취소가 많은 것이 오히려 다행한 일이었다.

그래서 그는 예약자 전부에게 이러한 불경기의 영향이나 기타의 이유로 취소할 사람은 거리낌 없이 취소해도 좋다고 편지를 띄웠다.

그리고 권당 100달러의 가격을 250달러로 인상하고, 12권을 한꺼번에 주문하는 사람에게 500달러의 금액으로 다시 예약자를 모집하였다. 응모자는 적었지만, 그래도 조금씩 모여들었다.

예약 총액은 4만 달러에서 6만 달러로 점차 늘어갔다. 새를 좋아하는 이들과 실업가들의 예약이 점차 늘어나 어음으로 사업을 할 수 있게 되었다.

어느 날 은행의 계정이 부족하여 무슨 일이 있어도 2,500달러를 입금시켜야 할 급한 사정이 생겼다.

그는 이 급한 고비를 넘길 궁리에 골몰하다가, 번뜩 기묘한 생각이 머리에 떠올라 예약자 명부를 들추었다. 그의 눈에 뜨인 것은 보잉과 케록 두 사람의 이름이었다. 보잉은 비행기 회사의 사장이며, 케록은 유명한 골동품 상인이다. 그는 두 사람에게 급히 전보를 쳤다.

두 사람의 회답은 곧 왔다. 브라샤는 위기를 모면했다. 이러한 일이 있은 지 며칠 후, 말끔한 신사가 그를 찾아왔다. 약 20리쯤 떨어진 곳에 사는 시인 크링턴이었다. 크링턴은 미소를 띠며 말하였다.

"나는 예약자 중의 한 사람입니다. 내 친구 에반스라는 뉴욕의 의사에게 당신의 이야기를 하였더니, 그도 예약을 하겠다는데 받아 주시겠습니까? 선금으로 여기 1,200달러의 수표를 준비하여 왔습니다."

이리하여 브라샤의 두 번째 예약모집은 성공을 거두고, 1928년 가을 제1회 예약사업에 착수한 지 만 3년 7개월 후인 1932년 비로소 그 전부를 완성할 수 있었다.

오늘날에 이 책의 시가는 12권 한 질에 300달러란 큰 액수를 치러야 한다.

❦

자기가 하고 싶은 일

어느 날 밤, 나는 브라샤의 집에서 난로를 사이에 두고 오붓하게 이야기하고 있었다. 그때 나는 브라샤에게,

"인생의 대가를 당신은 어떻게 읽습니까?"

라고 질문하여 보았다.

그는 파이프에 엽초를 눌러 담고서 천천히 한 모금 빨고 난 뒤, 조용한 어조로 이렇게 말하였다.

당신은 내가 스스로 어려운 일을 선택한 것같이 생각하고 있지만, 그것은 정반대이다. 내가 이 일을 택한 것이 아니다. 인생에는 여러 가지 일이 있어서 그 일들이 누구인가를 붙잡고, 그 사람을 조종하면서 그를 통하여 일이 완성되도록 하는 것이다.

사람이 일을 택하는 것이 아니라, 일이 사람을 잡는 것이다. 나는 지금의 이 일이 나를 붙잡은 것으로 믿고 있다.

누구든지 한번 이러한 경험에 마주치면, 이 일과 더불어 인생을 걸어가지 않으면 마음의 평화도 만족도 얻지 못한다는 것을 반드시 깨닫게 된다.

당신이 나의 체험에서 무엇인가 다른 사람들에게 도움이 될 만한 결론을 끄집어내기를 원한다면, 나는 이렇게 얘기하고 싶다.

그대가 하고 싶은 욕망을 절실히 느끼는 일, 그 일을 해야 한다. 그것을 추구하는 것이 좋다. 그대가 하고 싶은 일인데 그 수행의 곤란과 자기 자신의 역량의 부족을 두려워하는 마음으로 포기하는 것은, 그대 인생의 가장 좋은 부분을 잘라 버리는 것과 같다.

인생에 있어서 실패자라는 것은 자기가 하고 싶었던 일을 하지 못한 사람이다. 자기가 하고 싶은 일을 향하여 전력을 기울일 때 비로소 마음의 평화도 정신의 만족도 얻어진다.

그대가 하는 것이 중요한 일이라면 그대에겐 무척 벅차다고 생각할 것이며, 또한 앞날에 대해서도 불안을 느낄 것이다.

그러나 주저해서는 안 된다. 낙심은 금물이다. 물론 약간의 두려움은 어쩔 수 없지만, 단념해 버리면 안 된다.

먼저 자기가 할 수 있는 일부터 시작하여, 차근차근 곤란한 부분도 처리할 수 있는 힘을 키우도록 해야 한다. 이렇게 온몸을 내던져 부딪쳐 나가는 데에는 물론 용기와 담력이 있어야 한다. 얼마동안은 마음이 내키지 않는 불안함도 느낄 것이다. 그러나 전진함에 따라 그런 마음은 가라앉는다.

일단 그대의 불굴의 정신이 나타나고 그대의 열성과 노력이 인정되면, 그에 따라 원조의 손길은 앞에서 내밀어지는 것이다. 예기치 않았던 곳에서 도우려는 손길이 찾아드는 것이다. 이렇게 되면 그대의 인생은 이미 두려움이 없어지게 된다.

제 10 장
다정하고 유쾌한 사람

"로키 산맥의 동쪽에서 제일 다정하고 유쾌한 사람은 G. A 가바 이다."
라고 보프 헐버트는 나에게 말했다.

"가바는 친분을 중심으로 전 생애를 쌓아올려 성공한 사람이다. 친분을 쌓아감에 따라 기타의 여러 가지 덕성도 자연히 길러졌다. 그는 참으로 훌륭한 인물이다. 한번 만나보면 결코 나의 말이 과장이 아님을 알게 될 것이다."

나는 오하이오 북부에 있는 스트라스백이라는 작은 마을 ──인구가 겨우 천여 명 남짓 ──로 달려갔다. 스트라스백은 가바 형제의 백화점이 있는 곳이다. 조그마한 이 시골 동네에서 이 백화점은 오랜 세월에 걸쳐 매년 50만 달러 가량의 매상고를 올리고 있다.

나는 스트라스백에서 17마일 가량 떨어진 조그마한 정거장에 내려, 택시 운전사에게 가바 형제 백화점을 아느냐고 물었다.

그랬더니 그는 웃으면서,

"이 근처에서 가바를 모르는 사람은 한 명도 없습니다."

라고 대답했다.

이 말은 사실이었다. 이 근처에서 가바 백화점을 모르는 사람은 하나도 없었다. 이 백화점은 스트라스백에서 제일 클 뿐만 아니라, 지방의 백화점으로선 세계에서도 으뜸가는 백화점이기 때문이다.

스트라스백 근처에 사는 몇만 명의 손님들이 이 백화점으로 몰려온다. 그래서 이 백화점은 불경기에도 언제나 번성하고 있다.

이 백화점은 36층 건물이다. 2층의 작은 사무실에서 나는 G. A 가바와 만났다. 그는 이 백화점 창립자의 한 사람으로, 창립 당시의 형제들 중 유일하게 생존해 있는 사람이다.

연령은 66세. 182미터 가량의 신장에 파란 눈엔 생기가 있었다. 첫눈에 민첩하고 정력적이고 다정스러운 인상을 느낄 수가 있었다. 백화점을 혼자서 짊어진 그는 총지배인이라는 명칭으로· 만족하고 있었다.

G. A는 나를 안내하여, 지하의 식료품 매장에서 3층 구매장까지 일일이 보여 주었다. 그리고 50명의 점원이 항상 대기하고 있다는 것, 그러나 바쁠 때에는 더 많은 사람을 임시로 고용한다는 것과, 가구·포목·의복·장식품·잡화·신발 등 매장은 22부로 나뉘어 있으며, 편에서부터 피아노에 이르기까지 무엇이나 팔고 있음을 설명하여 주었다.

무형의 상품

나는 백화점 내부를 돌아보다가 깜짝 놀라지 않을 수 없었다. 이토록 조그마한 시골 백화점에서도 이렇듯 풍부하게 물품을 쌓아 놓을 수 있다는 것에 감탄하였다.

내가 특히 감명 깊게 느낀 것은 백화점 내부에 흐르는 일종의 분위기로, 점원과 손님 사이가 마치 가족이나 사랑하는 사람들을 상대하는 듯 화기애애하며 단정함이 가득하였다. G. A와 주위 사람들과의 관계도 역시 그랬다.

이 백화점의 단골손님만 손꼽아도 1만 2천 명이나 된다고 한다. G. A는 그 중 7천 명의 이름을 알고 있으며, 나머지 5천 명은 성만이라도 부를 수 있다 한다. 그들은 모두가 G. A의 친구인 것이다. 언젠가 손님 가운데 한 사람이 류머티즘에 걸려 앓아눕는 바람에 말린 목초를 쌓아 놓은 채 비를 맞혀 썩히지 않으면 안 될 곤경에 빠진 일이 있었다.

이 소식을 접하자 G. A는 곧 점원 7명을 그 집에 보내어 목초를 거두어들이도록 하였다. 또 화재로 집을 잃은 사람을 위하여 마을 사람들이 협력해서 임시로 천막을 짓고 있다는 말을 듣자, 곧 5명의 점원을 보내어 격려했다.

화재나 병 등 그밖의 일로 곤란을 당한 사람이 있으면, 이유와 시간을 불문하고 무조건 달려가 도와 주었다.

친절한 백화점의 점원들이 이러한 G. A의 뜻을 따르고 있는 것

이다. 그러므로 백화점 내부의 곳곳에 따사롭고 다정스러운 분위기
가 넘치고 있다.

이러한 분위기는 바로 이 백화점의 무형의 상품인 것이다.

🏵️ 사람을 즐겁게 하는 이익

G. A는 이렇게 설명하였다.

"큰 도회지의 백화점이라면 많은 인구에 의지할 수도 있고, 다양
한 기회로 손님을 끌어올 수 있으나, 여기서는 그러한 것들을 바랄
수가 없네. 스트라스백 같은 조그마한 시골에서 장사가 잘 되려면,
손님을 만드는 방법을 생각해 내지 않으면 안 되지. 그저 기다리고
만 있으면 절대로 안 되네. 우리는 언제나 손님을 끌고, 손님을 잃
지 않는 방법을 항상 새롭게 창안함으로써 번영을 유지하고 있는
것이네."

다음은 불경기일 때의 이야기이다.

어느 날, G. A는 간부회의를 열고 불경기의 타개책을 토의하였
다. 여기에 참여한 사람은 G. A와 그의 두 아들, G. A의 의형제인
I. A 스탄바가와 그의 두 아들이었다.

G. A는 한 가지 의견을 냈다. 그것은 '1달러 주간'으로써 별로
새로운 안건은 아니었지만 조금 다른 점이 있었다.

G. A의 논리는 간단했다. 현재의 이 불경기에 중간 도매상들이나
제조업자들은 팔다 남은 상품들을 처분하지 못하여 매우 난처한

지경에 있다. 그런데 어떠한 상품이라도 전혀 쓸모 없는 것이 아닌 이상, 값을 싸게 하면 반드시 팔린다는 주장이었다.

여기에서는 '1달러 주간'의 예전 방식에 조금 새로운 맛을 가미하였다.

"손님은 불경기 때라 지금 당장 쓸 돈을 많이 가지고 있지 않다. 그러니 우리는 1달러에 대해서 물건을 세 가지 제공하기로 하세. 손님들에게 1달러로 세 가지를 사도 좋고, 한 가지 물건을 3분의 1달러로 사도 좋도록 하는 것이 어떻겠는가?"

이 '1달러 주간'에 대해서 회의 출석자들은 별로 흥미를 느끼지 않는 듯하였다. 그러나 G. A의 제안은 여태껏 실패한 적이 없었으므로 모두 이의 없이 동의하였다. 그리고 이것을 실천하기 위하여 준비를 추진시킴에 따라 차차 흥분하게 되었다.

우선 그들은 근처에 있는 제조업자나 일꾼들 그리고 중간 상인을 찾아가서, 물품을 사들이기 위해 교섭을 시작하였다.

또 한편으로는 뉴욕에 편지를 써서 팔다 남은 상품이나 사소한 일용 잡화 등을 사들이고 싶다고 하였다. 그러자 이에 대한 반응은 G. A 자신도 깜짝 놀랄 만큼 컸다.

G. A는 이렇게 말한다.

"우리는 생각지도 않았던 곳에서 매우 가치 있는 물건들을 많이 얻을 수가 있었네. 한 장에 1센트씩이나 이익을 남길 수 있는 고급 벽지를 싼값으로 많이 사들였으며, 또 보통 때엔 한 벌에 1달러 98센트나 하던 면 드레스를 세 벌에 1달러로 사들일 수가 있었지

내가 만난 어떤 제조업자는 불경기로 죽을 지경이라고 비관하고

있었지. 이처럼 비관하는 사람은 여태껏 보지 못했을 정도였네. 그는 물건을 돈과 바꾸었으면 하는 생각이 간절하여서, 자기의 윗저고리라도 현금을 준다면 당장 벗어 놓을 지경이었네.

그런데 이 사람이 한 켤레에 1달러 50센트나 하는 전국적으로 이름난 본견 양말을 세 켤레에 1달러라는 헐값으로 700타스나 주겠다고 하여 나를 놀라게 하였다네. 나는 이때 깨달았지. 자기가 곤란할 때는 자기의 호주머니를 털어서 아낌없이 타인의 곤궁을 도우라고."

이리하여 '1달러 봉사 주간'의 물품을 매우 싼값으로 사들일 수가 있었는데, 도리어 물품이 너무 헐값이어서 손님들의 의심을 사지나 않을까 염려가 생기게 되었다. 그래서 '1달러 봉사 주간'의 시작에 앞서서 그 의심을 풀어야 했다. 외판원에게 견본을 주어서 부근의 거리를 돌아다니며, 집집마다 그 물건을 보이게 하였다. 물론 보이기만 하고 물건을 팔지는 않았다.

드디어 '1달러 주간'의 첫날 G. A의 아들인 존이 아직 손님이 모여들기에는 이른 시간이라 생각하면서 아침 7시에 백화점에 나와 보니, 놀랍게도 수백 명의 손님들이 매장에 밀려들고 있었다.

이른 새벽부터 밀려오는 바람에, 손님들의 편리를 위하여 개점시간 전에 문을 열었다는 것이다. 구내에 들어서니 각 매장마다 손님들에 파묻힐 지경이어서, 8시에 G. A가 나왔을 때에는 발디딜 곳이 없을 지경이었다. 그는 황급히 물품의 추가를 요청하지 않으면 안 될 정도였다.

어떤 물건은 아침 9시에 전부 매진되었다. 세탁비누 100타스가

전부 다 팔렸다는 것만 보아도 얼마나 장사가 잘 되었는지 상상할
수 있을 것이다. 이 '주간'의 총매상고는 8,263달러 90센트였다. 말
하자면 스트라스백의 남자, 여자, 어린아이까지 합친 수로 환산해
보면, 1인당 6달러 30센트씩을 산 셈이 된다.

미국에서 일류라고 불리우는 클리블랜드 시의 어떤 잡화상에서
는 창립 기념일 행사로서 해마다 '1달러 봉사주간'을 하고 있는데,
그 상점의 '1달러 주간'이 스트라스백의 가바 백화점처럼 성공하였
을 경우, 매상고는 하루에 약 570만 달러가 된다.

※

여러 사람과 같이 즐기다

G. A는 또다시 다음과 같은 이야기를 들려주었다.

'1달러 봉사 주간'을 성공리에 끝마친 뒤, 우리들은 백화점의 창
립 64주년 기념일을 두 달 앞두고 '창립기념 대매출 주간'을 열기
위한 준비에 착수하였다. 우리들은 바넘의 책을 뒤적거리며 거기서
적당한 흥행거리를 찾으려 했다.

바넘은 미국이 낳은 위대한 사업가 중의 한 사람으로서, 이름 높
은 흥행사이다. 그에게는 그를 위대하게 만든 두 가지의 재능이 있
었다.

한 가지는 사람들의 주목을 끌 수 있는 것을 발견하는 재능이며,
또 한 가지는 이것을 팔 때 사람들의 주의를 모으는 재능이었다.

바넘은 자신이 집필한 책에서 그 중의 몇 가지를 소개하였다. 우리들은 바넘의 책에서 적당한 방법을 골라, 이것을 기념 주간에 사용하기로 했다. 그 책에는 자기의 생일에는 타인에게도 즐거움을 나누어 주어야 한다는 내용이 써 있었다. 그래서 우리들도 마을 사람들에게 정말로 축제일 같은 즐거움을 제공하려 했다.

기념 주간의 첫날에는 지금까지 흔히 있었던 것으로서, 초등학생들의 작문 대회를 개최하였다. 근처의 각 초등학교에서 200명 가량의 참가자들이 나왔다. 이들 어린 참가자들에게는 가족과 이웃들이 많이 따라왔다.

이 사람들은 다가올 월동준비에 필요한 여러 가지 물건을 사갔다. 이리하여 우선 첫날에는 7,000달러의 매상을 올렸다.

그리고 기념 주간 동안 매일 아침 행운권 추첨을 하여, 그 상품으로 닭이나 통조림·밀가루·전기 다리미·새끼 돼지 등 사람들이 좋아할 만한 물건을 제공하였다. 그 방법은 아침에 오는 사람들에게 하나씩 행운권을 주고, 3층 홀에서 행운권을 뒤섞은 후, 5장만 추첨하였다. 오후에는 예쁘게 만든 케이크를 10개씩 상품으로 내놓았다.

또 뜨게질 경기를 하였는데, 여기에는 수십 리 밖의 먼 곳에서도 많은 부인들이 참가하였다. 다음날에는 케이크·빵·파이 만들기 대회도 열었다. 솜씨 있는 부인들이 경기장이 터져나갈 듯 많이 모여들었다. 그날은 3,800달러 정도의 매상을 올렸다.

또 백화점 정면의 쇼윈도 앞에서는 모포를 깔고 남자 직원이 그 위를 거닌다. 그는 보행계를 손에 쥐고서 모포 위를 25분간 걷고

50분을 쉰다. 그는 매일 8시간씩 6일간을 계속하였다.

사람들이 산더미같이 몰려들어 이것을 구경한다. '6일 동안 이 사람은 몇 마일을 걷는가?'라는 퀴즈를 냈다. 이 문제의 정답자에게 고급 침대를 주기로 하고, 그 실물을 장식해 놓았다.

이것은 대단한 인기를 모았다. 그리하여 사람들간에는 제각기 의견이 대립되어 도처에서 굉장한 화젯거리가 되었다.

이 거리 맞추기는 2백 마일이나, 5백 마일 정도 떨어진 먼 곳에서도 많은 사람들이 모여들었다. 그 중에 자기 아내가 오래 전부터 이런 침대를 가지고 싶어했다고 말하던 사람이 있었다.

그는 백화점에 와서 모포의 길이를 재어 집에서 같은 길이의 헝겊을 깔고 그 위를 걸었다. 그리하여 그는 49마일 2,040피트가 된다는 결론을 얻었다.

마침내 이것이 일등에 당선되었다. 실제로 보행계에 나타난 숫자는 49마일 2,012피트였던 것이다.

동심으로 돌아가다

G. A의 아들 존이 방조(放鳥)대회라는 것을 고안했다. 기념주간인 수요일 오후에 100마리 정도의 닭·집오리·칠면조들을 일제히 놓아 주었다. 누구든지 이 날짐승을 잡은 사람에게 그것을 준다고 미리 광고하여 두었기 때문에 6천 명이나 되는 군중이 참가하였다.

사람들이 닭이나 칠면조를 쫓는 모양은 정말로 재미있었다.

전봇대의 꼭대기에 날아가 앉은 닭을 붙들려고 세 사람이나 전봇대를 기어올라 간다.

이처럼 방조대회를 좋아하는 사람은 동시에 상품을 사는 사람이라는 것을 G. A는 깨달았다. 그날 매상은 5,300달러를 돌파하였다. 그리하여 기념 주간의 총매상고는 2,5671달러에 달하였고, 전부 현금이었다.

크리스마스에는 서커스단 출신의 사나이를 고용하여, 산타클로스 할아버지로 분장시켜 줄타기 곡예를 시켰다.

배뚱뚱이의 산타클로스가 줄타는 광경은 그곳에서는 아직 누구도 본 일이 없었다. 아이들은 물론 대단히 좋아했지만, 어른들에게도 매우 즐거운 일이었다.

이 산타클로스 할아버지는 아이들이 기르고 있는 동물 선발대회를 열어 주었다. 아이들이 기르고 있는 동물들 ——개·고양이·새, 기타 무엇이든 가지고 와 제일 애교 있는 동물, 사람 말을 제일 잘 알아듣는 동물, 제일 재주 많은 동물, 제일 멋들어지게 생긴 동물, 이상 네 가지 부문에 상품을 주기로 하였다.

어떤 소년은 새끼 곰을 데리고 왔다. 이 겁쟁이 같은 작은 동물은 제법 그럴 듯하게 소년의 머리를 씻어주는 시늉을 하였다. 또 어떤 소년은 너구리를 데리고 왔는데, 소년이 무대 위에 올라서서 머리털을 헤쳐 보이니까 너구리는 머리 냄새를 맡는 시늉을 했다.

개가 짖는다. 고양이가 운다. 토끼가 달아나려고 한다. 갑자기 떠들썩하게 굉장한 소동이 벌어지면서 경기장은 더할 바 없이 즐겁고 유쾌해졌다. 이 소동은 한때 구내 손님들 모두를 그쪽으로 쏠리게 하여 장사가 전혀 안 되다시피 하였는데, 그날 전체의 매상에는 조금도 지장이 없었다.

✿

정직한 가격과 친절

나는 G. A에게 백화점 창업 당시의 일을 물어보았다. 그러자 그는 길 건너 맞은편에 있는 작은 목조 건물 ——지금은 정육점——을 가리키며 말하였다.

"1866년, 나의 부친이 저 조그마한 집에서 의류상을 시작하였네. 당시 이곳의 인구는 200명 정도밖에 안 되었지. 부친은 1890년까지 그 가게에서 장사를 하다가 은퇴하셨지. 그 해의 장사는 매상이 가장 좋았다네. 부친은 깔린 외상값과 금고의 돈을 모두 정리하신 후에 은퇴하셨지. 그러나 많은 상품을 나와 나의 동생 루데이에게 남겨 주었어.

결국 우리들은 이 상품을 밑천으로 현금 한 푼 없이 그 장사를 인계받게 된 셈이었네. 부친은 원가에 밑지는 값으로 물건을 내놓는 일이 절대 없었으므로 팔다 남은 것, 시대에 뒤떨어진 물건 ——퀘이커 교도의 모자라든가 구식 장식품——들이 많이 남아 있었기 때문에 우리들은 우선 이것을 팔아 얼마간의 운영자금을 충당하였다네."

그리고 G. A는 신혼여행을 겸해서 뉴욕에 물건을 사러 갔었다.

뉴욕에서 의류 도매상을 찾아다니며 자기의 사정을 말하였다.

그가 신용 거래로 물건을 줄 수 없느냐고 부탁하니, 모두 일소에 부치고 전혀 응해 주지를 않았다. 그런데 단 한 사람, 어느 큰 도매상의 지배인이 G. A의 솔직한 태도에 호감을 가져 자세하게 그의 계획을 들어 주었다.

G. A는 젊음의 패기로 시골서 큰 백화점을 이룩하여 보겠다는 그의 대망을 열심히 설명하였다.

지배인은 이 계획에 매우 흥미를 느꼈다.

"군이 지금 말한 계획을 왜 아무도 실행하지 않았는지 모르겠군. 그러나 자네는 절대 중단해서는 안 되네."

라고 말하고 그 자리에서 즉시 판매원을 불러 이렇게 부탁하였다.

"이 사람이 원하는 물건을 모두 주게."

이리하여 G. A의 조그마한 가게에 3,500달러 상당의 의류품이 쏟아져 들어왔다. 이것을 본 아버지가 눈이 휘둥그레져서 달려와 고함을 쳤다.

"이렇게 많은 상품을 사들여서 도대체 어떻게 하려는 거냐!"

"파는 겁니다, 아버지."

대답은 간단명료했다. 아버지는 양손을 들며 소리쳤다.

"나는 간섭 안 할 테다. 하지만 한마디만 충고하자면, 이런 미친 짓을 하면 얼마 안 가서 파산한다, 파산이야."

그러나 그들은 파산하지 않았다. 그들은 출발할 때부터 크고 높은 목표를 세워, 드디어 이것을 실현하였다.

G. A는 계속하여 말했다.

"당시 국내에서 손꼽히는 일류 백화점은 연간 7만 5천 달러의 매상을 올렸지. 우리는 항상 이 백화점과 우리 가게를 비교해 보며 우리들도 언젠가는 연간 7만 5천 달러의 매상을 올리고야 말겠다고 결심하였네. 결국 4년이 지난 후에는 그대로 이루어졌다네. 그래서 일은 끝이 없는 것이라는 사실을 깨달았지."

"어떻게 해서 그러한 성공을 이룰 수 있었습니까?"
라고 묻자, 그는 이렇게 대답했다.

"나는 사람을 두려워하지 않네. 나에게는 태어나면서부터 사람들과 어울리는 것을 좋아하는 성질이 있었던가 보네. 나는 다른 사람에게 호의를 아끼지 않았으며, 친절과 정직한 가격으로 손님들과 거래하여 왔네. 그리고 어떠한 경우에도 실망하거나 절망하지 않았다네."

🏵
만남을 넓게, 그리고 깊게

G. A는 백화점을 창설한 후 25마일 내에 자리잡고 있는 촌락들을 말을 타고 여행하였다. 시냇물을 건너 숲 속 오솔길을 헤치며, 마을의 초등학교를 찾아다녔다.

초등학생들에게 재미있는 이야기를 들려주고, 메모지를 주어 자신의 집·주소·성명, 그리고 근처의 아는 사람들의 이름과 주소를 써달라고 했다. 그는 이 명부에 의하여 상점에 있는 물건의 품목과 정가를 알리는 편지나 광고문을 우편으로 보냈다. 이 우편물을 보고 상점에 오는 손님이 차차 늘어났다.

G. A는 또 말했다.

"우송 명부는 그때부터 오늘에 이르기까지 도움이 되고 있지. 우리들의 성공의 절반은 이 명부 덕분이라고 하여도 과언이 아니야. 현재는 약 1만 7천 명의 가족이 이 명부에 기록되어 있어서 그 사람들에게 다달이 특별 판매품을 알려주고 있네.

고객과의 친밀감을 위하여, 우리들은 이 지방의 37개 구역에 각기 정보원을 두고 있지. 정보원은 그 구역 내에서 이사간 사람이나 이사올 사람의 주소와 전화번호 등을 알려주고 있네.

그뿐만 아니라 우리들은 이 정보원에게 자신이 맡은 구역 내의 사람들이 어떤 물건을 갖고 싶어하는가, 말하자면 라디오를 갖고 싶어하는 사람이 있다든가, 어떤 집에서는 머지 않아 신혼 살림의 도구가 필요하게 될 것이라든가, 어떤 집에서는 재봉틀을 한 대 사려고 한다든가 등등 이러한 것에 주의하여 보고하도록 부탁하고 있네.

현재 우리들의 장사 범위에는 10만 명 이상의 인구가 살고 있지. 이 사람들 모두 우리들의 손님이라고 생각한다네. 물론 그 사람들 전부가 우리들의 단골손님이라는 것은 아니지만, 그 중 1만 2천 명은 확실히 단골손님이라고 장담할 수 있네."

나는 45년간 꾸준히 손님들에게 봉사하여 온 그의 성실함과 식을 줄 모르는 정열에 감탄하면서 또 한 가지 질문을 했다.

"당신은 절망한 적이 있습니까?"

그랬더니 그는 미소를 띠며 이렇게 말하였다.

"한 번 있었지. 맨 처음 뉴욕에 가서 외상으로 물건을 달라고 부탁할 때 어디서도 상대를 안 해 줄 때는 절망했지. 결국 한 도매상을 잡기는 했지만, 그때 나는 여러 가지를 배웠다네. 그 후부터는 단 한 번도 절망한 일이 없다네. 절망하지 않는 방법은 아주 단순하지."

그가 말한 방법을 적어 보겠다.

만약 당신이 희망을 잃을 것 같으면 무엇보다도 우선 머리를 써라. 다른 생각할 것 없이 오로지 그 일에 골몰한다. 실망을 극복하는 방법을 50개만 생각해 낸다. 50개를 생각해 낼 수 없으면, 우선 10개쯤 생각한다. 그러나 될 수 있는대로 많은 방법을 생각해 내도록 한다. 그러면 결코 실망이나 절망에 고민할 틈이 없어져 버리고 만다.

제 **11** 장
잘못은 갚아야 한다

    어느 날 나는 디트로이트 시의 한 호텔에서 봅 브라이트슨과 저녁식사를 함께 하며 그의 경력을 들을 수가 있었다. 그는 한때 전국에 이름을 떨쳤던 유명한 갱이며, 감옥에도 여러 번 수감되었다. 지난해 토레트에서 우편배달차를 습격하여 160만 달러를 가로챈 깽단의 일원이기도 하였다. 그러나 그는 지금 인생의 대가를 깨닫고 참된 사람으로서 훌륭한 생활을 하고 있다.

    나는 그에게 여러 번 부탁해서 그의 과거사를 상세히 들을 수가 있었다. 다음은 그의 이야기를 대강 적은 것이다.

🌿
어머니는 슬퍼했다

내가 열두 살 되던 해, 우리 집은 세인트루이스의 빈민굴에 있었다. 아버지는 1년 내내 빈들빈들 놀면서 일자리를 구하려는 노력조차도 하지 않았다.

우리 가족은 매일 굶주렸고 나도 일년 내내 주린 배를 움켜쥐고 살았다.

어느 날 나는 우리 집 앞 식료품점에 짐마차가 서 있는 것을 보았다. 마차에는 식료품이 가득 실려 있었고 배달하는 사람은 보이지 않았다. 순간적으로 나는 마차에 뛰어올라 말고삐를 휘어잡고 한 대 갈겼다. 말은 놀라 우리 집 뒤뜰로 달아났다. 아버지가 놀라서 소리쳤다.

"그 짐마차를 어떻게 할 셈이냐?"

"말이 달아나기 때문에 지금 멈추게 할 참입니다."

하고 나는 대답했다.

아버지는 나를 도와 짐마차에서 식료품을 꺼내 모조리 집 안으로 날랐다. 어머니는 놀라서 근심스러운 얼굴을 하였지만, 아버지는 그저 싱글싱글 웃고만 있었다. '녀석이 아주 제법이야. 그래도 좀 쓸 데가 있군' 하고 중얼거리는 것 같았다.

물건을 고스란히 챙긴 뒤에, 마차를 멀리 몰고 가서 아무렇게나 내버리고 돌아왔다.

보름쯤 지나서 나는 또다시 같은 일을 했다. 그런데 짐마차를 버릴 만한 곳을 찾다가 이번에는 수상히 여긴 경찰에게 붙잡혔다.

"너 그 마차를 어디서 몰고 오는 거야?"

하고 경찰이 따져 물었다.

나는 말이 어디서인가 달려오기에 붙들어서 주인을 찾는 중이라고 대답했다. 경찰은 나를 식료품점으로 끌고 갔다.

경찰과 식료품점 주인이 물었다.

"여기 실려 있던 물건은 어떻게 했느냐"

나는 아마 이 말이 달리는 동안에 다 떨어뜨린 모양이라고 태연히 대답했다. 그들은 못마땅한 듯이 의심하였으나 우리 집까지 와서 뒤져보지는 않았다. 나는 어머니가 꾸짖을까 봐 몹시 걱정하였으나 어머니는 아무 말도 하지 않았다.

어머니는 아버지를 무서워하고 있었다. 그러므로 아무도 나의 행동을 나쁘다고 말하는 사람은 없었다. 아버지는 오히려 나를 칭찬하였다. 나는 다만 어머니가 아버지에게 이렇게 말하는 것을 들었을 따름이다.

"봅을 불행하게 만들지는 마세요."

내가 열네 살 때 아버지는 나에게 공부보다 일을 시키겠다는 심산으로 학교에 퇴학원을 냈다. 그러나 퇴학원은 받아들여지지 않았다. 아버지는 나에게 이렇게 타일렀다.

"학교에서 크게 말썽을 부려 저절로 퇴학당하도록 해라. 그러면 네 마음대로 하게 해 줄 테니……."

어느 날 나는 교실의 유리창에 돌을 던졌다. 선생은 나를 범인으로 지목했다. 나는 모른다고 우겼지만 방과 후 남아서 선생이 불러

준 글을 칠판에 쓰라는 벌을 받았다. 그것은 이런 문구였다.

'거짓말하는 자는 지옥에 빠져 영원히 지옥에서 불타리라.'

나는 선생에게 반항하였다.

선생은 나의 어깨를 누르고 때리려 하였다. 나는 선생에게 덤벼들어 선생을 다치게 했다. 이리하여 나는 소원대로 퇴학당하였다.

갱의 길로

나는 나의 학교 친구에게 식료품점의 짐마차를 도둑질한 얘기를 해 주었다. 그랬더니 이 친구는 그보다 몇 배나 더 재미난 것이 있다고 가르쳐 주었다. 나와 그 친구는 토요일 오후와 일요일에, 철로 위에 정차해 있는 화물열차 속으로 숨어들어 가 바나나·통조림·자동차 바퀴 등 닥치는 대로 훔쳐냈다.

우리들은 그것을 어느 노파의 집으로 가지고 갔다. 노파는 우리들이 무엇이든 가지고 가면 돈을 주었다.

그것은 기가 막히게 재미있는 손쉬운 돈벌이였다. 그 덕분에 우리는 안락해지고 어머니도 굶주림을 모르게 되었다. 어머니는 어디서 돈을 벌어오는지 물었다. 그러나 나는 솔직하게 말하지 않았다.

이리하여 수년 동안을 나는 불량배와 한패가 되어 도둑질을 일삼았다. 빈 집을 노리거나 작은 상점에 숨어들기도 하였다. 그러다가 결국은 붙잡혀서 감화원에 들어갔다. 감화원에서 나는 예전에는 몰랐던 다른 여러 가지 나쁜 짓을 더 배웠다.

감화원에서 나오자, 나는 세인트루이스 경마장의 싸움패에 끼어들었다. 한번은 난투극을 벌이다가 경찰서로 끌려갔다. 이틀 동안 유치장에 들어가 있다가 나는 서장 앞으로 불려갔다.

그는 나에게 통고하였다.

"네가 한 나쁜 짓은 모두 알고 있다. 그러나 너를 감옥에 보낼 증거가 불충분하기 때문에 너를 이 시내에서 추방한다. 두 번 다시 이 시내에 발을 들여놓으면 그때는 가차없이 체포할 테다."

이리하여 나는 세인트루이스를 떠나 디트로이트로 가서 포드 자동차 공장의 직공이 되었다.

거기서 어떤 직공과 알게 되었는데, 그 사람은 감시자의 눈만 속일 수 있으면 무엇이든 공장에서 훔쳐냈다. 나는 곧 그와 한패가 되어 나중에는 완성된 자동차를 고스란히 훔쳐내게 되었다.

우리는 한 갱단과도 친근하게 되었다. 이 갱단은 클리블랜드에서 은행 직원이 현찰을 운반하는 도중에 습격하여 그것을 강탈하였다.

그들과 합류한 우리들은 무엇이든 해치웠다. 이리하여 나는 더욱더 악의 길로 깊이 빠져들었다. 경찰서를 제 집 드나들 듯이 하였고, 지문도 몇 백 번 찍혔다. 그리하여 오하이오·펜실베니아·미시간 등 각 주의 감옥에 대여섯 번씩 드나들었다.

❀

초대형 강탈사건

내가 속한 갱단들이 국립은행의 현찰 운송트럭을 토레트에서 습격할 계획을 짰다. 이것은 대규모의 일이어서 48명이나 되는 갱이 참가하여 극비리에 진행되었다.

1921년 2월 17일 새벽 2시경, 미국 국고채권과 20달러짜리 지폐로 160만 달러를 가득 채운 돈주머니 24개를 실은 트럭이 토레트 합동금고에서 중앙우체국을 향해 출발한다는 정보를 입수했다.

우리들은 토레트로 가서 중앙우체국에서 조금 떨어진 장소에 두 개의 차고를 빌렸다. 그리고 한밤중에 차고 속의 시멘트 바닥에 구멍을 파고, 강탈한 돈주머니를 잠시 동안 감출 수 있도록 조치해 놓았다. 파낸 흙은 상자에 넣어 자동차로 시외에 내다버렸다.

여기에 사용한 몇 대의 자동차는 이 일이 있기 훨씬 전에 훔친 것이었다. 나의 승용차도 다른 두세 대의 차와 마찬가지로 이번 계획을 위하여 2, 3일 전에 미리 훔친 것이다. 새벽 2시경 돈주머니를 실은 트럭이 합동금고를 출발하여 어떤 길가에 다다랐을 때, 길옆 모퉁이에 미리 대기하고 있던 무장한 갱 4명씩을 태운 세단형 자동차 두 대가 그 뒤를 따랐다.

합동금고에서 몇 마일 떨어진 네거리 길을 꼬부라들자 번개처럼 그 차를 앞질러 트럭을 세웠다. 두 대의 세단에서 운전사를 제외한 여섯 명의 사나이가 뛰어내려 트럭의 호위병과 운전사에게 권총을 겨누었다.

이때 대형 벤츠와 캐딜락 두 대가 달려와서 트럭 옆에 바싹 멈추었다. 트럭 운전사와 호위병이 권총 위협으로 땅에 몸을 구부린 채 꼼짝 못 하고 있는 동안, 예닐곱 명의 사나이가 돈주머니를 차 안으로 옮겼다. 그리고 벤츠와 캐딜락은 맹렬한 속도로 그 자리에서 도주해 버리고, 세단 두 대는 호위하면서 그 뒤를 쫓았다.

한편 강탈한 현장에서 몇 마일 떨어진 곳에는 또 다른 두 대의 자동차가 각기 네 사람의 사나이를 태우고 대기하였다. 빼앗은 돈을 실은 두 대의 차가 앞을 지나가자, 곧 그 뒤를 느릿느릿 따라 달려서 혹시 추적해 올지도 모를 차를 방해할 계획이었다.

이렇게 적당한 장소를 골라 네 군데나 대기하고 있었다. 차는 빌려 놓은 차고에 무사히 도착하였다. 돈주머니는 재빨리 구멍 속에 감추어졌다.

그 동안 차 바퀴와 번호가 바뀌어지고, 차의 색도 바꾸어 칠해 버렸다. 그리고 벤츠와 캐딜락, 내가 타고 온 세단을 제외하고는 모조리 적당한 장소에 내버렸다.

우리들은 숨죽이고 며칠 동안 상황을 살폈다. 만사가 예상했던 대로 잘 되어 나갔다.

160만 달러 강탈사건은 신문·TV·라디오로 전국에 물끓듯 화제를 던졌다.

토레트의 경찰은 전력을 다하여 범인 추적에 애썼지만, 아무런 단서도 잡지 못하였다. 2, 3일이 지나도 돈주머니를 강탈해 간 자동차가 어디에 숨어 버렸는지 전혀 짐작도 못하는 모양이었다.

이것을 보고 우리들은 매우 만족하였다. 우리들은 완전히 성공하였다고 생각하였다. 그래서 일단 곳곳으로 흩어져 잠복하였던 패들은 다시 차고에 고용된 직공으로 가장하여 작업복으로 바꿔입고 한두 사람씩 모여들기 시작하였다.

자백하지 않는 사나이

우리들이 강탈한 20달러짜리 지폐 한 장에 8달러씩 주겠다고 약속한 펑크맨이라 불리우는 사나이가 있었다. 지폐의 약간은 펑크맨에게 넘겨졌지만 일부분은 각자의 호주머니 속에 넣고 있었다. 위험하지만 액면대로 사용해 보려는 생각에서였다. 강탈사건이 일어난 그날 밤부터 1주일이 지난 후, 우리들은 펑크맨이 경영하는 술집에 모여서 술을 마셨다. 펑크맨은 스탠드에 있었다.

그때 갑자기 형사들이 습격했다. 우리들은 저항할 여유도 없이 완전히 포위되고 말았다. 형사 한 사람이 펑크맨에게 명령하였다.

"금고를 열어라."

"금고 같은 것은 없습니다."

하고 펑크맨이 대답하자 형사는 그를 끌고 별실로 갔다. 금고는 거기 있었다. 펑크맨은 그것을 열었다. 시퍼런 20달러짜리 지폐가 가득 차 있었다.

형사가 어떻게 금고의 장소를 알고 있었을까? 그때 나는 매우 이상하게 생각하였는데, 지금까지도 그 수수께끼는 풀리지 않고 있다. 아마 누군가 밀고한 것이겠지만.

나는 20달러짜리 지폐 네 장을 호주머니에 넣고 있었다. 불쑥 한 형사가 나를 밖으로 끌고 나가려 했다. 나는 형사에게 화장실에 보내 달라고 부탁하였다. 형사는 순순히 승낙했다.

나는 화장실에 들어가서 황급히 호주머니에서 20달러짜리 지폐를 꺼내 찢은 다음, 수돗물을 틀어서 씻겨 내려가게 하였다. 박박 찢겨진 지폐 조각들은 물과 같이 사라져 버렸다. 나는 이것을 확인 한 다음, 안심하고 화장실에서 나왔다.

형사는 나를 유치장으로 끌고 가서 몸 검사를 하고 심문을 시작 하였다. 나의 몸에서는 아무것도 나오지 않았으며, 나의 입에서는 아무것도 들을 수 없었다.

"너도 20달러짜리 지폐를 가지고 있었지?"

"아뇨."

"너는 아무것도 모른단 말이지?"

형사는 책상 서랍에서 토막난 지폐조각을 꺼내어 불쑥 내밀었다. 경찰은 펑크맨의 집에 들이닥치기 전에, 미리 화장실 구멍에 그물 을 쳐놓았던 것이었다.

그래도 나는 그런 지폐조각은 알 바가 아니라고 시치미를 뗐다. 형사는 입가에 쓴웃음을 지으면서 말하였다.

"그래도 모른 체하겠단 말이지? 네가 아니면 누구란 말이냐? 좋 다. 자백하지 않으면 재미있는 것을 보여 주지."

형사는 나를 별실로 끌고 갔다. 그러나 나는 거기서도 자백하지 않았다. 얼마 안 되어, 나는 우리 갱단의 절반 이상이 검거당한 사 실을 알았다. 유치장에 있는 자들과 한 마디도 나눌 수 없었지만, 나의 감방 앞을 지나는 사람들의 얼굴로 그것을 알게 되었다.

3, 4일이 지나자, 형사는 나에게는 증거가 없으니 석방하겠다고 말했다.

나는 유치장에서 나와 이틀 동안 꼼짝 않고 분위기를 살폈다. 그

리고는 아무런 움직임이 없어 마음을 놓을 수 있을 것 같은 생각
이 들자, 강탈할 때 쓰던 차를 가지러 차고로 갔다. 차는 감쪽같이
색을 바꿔 아주 새것이 되어 있었다. 그 차를 운전하여 차고에서
나오려 할 때, 사복 형사가 나타나서 타고 있는 차가 내 거냐고 물
었다. 나는 그렇다고 인정하며 어디서 살고 있는지, 또 무엇을 하
는지는 잘 모르지만 낯익은 사람에게서 50달러에 샀다고 말하였다.
형사는 차의 내부를 조사하여 여행 가방을 발견해 냈다.

"이거, 네 거지?"

"제 것이 아닙니다. 누가 여기다 그것을 넣어 두었는지 전혀 모
르겠어요."

하고 시치미를 뗐다.

형사는 여행 가방과 함께 나를 다시 유치장으로 끌고 갔다. 여행
가방에서는 도박 도구와 다이나마이트 그리고 두 자루의 권총이
나왔다. 나는 여행 가방이 내 것이 아니므로 그 속에 있는 물건에
대해서도 전혀 아는 바가 없다고 우겨댔다.

그러자 형사는 세인트루이스로 가서 나의 어머니에게 여행 가방
을 보이며 아들 것이냐고 물었다. 어머니가 아들 브라이트슨 것이
틀림없다고 말하자 형사는 기뻐하며 디트로이트로 돌아왔다.

"이번에는 속일 수 없게 됐어. 네가 강도단에 가담했다는 사실은
다 드러났어. 더 이상 숨길 생각하지 말고 동조한 놈들을 말해라."

형사는 우리 갱단이 거의 다 잡혀서 자백을 하였고, 내가 한 일
도 백일하에 드러났다고 말하였다. 나는 그것을 넘겨짚고 얼르는
것이라 생각하고, 더욱 입을 꼭 다물어 버렸다.

형사들이 나를 넓고 텅 빈 방으로 끌고 갔다. 그 중 한 사람이 나에게 이렇게 말했다.

"브라이트슨, 너의 고집도 어지간하지만 이쪽에도 고집쟁이 심술궂은 놈이 있단 말이야, 이제 그 친구들이 나타나기 전에 다시 한번 잘 생각해 보는 것이 좋을 듯한데?"

나는 그들이 말하는 소위 심술궂은 자들을 알고 있었다. 세 사람의 형사가 방에 나타났다. 그리고 등받이가 평평한 의자에 나를 앉히고 의자의 앞다리에 나의 두 발을 묶어 놓았다. 그리고 나를 일어서게 하였다. 두 손은 자유롭지만 다리는 꼼짝할 수가 없어서, 일어선 채로 의자의 무게와 싸우지 않으면 안 되었다.

세 사람의 형사는 나가 버렸다. 그리고는 그들과 교대하여, 처음 보는 형사들이 들어왔다. 몇 번이고 똑같은 질문과 주장이 되풀이되었다.

"네가 한 짓이 틀림없어. 공모자는 누구냐?"

"모릅니다."

"아무래도 안 되겠군, 마지막으로 한 가지만 물어보겠다. 무엇이든 이번 사건에 대해 네가 아는 것을 말해 보란 말이야."

"아무것도 모릅니다."

"그렇다면 생각이 나도록 해 주마."

하면서, 그는 나의 몸을 붙잡고 다리를 세차게 걷어찼다.

"모르는 것을 어떻게 하란 말입니까?"

그는 주먹으로 나의 팔을 후려쳤다. 나는 나도 모르게 팔을 올려 반항하려 하였다.

"이 친구가 대항할 셈이로군. 그렇다면 누가 이기나 어디 한 번 해 보자."

그는 나의 멱살을 잡아 일으키고 있는 힘을 다하여 턱을 올려쳤다. 나는 정신이 아찔했다. 나는 손을 내리고, 그가 하는 대로 내버려두었다. 그는 몸에 상처가 나지 않을 정도로 두들기고 나서, 못마땅하다는 듯 다시 한 번 만나자는 말을 남기고 나가 버렸다.

나는 변호사를 만나고 싶었지만 그럴 수가 없었다. 변호사측에서도 나를 만나 구해 낼 방법을 의논하고자 애타게 찾아다녔지만, 끝내 나의 거처를 알아내지 못하였던 것이다. 이것은 내가 돌림을 당하고 있기 때문이었다.

말하자면 한 경찰서에서 다른 경찰서로, 적어도 24시간만에 한번씩 옮겨지고 있었던 것이다. 어떤 경찰서로 나를 찾아오면 경찰서측에서는 없다고 그를 따돌린다. 이런 식으로 해서 아무도 나와 면회를 하지 못했다.

나는 유치장을 빙빙 옮겨다니며 3주일을 보냈다. 그 동안에도 넓고 텅 빈 방에서 수없이 무거운 의자를 짊어지곤 하였다.

나의 다리는 살가죽이 벗겨지고 발목에서 무릎까지 시퍼렇게 멍이 들었다. 의자를 짊어진 채 쓰러지고 또 얻어맞은 일도 한두 번이 아니었다. 그러나 그들은 아주 교묘하게 때렸으므로 상처는 나지 않았다.

"너같이 고집센 놈은 처음 보겠다."

형사는 기가 차다는 듯 말하였다. 그 다음부터는 잠을 못 자게 하는 정신적인 고문을 가하기 시작했다.

내가 잠이 들려고 하면 질문을 하거나 흔들어 깨워 못 자게 한다. 그래도 나는 입을 열지 않았다.

드디어 내가 법정에 나서야 할 즈음이 되자, 그들은 나의 쇠약해진 몸이 너무 눈에 띄게 될 것을 염려해서인지 고문을 중지하였다.

❦
반성은 어떻게 찾아왔는가

브라이트슨이 감방에 있던 어느 날, 낯선 남자가 감방 앞에서 발을 멈추고 그에게 말을 걸었다. 이 사람은 '우리들의 아버지'라는 애칭으로 통하는 유명한 사회교육가인 라이트 씨였다. 그는 철창문을 통하여 브라이트슨에게 한 권의 책을 건네 주었다. 그것은 《처세의 기술, 인생의 대가를 읽는 법》이라는 책이었다.

브라이트슨은 책을 읽어 보았다. 그것은 좀 색다른 책이었는데, 이상하게 그 내용에 마음이 쏠리는 것을 느꼈다.

책에 흥미를 가져보기는 생전 처음이었다. 라이트 씨는 그로부터 이틀 후에 다시 나타나서 책을 읽었느냐고 물었다.

"읽어 보았습니다."

"그럼, 자네가 여기에 들어오기 위해 퍽 값비싼 입장료를 지불했음을 깨달았을 텐데."

"경찰차가 무료로 실어다 주던데요."

라이트 씨는 웃으며 말하였다.

"자네는 맨 처음 길을 잘못 들었을 때부터 여기에 들어올 입장권을 사기 시작한 걸세. 자네는 예약으로 입장권을 산 셈이지. 거기에 지불한 대금이 너무 비싸다고는 생각지 않는가? 도대체 어째서 이렇게 되었는가?”

브라이트슨은 라이트 씨에게 자신의 과거를 모두 털어놓았다. 듣고 난 라이트 씨는 탄식하며 말하였다.

“내가 항상 말하는 그대로군. 사람은 언제나 자기에게 가장 적합하고 유익한 길을 발견하지 않으면 안 되는 법일세. 그 길을 잘못 택하여 옳지 못한 길에 빠지면 언제든지 값비싼 대가를 지불해야만 되네. 자네는 내가 설명할 것도 없이 이제는 충분히 그것을 깨닫고 있네. 자네는 자기의 그림자에서 벗어날 수 없는 것과 마찬가지로, 자기가 저지른 죄의 결과를 벗어날 수 없는 것이야.”

그 후 라이트 씨는 정기적으로 감방을 찾아와서 브라이트슨에게 교훈을 주었다.

그리고 마지막으로 이렇게 말하였다.

“이제 자네는 결심을 해도 좋을 때라고 생각하네. 언제까지라도 이곳에 있고 싶으면 있어도 좋아. 그러나 자네도 이제는 쓸데없이 값비싼 대가를 치르고 있다는 것을 깨달았을 거야. 그렇다면 이러한 부질없는 짓은 하루속히 청산하는 것이 어떻겠나? 내가 힘껏 도와줄 테니 자백하게. 자네가 대가를 치르고 다시 사회에 나오면 부족하나마 힘이 되어 주겠네.”

브라이트슨은 죄악의 구렁텅이에서 빠져나가기로 결심하였다. 그는 자진하여 모든 것을 자백하였다. 그 결과 형량이 가벼워져서 4년의 징역을 언도받았다.

미시간 감옥에서 그는 착실하게 복역하였다. 그는 간수들에게 모든 것을 물로 씻은 듯이 개심하였다고 말했지만 그들은 큰소리 치는 사람일수록 배반하는 경우가 더 많음을 알기에, 때때로 브라이트슨을 시험했다.

그러나 브라이트슨은 진실로 착한 인간으로 변하였기 때문에, 어떤 시험에도 굴하지 않았다. 그는 4년 동안의 복역 중 한번의 사고도 없이 무사히 출옥하였다.

출옥을 한 그는 포드 공장의 직공이 되어 자신의 맹세와 같이 착실하게 일하였다. 그리고 1년 동안 열심히 돈을 모은 후 세인트 루이스에 가서 경찰 서장을 만났다.

"저는 전에 이 도시에서 자란 사람인데 먼젓번 서장에게 추방당하였습니다. 그러나 저는 이 거리에 다시 돌아오고 싶습니다. 저는 과거를 깨끗이 청산하고 올바른 길을 걸으려고 결심했습니다. 모쪼록 저를 이 시내에서 다시 살게 해 주십시오."

하고 부탁하자, 서장은 잠시 침묵을 지키고 있다가 이렇게 말하였다.

"좋소. 당신은 자유로이 이 거리에서 일하시오. 그러나 우리는 당신을 항상 눈여겨보고 있겠소. 그 이유는 잘 아시겠지만, 그렇다고 속박당하는 거라고는 생각하지 마시오. 우리도 당신의 성공을 기대하고 있으니까요."

브라이트슨은 그 동안 저금한 돈으로 트럭을 사서 직접 운전하며 운송업을 시작하였다. 그리하여 또 한 대의 트럭을 사서 사람을 고용하였다.

이리하여 2, 3년 후에는 16대의 트럭과 은행 예금까지 가지게 되었다.

어느 날 그가 상가 한모퉁이에 자동차를 세워 놓고서 볼 일을 보고 돌아오니, 그 자동차 안에 옛날의 갱 3명이 앉아 있었다.

그들은 지금 꾸미고 있는 일에 합세하라고 그를 꾀었다. 그를 태운 자동차가 어떤 은행 앞을 지날 때, 그 중 한 사람이 손으로 가리키며,

"저기야. 문제 없이 해낼 수가 있지."

하고 말하였다.

그러자 브라이트슨은 호주머니에서 수표장을 꺼내어 그들에게 보이며 말하였다.

"나는 저 은행을 터는 것에는 전혀 흥미가 없네. 나는 저 은행을 상대로 6천 달러까지 수표를 발행할 수 있다네. 금고를 폭파하지 않아도 펜촉 하나로 돈을 꺼낼 수가 있단 말일세."

이렇게 해서 그는 갱들의 유혹을 깨끗이 물리쳤다.

한편, 브라이트슨은 세인트루이스의 어떤 양조회사에서 나오는 깨진 유리조각·깨진 병·부서진 컵 등을 운반하여 처리하는 일을 맡고 있었다. 이 회사에서는 하나의 공장에서만도 하루에 3톤 이상 되는 유리조각이 나왔다.

불현듯 브라이트슨의 머리를 스치는 생각이 있었다. 이 유리조각들을 꼭 쓰레기같이 내다버리지 않으면 안 될까? 그 결과, 웨스트버지니아의 유리 공장에서는 유리조각을 1톤에 8달러씩 사들이고 있음을 알아냈다.

이리하여 그는 지금 유리조각 운반용 철도화물차 5대와 7명의 직원을 고용하고 있다.

대가를 치르다

브라이트슨은 자기가 살고 있는 구역의 사법보호위원으로서, 사회적으로도 적극적으로 활동하고 있다.

과거에는 잘못을 저질렀지만 악몽에서 깨어나 새로운 삶을 지향하는 사람들에게 직업을 알선하여 주며, 다시는 죄를 범하지 않도록 보호하고 선도하는 일에 적극 협력하고 있다.

그뿐 아니라, 자기도 모르는 사이에 악의 길로 빠져들어갈 가능성이 많은 실업자들과 불량소년들을 돕기 위해 빈민굴로 직접 찾아갔다. 그리고 그들에게 의욕과 희망을 가질 수 있도록 일거리를 주는 한편, 훌륭한 설교자의 가르침을 들을 수 있는 모임을 베풀기도 하였다.

라이트 박사의 팜플렛을 나누어 주며, 그는 이렇게 말한다.

"인생은 아무렇게나 얻어지는 것이 아니다. 그 대가를 알아야 한다. 가치 있는 희망과 목적을 위해서 어떻게 해야 되는가. 목적도 없고 희망도 없다는 것은 마치 들 한복판에 고여 있는 물과도 같다. 마침내 그 물은 썩어 없어질 것이며, 그것은 산송장과 같은 인생이다. 올바르고 높은 희망과 목적을 가져야 한다. 목적과 희망에 도달하기 위하여 치러야 할 대가를 생각해 보라. 확실한 계획을 가져라. 죄악의 길로 떨어져서 인생을 등지는 데 값비싼 대가를 치르는 어리석음을 저질러서야 되겠느냐……."

그 후 그는 그들의 친밀하고 믿음직한 벗이 되어 존경을 받았다.

디트로이트 호텔에서 브라이트슨과 저녁식사를 같이 한 지 6년이 지난 어느 날, 나는 브라이트슨으로부터 전화를 받았다.

지금 곧 올 수 있다면 재미있는 것을 보여 주겠다는 전화였다. 약 15분 후, 나는 브라이트슨의 집에 닿았다. 그것은 아담하게 지은, 손질이 깨끗하게 된 주택이었다. 시간은 오후 8시 반쯤이었는데, 집 안에서는 즐거운 웃음소리가 울려퍼지고 있었다.

나는 곧 여러 사람에게 소개되었다. 브라이트슨 부인은 키가 후리후리하고 늘씬한 몸매에 말끔한 옷을 입고, 검은 머리와 검은 눈동자의 여인이었다.

그는 2남 1녀를 둔 충실한 가장이었는데, 큰딸 트로시는 브라이트슨이 160만 달러 강탈사건으로 감옥에 있는 도중에 죽은 전처가 낳은 딸로, 16세의 여학생이 되어 있었다. 둘째가 필이라는 사내아이로 열한 살, 셋째인 듀익도 역시 사내아이로 일곱 살인데, 이 두 아이는 현재의 부인에게서 얻었다. 아이들이 모두 음악을 좋아하여 가족 전부가 참여하는 조그마한 밴드를 조직하고 있었다.

나는 브라이트슨 일가의 오케스트라를 들었다.

어머니가 노래를 부르고 장녀 트로시는 피아노를 쳤으며, 필은 트럼펫을, 듀익은 하모니카를 분다. 아버지인 봅 브라이트슨은 아코디언을 켰다. 그리하여 그들은 유쾌하고 즐겁게 춤추었다.

나날이 새로운 생활

"트로시가 피아노를 배울 나이가 되어서 가르치려고 하였으나, 처음에는 전혀 흥미를 갖지 않았습니다."

브라이트슨 부인은 나에게 말하였다.

"그래서 애 아버지가 직접 피아노 연습을 시작했지요. 아버지가 배우는 것을 보고, 트로시도 흥미를 느껴졌는지 그때부터 두 부녀는 누가 더 빨리 연주할 수 있는지 경쟁을 시작했습니다. 그 후부터는 트로시도 피아노와 아주 친하게 되었습니다. 사내 아이들에게 음악을 가르칠 때도 마찬가지였습니다. 막내도 피아노를 칩니다만, 합주를 할 때에는 피아노가 한 대밖에 없기 때문에 하모니카를 불지요."

그날 밤 유쾌한 오케스트라가 끝나고 아이들이 잠자리에 든 후, 나는 브라이트슨에게 말하였다.

"당신은 정말로 좋은 아버지가 되려고 노력하시는군요."

브라이트슨은 쑥스러운 표정을 지으며 대답하였다.

"나는 될 수 있는 대로 좋은 아버지가 되려고 노력합니다. 트로시는 이미 나의 과거를 알고 있지만, 나머지 두 아이는 아직 어리기 때문에 아무것도 얘기하지 않았습니다. 앞으로 기회를 보아 모든 이야기를 해 주고 나의 과오에 대한 대가를 치를 생각이지만, 아이들이 그런 사실을 안 이후에도 나에 대한 신뢰를 잃지 말아 주기를 간절히 바라는 마음입니다."

독자들이나 나의 과오를 브라이트슨의 그것과 비교하면, 너무나 사소한 것이리라. 그러나 아무리 사소한 일이라도 반성과 깨달음을 필요로 하는 것은 마찬가지이다. 브라이트슨이 과오를 고칠 수 있었다면, 우리들도 반성과 깨달음을 충분히 얻을 수 있다.

에머슨은 훌륭한 금언을 남기고 있다.

"오늘의 일은 오늘의 해와 함께 그치게 하라. 당신은 일하는 동안 때로 실패나 과오도 있을 것이다. 그것에서 될 수 있는 대로 빨리 벗어나라. 내일은 새로운 하루이다. 마음을 일신하여, 지난날의 악몽에 얽매어 괴로워하지 않는 높은 정신을 가지고 새로운 날을 맞이하라."

과거에 대한 이러한 태도는 바로 오늘을 살아가는 우리들에게 생활에 충실하도록 도와줄 것이다. 이것에 관한 다음의 처세 철학을 기억해 두도록 하자.

어제는 하나의 꿈이며
내일은 하나의 희망이니라.
오늘의 삶을 충실히 하였을 때
모든 지난날은 즐거운 꿈이며
모든 앞날은 빛나는 희망이니라.
그러니 오늘을 똑똑히 보라.

제 12 장
행운의 손을 잡아라

토마스 에디슨과 어빙 베칠러는 저녁 식사를 같이 한 후 2층에 있는 에디슨의 거실에서 담소를 나누고 있었다. 베칠러는 무심코 방 안을 둘러보다가, 벽 모퉁이에 신문지를 한 뭉치 옆구리에 끼고 서 있는 소년의 그림을 보고, 무엇이냐고 에디슨에게 물었다. 그러자 에디슨은 미소를 지으며 대답했다.

"저것은 내 소년시절의 모습이오. 소년시절에 나는 거리에서 신문을 팔았지. 얼마 후엔 디트로이트와 싸기나를 왕래하는 열차 안에서 신문을 팔게 되었네. 내가 이 신문팔이를 그만두게 된 까닭은 전혀 예상치도 않았던 우연한 동기 때문이었어. 운은 뜻하지 않게 다가오며 생각지도 않은 곳으로 사람을 끌고 간다네."

베칠러는 에디슨의 이야기를 다음과 같이 전한다.

소년 에디슨과 시골 신사

싸기나에서 출발하는 디트로이트행 열차 안에서 나는 신문을 한 묶음 옆구리에 끼고서 휴게차 안으로 들어갔다. 그러자 한 신사가 나를 불러세웠다. 남부 사람으로 보이는 그 신사는 훌륭한 양복과 빳빳하고 높은 칼라에, 가슴에는 금 시계줄이 번쩍이고 검은 색 모자를 쓰고 있었다. 게다가 긴 담배를 비스듬히 입가에 물었고, 옆에는 검둥이 하인이 앉아 있었다.

"꼬마야, 네가 가지고 있는 것이 무엇이냐?"

하고 이 시골뜨기 소년에게 신사가 물었다.

"신문이에요"

"몇 장이나 있느냐?"

"창 밖으로 내던져!"

하고 신사는 명령했다.

나는 영문을 몰라 주저했다.

"창문 밖으로 내던지라는 말이야. 값은 내가 줄 테니 망설이지 마라."

나는 그것을 믿고서 열차 창 밖으로 신문을 내던졌다. 신사는 거만스레 검둥이 하인에게 돈을 주라고 명령하였다.

검둥이는 나에게 돈을 주었다. 나는 상자를 놓아 둔 찻간으로 돌아왔다. 이렇게 손쉬운 장사를 해 보긴 처음이었다. 나는 또 한번 그 신사를 시험해 보기로 했다.

　다리가 비틀거릴 정도로 양손 가득 삽지를 안고서 다시 휴게차
로 들어섰다. 역시 신사가 또 물었다.

　"꼬마야, 네가 가지고 있는 것이 무엇이냐?"

　"잡지책이에요."

　"몇 권이냐?"

　나는 적당히 대답하였다.

　"모두 창 밖으로 내던져!"

　나는 그가 하라는 대로 창 밖으로 책을 내던졌다. 선로의 반 마
일 가량은 잡지책으로 깔렸으리라 생각됐다.

　이번에도 그는 하인에게 돈을 치르라고 명령했다.

　나는 드디어 이 괴상한 장면을 이해할 수가 있었다. 이 신사는
잠시 동안의 호탕한 여행을 즐기고 있는 것이었다.

　당시 부유층들은 간혹 로마 황제라도 된 것처럼 이러한 호탕한
여행을 즐기고 있었다. 이 신사도 사람을 놀라게 하여 즐기고 있었
던 것이다. 나는 그것을 이해함과 동시에, 운명의 신이 이 신사의
즐거운 장난을 돕도록 나를 인도하여 주신다면 거리낌 없이 그것
에 순종하리라 결심하였다.

　나는 소설책을 양손 가득 들었다. 차장이 거들어서 산같이 쌓아
올려 주었다. 나는 소설책 속에 파묻혀서 어떤 스릴보다도 더한 스
릴을 느끼면서, 간신히 휴게차 안으로 운반하여 운명의 눈짓이 어
떻게 되는가를 기다렸다.

　또다시 남부 사람의 목소리가 울렸다.

　"꼬마야, 네가 가지고 있는 것이 무엇이냐?"

"소설책이에요."

"몇 권이야?"

나는 소설책을 바닥에 내려놓고 그 수를 세어 말하였다. 그러자 그 고마운 명령이 다시 내려졌다.

"창 밖으로 집어 던져."

나는 닥치는 대로 창 밖으로 내던졌다. 창 밖으로 내버린 소설책들이 살아서 어디론지 걸어가는 것 같은 생각이 들었다.

또다시 거만한 소리가 울린다.

"어서 돈을 줘라."

나는 돈을 받아서 호주머니에 넣고 상자가 있는 곳으로 돌아왔다. 텅 빈 상자 뚜껑을 닫으면서 나는 생각했다. 이 상자를 어떻게 할 것인가? 나는 또 한번 신사를 시험해 보기로 하였다. 상자를 들고서 휴게차의 문을 열자 차 안에 있던 사람들이 한바탕 웃었다.

귀에 익은 소리가 또 들렸다.

"꼬마야, 무엇을 가지고 왔느냐?"

"상자입니다."

"몇 개 가지고 왔지?"

"한 개예요."

"창 밖으로 내던져라."

나는 상자를 선로에 내던졌다. 그는 또 돈을 지불하였다. 나는 그 돈을 주머니에 넣고서 신문 파는 일을 그만두었다.

이러한 뜻하지 않은 행운이 일생 동안에 한번은 찾아오는 법이다. 에디슨은 그 돈으로 무엇을 했는가? 그는 뜻하지 않은 행운을 공부하는 데 이용하였다. 전신(電信)의 공부를 시작하여, 전부터 흥미를 가지고 있던 전기과학의 연구에 전력을 다하였던 것이다.

포드 자동차의 탄생

헨리 포드에게서 들은 이야기이다. 포드가 말 없는 마차, 즉 자동차를 처음 만들어 낸 것은 디트로이트 에디슨 회사에서 일하고 있을 때였다.

포드는 몇 가지의 기묘한 차를 만들어 보았으나, 이것이 상품화되리라고는 꿈에도 생각지 못하였다.

때마침 아틀랜틱에서 전등회사 관계의 모임이 있었을 때, 포드도 참석하였다.

회의가 끝난 후, 연회 석상에는 토마스 에디슨과 디트로이트 에디슨 회사의 대주주 한 사람이 나란히 앉아 있었다.

에디슨을 중심으로 하여 축전지의 마력으로 과연 말 없는 마차를 달리게 할 수 있는지 논의가 벌어졌다. 이때 에디슨 옆에 앉아 있던 주주가 에디슨을 보고 말하였다.

"오늘 여기에 참석한 사람 중에 재미난 일을 하는 사람이 있습니다. 그 사람은 말 없는 마차가 가솔린으로 움직일 수 있다고 생각하지요. 실제로 그는 대여섯 대를 시험 삼아 만들고 있습니다. 이 차로 디트로이트 시내를 돌아다니면서 말들을 혼비백산시키며, 유

모차를 미는 사람을 놀라게 하고 사람들의 웃음거리가 되고 있는
데, 어쨌든 그 차가 달리는 것만은 사실입니다.

매일 아침 그 사람은 차를 집 앞에 끌고 나와, 여러 가지 손질을
하고 손을 차 안에 넣고서 크랭크를 돌리면, 기계가 돌아가기 시작
하여 요란한 소리를 내며 차체가 몹시 흔들린답니다. 꽁무니에서는
큰 폭음과 함께 연기를 뿜고 차가 움직이기 시작합니다.

그러면 이 젊은이는 차를 집어타고 공장으로 몰고 간답니다. 저
녁이 되면 마찬가지로 그 차를 타고 집으로 돌아가는데, 기묘한 차
입니다만 좌우간 그는 그것을 타고 돌아다닙니다."

에디슨은 이 말을 듣자 깊은 감동을 느꼈다. 그는 지금까지 그런
차가 있는 줄을 몰랐었다. 그는 포드를 자기의 옆자리로 불렀다.
그리고 포드에게서 반 시간 동안이나 자세한 설명을 들었다. 포드
가 차에 대해 설명하면 설명할수록 에디슨은 더욱 깊은 흥미를 느
꼈다. 에디슨은 주먹으로 책상을 치며 말하였다.

"힘껏 해 보시오! 포드 군. 적재한 연료로 저절로 힘을 내는 기
계라니 참 재미있군. 연구를 계속해서 좋은 것을 만들도록 힘쓰시
오. 참으로 놀랄 만한 이론이야."

이 일은 포드에게 가장 큰 행운의 열쇠를 안겨준 셈이 되었다.

포드는 이렇게 말한다.

"나는 에디슨의 격려를 듣고, 거의 단념해 버리려고 했던 이 기
괴한 자동차의 개량을 다시 열심히 하기 시작하였지. 그리고 드디
어는 일반인에게 팔 수 있는 자동차로 개량할 수가 있었다네."

공원에서 주운 행운

노만 벨 게치스는 미국이 낳은 무대 미술가의 천재로서 세계적으로 유명한 사람이다. 그가 디자인한 연극과 오페라의 무대장치는 2백만 개가 넘으며, 그 장면 수는 수백을 헤아리고 장식이나 조명을 고안한 것도 수없이 많다.

그가 창안해 낸 비범하고 새로운 방법은 지금 미국 전역에서 모방하고 있으며, 유럽에서도 이용되고 있다.

게치스는 자신의 고생스런 경험담을 나에게 얘기해 주었다.

태평양 연안의 한 도시에서, 극장용품 도안가로 일하고 있던 그는 큰 영화사에 스카웃되었다.

영화사에서는 그와 또 한 사람(텍스 잉그램)을 같은 급료를 주고 조감독으로 채용했다. 잉그램은 여기서 꾸준히 수업하여 후에는 이름을 날린 대감독이 되었다.

게치스는 반 년쯤 계속하다가 아무래도 그 일이 자신에게는 맞지 않음을 깨닫고, 영화사를 그만두었다.

이때부터 고난은 시작되었다. 일자리를 구하지 못해 그의 돈은 바닥이 나고, 주머니에는 5달러 95센트밖에 남지 않았다.

1918년 여름, 어느 날 오후 그는 로스앤젤레스 공원의 벤치에 앉아 있었다. 피곤한 몸을 잠시 쉬며, 앞으로 살아갈 일을 곰곰이 생각했다. 그때 옆에 앉아 있던 사람이 일어서면서 읽고 있던 잡지를 발 밑에 버리고 갔다. 그것은 문학잡지였다.

우연히도 이때 바람이 불어와서, 잡지의 표지가 넘겨졌다. 게치스는 얼핏 잡지의 첫 페이지에 커다란 활자로 씌어 있는 글씨를 보았다. 표제는 '젊은 예술가를 후원하는 백만장자'라고 되어 있었다.

그는 잡지를 들고 내용을 자세히 읽어 보았다. 그것은 뉴욕의 은행가이며 사회사업가로 알려져 있는 오토 칸을 방문하여 인터뷰한 기사였는데 부유한 사람은 모름지기 불우한 처지에 있는 유망한 예술가를 도와주어야 한다는 내용이었다. 게치스는 이것을 읽고, 곧 전보를 쳤다.

그는 자기의 약력을 쓴 다음, 가족을 데리고 뉴욕에 가서 극장 일을 구할 때까지 2주일간 머물 수 있는 비용을 베풀어 달라고 썼다. 이 전보를 치고 나니, 그의 호주머니엔 4센트밖에는 남지 않았다. 그러나 단 하루만에 회답이 왔다. 그는 우체국에서 4백 달러를 받게 되었던 것이다.

2주일 후, 게치스는 가족들과 함께 일종의 휴대 스튜디오라고 할 만한 커다란 나무상자를 가지고 뉴욕에 도착하였다. 그 휴대 스튜디오 속에는 그 동안 연구하고 고안한 무대의 수채화와 데생이 가득 들어 있었다. 어느 토요일 정오 무렵, 그는 이 큼직한 나무상자를 끼고 칸의 사무실을 방문했다. 사전에 면회시간을 알아본다든가 하는 생각은 조금도 하지 않았다.

게치스가 칸의 사무실에 들어가서, 찾아온 뜻을 말하니 사무실 직원들은 아무도 게치스의 일에 대해서 모르고 있었다.

칸은 사람을 통하여 '당신이 뉴욕에 온 것을 기쁘게 생각하고,

성공을 바란다. 그러나 오늘은 시간이 없어서 만나지 못하니 양해하라'는 뜻을 전하였다.

이 정중한, 그러나 대수롭지 않게 여기는 형식적인 인사는 서부에서 갓 올라온 순진한 젊은 예술가를 매우 실망시켰다. 잘못된 것이 아닌가 어리둥절하기도 하였다. 그는 사무실에 있는 사람들을 붙잡고 사정을 호소했다. 그러자 칸에게서 잠깐 동안이면 만나도 좋다는 허락이 내려졌다.

게치스는 도안이 가득 찬 나무상자를 짊어지고 칸의 방 안으로 들어갔다. 칸은 놀란 얼굴로 그것을 보더니, 흥미를 느끼는 것 같았다. 그러나 그는 곧 여행 떠날 시간이 임박하여서 한가하게 도안을 구경할 시간적인 여유가 없노라고 말하였다.

'이까짓 형식적인 면회는 해서 무엇한담.'

게치스는 절망하였다.

"누가 나의 그림을 보아주겠습니까. 당신 외에 나를 알아주는 사람이 어디 있단 말씀입니까?"

"그럼 내일 아침, 시골에 있는 나의 집으로 오도록 하지. 그러면 천천히 그 그림을 볼 수가 있을 것이네."

칸은 동정하여 말하였다.

칸은 메트로폴리탄 오페라 회사에도 오랫동안 관계하고 있었으므로 그림과 문학에도 조예가 깊었다.

이튿날 게치스는 날이 밝자마자 칸의 집으로 달려갔다.

칸은 자기의 눈앞에 벌어진 그림의 구상력, 독창성, 새로움에 경탄해 마지않았다.

1주일 후에 게치스는 칸의 소개로, 메트로폴리탄 오페라의 지배인으로부터 무대장치를 의뢰받았다. 그의 빛나는 출발은 여기서부터 시작되었던 것이다.

그들은 어떻게 행운을 잡았는가

남부의 시골 신사에게서 얻은 희극적인 돈벌이가 어떻게 에디슨의 생애에 그토록 놀라운 효과를 가져다 주었을까? 또한 에디슨이 책상을 치며 격려한 말이 어찌하여 포드의 성공에 위대한 영향을 미치게 하였을까? 바람에 날린 잡지 기사와 표제가 어찌하여 게치스를 빛나는 성공으로 인도하였을까?

그것은 이들 모두가 뚜렷한 목적을 가지고 있었기 때문이다.

성공한 사람들의 발자취를 더듬어 살펴보면 행운이라는 것은 인생에서 얻고자 하는 목적을 명확하게 가지고 있고, 또한 이 목적을 위하여 대가를 치르려고 노력하는 사람들에게 찾아오는 것임을 알 수 있다.

행운이라는 것은 이러한 능동적인 의미로 이해하는 것이 중요하다. 당신은 이 책에서 다른 것은 아무것도 배우지 않아도 상관없지만, 이 한 가지만은 반드시 알아주기를 바란다. 이것을 이해한다면, 당신은 반드시 행운을 잡을 수 있을 것이다.

이 책에 인용된 유명·무명의 성공자들도 그 일생에 있어서 종종 행운이 찾아왔음을 알 수 있다. 20세기의 오즈본이라고 불리우

는 조류화가 브라샤도, 수십 년에 걸쳐 심혈을 기울인 조류화보가
세상에 알려지게 된 동기는, 우연한 기회에 그의 존재를 알게 된
잡지 편집자의 의뢰로 내가 방문기사를 써서 발표한 것이 계기가
되었다.

실업가나 학자나 기술자 성공자의 생애에는 반드시 행운이 따르
고 있다. 어떠한 역사나 전기를 읽어 보아도, 행운이 커다란 역할
을 하고 있다.

그러나 당신이 알고 있는 여러 성공자들은 그러한 행운을 잡을
기회가 많은 큰 도시에서 활동하고 있다. 그러나 '나는 그렇지 못
하다. 나는 형편상 큰 도시에 나가지 못하는 입장에 있으며, 내 자
신도 큰 도시에 나가고 싶은 생각은 없다.'

이러한 경우에는 어떻게 되는가? 시골에 묻혀 도시 사람들과 같
은 행운을 잡을 기회가 없다고 말하는 사람이 있을지 모른다. 그러
나 그런 생각은 잘못이다. 시골에 있다고 해서 행운이 오지 않는
법은 없다.

G. A 가바는 조그마한 시골 마을에서도 위대한 실업의 성공자가
되었다. 시골에서 위대한 성공을 이룩한 사람은 얼마든지 있다. 헨
리 워즈 비맨 같은 사람은 그 좋은 실례가 된다. 아직도 그는 인구
가 겨우 8백 명밖에 안 되는 코네티컷 뉴브레스튼의 조그마한 마
을에 있지만, 그의 이름은 미국 전역에 알려져 있다.

행운은 시골에도 있다

　헨리 워즈 비맨은 젊어서부터 목수가 되고 싶었다. 오랜 시간이 지난 후 그는 마침내 우수한 기술을 가진 목수가 되었다. 그리고 결혼하여 아버지가 되었다. 자식은 그의 인생의 목적을 대표하는 것이었다.

　비맨은 나에게 이렇게 말하였다.
　"나는 내 희망을 똑똑히 자각하고 있었다. 내 희망은 아이를 많이 낳고 그 애들을 행복하게 기르는 것이었다. 아이들을 위하여 최선을 다하는 것이 나의 소원이었다. 가족과 함께 생활함으로써 나의 장래의 운명이 열리리라는 것이 나의 신념이었다."
　목수 비맨은 음악을 좋아했다. 특히 바이올린을 좋아하여 연주도 잘 하였다. 자식이 다섯으로 늘게 되자, 목수의 수입만으로는 생활이 쪼들렸다. 아이들의 양육비를 줄이지 않고서 좋은 바이올린을 산다는 것은 거의 불가능했다. 그래서 그는 자기의 마음에 맞는 바이올린을 직접 만들겠다고 결심하였다.
　이리하여 그는 바이올린의 제작법에 대한 책을 구하여 읽고, 여가를 이용해서 산에 들어가 적당한 재료가 될 나무를 찾아다녔다. 그리하여 마침내 이상적인 나무를 발견하게 되었다.
　그러나 최초의 작품은 만족한 것이 못 되었다. 그래서 이번에는 부서진 것이나 금이 가서 못 쓰게 된 독일제나 이탈리아제 바이올린을 사모아서, 그것을 수선하여 보았다.

이렇게 자신의 어려운 형편으로는 도저히 살 수 없는 좋은 바이올린을 얻기 위하여 몇 번이고 제작을 거듭하였다. 그 결과 그가 만든 바이올린은 50개에 달하였으며, 그 외에도 8개의 첼로를 만들었다. 이것은 모두 훌륭하게 제작되어 음악 전문가들도 높이 칭찬하였으며, 공연에 사용된 일도 있었다.

❁

호수에서 낚은 행운

뉴욕 출신의 재벌이자 예술 평론가이기도 한 브랙스레이는 해마다 여름이면 뉴브레스튼으로 피서를 떠났다. 그리고는 그 근처의 워러맥 호수에서 흑잉어 낚시를 즐겼다.

브랙스레이는 근처 마을에 바이올린을 잘 만드는 목수가 있다는 소문을 듣고 비맨을 찾아갔다. 블랙스레이도 바이올린을 좋아하여 둘은 같이 연주도 하고, 어깨를 나란히 맞대고 호숫가에서 낚시질을 하기도 하였다.

브랙스레이는 비맨이 흑잉어가 많은 장소와 물고기들이 지나 다니는 길을 훤히 알고 있음을 깨달았다. 비맨은 우수한 목수이며 바이올린 제작자인 동시에, 또한 훌륭한 어부이기도 하였다.

"부탁이 있는데…… 비맨 군. 반 달 정도만 내 낚시 친구가 되어 주지 않겠나, 군의 주인 양반이 틈을 내줄까?"

"아니, 그것은 좀 곤란합니다. 나에게는 부양해야 할 가족이 있고, 낚시질은 틈틈이 할 뿐이니까요."

하고 비맨은 정색을 하며 대답하였다.

"잘 알고 있네. 하지만 목수 일로 버는 만큼의 돈은 지불하겠네. 그러니 우선 군의 주인에게 형편을 물어보고 나서 상의하세."

밀포드에 있는 주인은 비맨의 말을 듣고 이렇게 대답했다.

"자네를 보낸다는 것은 대단히 유감이지만, 이런 일은 아마 일생에 두 번 다시 없는 좋은 기회라고 생각하네. 웬만하면, 나도 같이 쫓아가고 싶어하더라고 브랙스레이 씨한테 여쭈어 주게."

이리하여 비맨과 브랙스레이는 낚시를 하러 떠났다. 비맨의 성실한 안내 덕분으로 운반해 올 수 없을 만큼 많은 고기를 낚으며, 유쾌하고 즐거운 한여름을 보낼 수 있었던 브랙스레이는 사례의 뜻으로 호수의 어장과 그 근처에 사는 사람들에게 무엇이든 도움이 되는 일을 하고 싶었다.

그리하여 이듬해 여름에는 물고기를 놓아 주기 시작했다. 그는 비맨을 지난해 여름과 같이 목수 임금으로 채용하여 먼 곳에 있는 강이나 냇물에서 흑잉어를 잡아다가 워러맥 호수에 방류하였다. 비맨은 중량 124파운드나 되는 엄청나게 많은 흑잉어를 산 채로 운반하여 워러맥 호수에 풀어놓았다.

비맨이 이 일을 끝마치고 보고하러 갔더니, 그는 한 가지 제안을 하였다.

"아무래도 이 방법으로는 끝이 없겠어. 좀더 빨리 워러맥 호수를 물고기로 가득 채울 방법은 없을까? 비맨 군, 혹시 흑잉어의 새끼를 양식해 보는 것이 어떻겠나. 비용은 얼마든지 대주겠으니 한번

해 볼 생각 없나?"

이렇게 해서 비맨은 워러맥 호수에서 흐르는, 이스트 아스베첵이라 불리우는 조그마한 냇가의 낡은 물방앗간을 이용해서 우선 모양만을 갖춘 부화장을 만들기로 했다.

비맨은 우선 목수 일을 보고 난 후의 여가를 이용하여 부화장을 만들었다. 얼마 후에 비맨은 실험결과를 알리기 위하여 다시 뉴욕으로 갔다.

"브랙스레이 씨, 계획은 완전히 실패로 끝났습니다. 흑잉어의 양식은 도저히 안 될 것 같습니다."

"어떻게 된 일인가?"

"가물치를 양식한다면 문제가 없겠습니다만 가물치는 무엇이든 다 먹는데, 흑잉어는 아무것도 먹질 않습니다. 어떤 것을 주어도 먹지 않고 죽어 버립니다. 장사치들도 여러 번 시험해 보고 정부에서도 해 보았는데 하나도 성공한 예는 없다고 합니다."

"비맨 군, 결과에는 상관하지 말고 그냥 계속해 보게. 비용은 내가 낼 것이고, 얼마가 들어도 좋으니 계속해 보게. 군의 급료도 내가 지불할 터이니, 괜찮다면 목수 일도 그만두고 전력을 다하여 보게. 군이 어디까지 이 일을 해내는가 보고 싶네."

비맨은 관공서나 도서관 등에서 서적이나 팜플렛을 찾아 흑잉어 양식에 관한 종래의 경험과 연구 결과를 조사해 보았다.

또한 실지로 수백 번 실험도 해 보았지만, 실패의 연속이었다. 이리하여 보람 없이 두 해를 보냈다. 이것을 본 브랙스레이는 비맨에게 '어떻게 해서라도 완수해 보라. 만약 성공하면 훌륭한 장사가 될 것이다'라고 격려하였다. 비맨은 다시 용기를 내어 계속 실험에 매진했다.

어느 날 비맨은 가물치의 양식실험을 하기 위하여 새끼 물고기들이 들어 있는 호수의 물을 큰 유리그릇에 옮겨 담았다. 그릇 속의 물은 수정처럼 맑게 비치고 있었다.

그것을 한참 들여다보고 있으니 물 속에서 미세한 물체가 반짝이는 것이 눈에 띄었다.

창문 틈으로 새어드는 광선 속에 먼지가 움직이는 것과 같은 광경이었다. 가물치 새끼가 활발히 떠돌아다니며 이 반짝이는 미세한 것들을 열심히 먹는 것이 보였다. 비맨의 머리에 갑자기 한 가지 생각이 떠올랐다.

'이 반짝이는 미세한 것을 가물치가 저토록 탐내어 먹고 있다면, 흑잉어도 먹지 않을까?'

드디어 그는 성공하였다. 흑잉어 새끼도 그것을 먹는다는 것을 알았다. 그리고 미세한 식물은 일종의 패곡류 동물이며, 흑잉어가 있는 물 속에서도 곳곳에 번식하고 있음을 알았다. 그리하여 흑잉어 새끼가 부화하면 먹이를 발견하고 무럭무럭 자라났다. 이 먹이는 조그마한 도구를 이용하여 호수의 물에서 얼마든지 채집할 수가 있었다.

비맨은 이 발견을 정부에 보고하고, 정부는 그것에 의하여 대규모의 흑잉어 양식장을 개설하였다. 미국의 곳곳에 흑잉어의 생장에 적합한 물이 있는 곳이라면, 비맨의 양식장에서 양식된 흑잉어의 어린 새끼들이 보내졌다.

행운은 행운을 낳는다

행운은 참으로 불가사의한 것이다. 비맨의 양식사업은 그가 자녀들의 양육비를 줄이지 않기 위하여 자기 손으로 좋은 바이올린을 만들려 했기 때문에 시작될 수 있었다.

비맨은 이렇게 회상한다.

"나는 참으로 행운의 사나이입니다. 만일 바이올린을 만든다는 소문이 없었던들 브랙스레이 씨가 나를 찾아올 리는 없었을 것입니다. 물론 그와 함께 낚시질도 갔을 리 없고, 나에게 양식연구를 시키지도 않았을 것입니다."

행운은 행운을 낳는다. 왜냐하면 한번 행운을 잡은 사람은, 확실한 목적을 가지고 있는 사람에게 행운이 돌아온다는 것을 깨닫게 되고, 또다시 행운을 잡기 위해 열심히 일하기 때문이다. 따라서 열심히 일하는 활동가는 언제나 행운아이다.

행운은 언제 어디서나 인생의 모든 것에 뿌려져 있다. 당신은 이것을 모르고 있을지도 모른다.

그것은 당신이 아직 자신의 인생 항해도를 못 가졌기 때문이다. 아직 당신이 확고한 목적을 가지지 못하고 당신 자신의 나아갈 길과 목표를 모른다면, 얼핏 보아서는 눈에 띄지도 않고 사소하고 무관해 보이는 행운의 기회를 어떻게 잡을 수 있을 것인가.

행운은 어느 곳에나 있다.

그러나 그것은 시간과 장소와 사람이 일치되지 않으면 안 된다.

당신이 확고한 목적을 가지고 있으면, 그렇지 못한 사람들이 놓쳐 버리는 소중한 것들을 재빨리 낚을 수가 있다.

아무런 목적도 없이 허송세월하는 사람들이 모르고 지나쳐 보내는 일을 재빨리 붙들어서 활용할 수 있는 행운이 당신의 눈 앞에서 무수하게 기다리는 것이다. 또한 일정한 목적을 갖고 있음으로 해서 비로소 여러 가지의 적극적인 시도를 꾀하게 되고, 진취적인 모험도 해내면서 행운은 실현되는 것이다.

제 13 장
자기 교양의 가치

　조지 버나드는 장로교회 목사의 아들이었다. 어린시절 일리노이
주의 캔커키에서 살고 있을 때, 이웃집에는 과거에 선장이었던 늙
은 영국인이 살고 있었다.

　이 노(老)선장은 박물관에 흥미가 있었기 때문에, 오랜 항해 생활
중 세계 각지에서 수집한 새·새알, 그리고 곤충·광석 등의 표본
을 많이 가지고 있어서 어린 버나드에게 보여 주거나, 세계 각지의
재미있는 이야기를 듣는 것이 무엇보다도 즐거운 일이었다.

　어느 날 버나드는, 이 노선장을 따라서 캔커키에서 40마일이나
떨어진 큰 늪으로 탐험을 떠났다.

　거기서 그는 한 마리의 새를 잡았다. 집에 가지고 와서 박제를
해 '보려고 가죽을 벗겼다. 그리고 가죽 속에 솜을 틀어넣는 것만으
로는 부족하게 여겨져서 진흙을 개어 새의 모양을 만들고 그 위에

풀로 가죽을 붙였다.

이것이 일곱 살 때의 일이었는데, 그 후에도 종종 이 방법을 사용하였다. 열두 살 때에는 다른 사람들에게 만들어 주기도 하는 등 박제의 수는 모두 1200개에 달하였다.

그를 사랑하는 노선장은 어떤 일을 하든지 그것은 바로 일을 알아가는 과정이라고 가르쳐 주었다. 버나드는 이 교훈을 마음속 깊이 간직한 채 틈만 있으면 작업장에 틀어 박혀서 박제만 만들었다.

그 후 그의 집은 캔커키에서 오하이오 주의 마스커틴으로 이사를 갔다. 어느 날 시카고에서 아버지의 친구가 찾아왔다.

그는 매우 견식이 높은 사람이었는데, 박제의 가죽 밑에 있는 진흙 세공을 자세히 들여다본 후, 깜짝 놀라며 버나드의 아버지에게 말하였다.

"자네 아들은 대단한 소상가(塑像家)이네. 박제된 새도 훌륭하지만, 그 밑의 진흙 세공이 훨씬 더 아름답군."

그는 버나드에게 로마 검사의 청동상을 선사하였다. 이 청동상으로 인해 그의 운명이 새롭게 펼쳐졌다. 버나드는 흙으로 열심히 청동상을 모방하였다. 새의 박제는 돌아보지도 않고, 오직 사람의 상을 만드는 데에만 열중하였다.

그는 시간이 지날수록 소상가가 되고 싶은 마음이 간절해졌다. 아버지는 소상가로는 생계를 유지할 수가 없다고 반대하였지만 그는 굴하지 않고 자신의 계획을 실천에 옮겼다. 그는 한 금속상한테서 체계적으로 조각을 배웠다. 그리고 다시 시카고의 조각 제작소에서 심부름꾼 겸 문하생이 되었다.

　그는 형태가 짜인 자모를 복제하는 것을 좋아하지 않았으므로, 제작소에서도 새로운 활자를 창작하는 일을 그에게 맡겼다.

　이 일로 하여 제작소에 적지 않은 이익을 창출하였으므로, 제작소에서는 3년의 견습기간을 2년 반으로 줄였다.

✤
그칠 줄 모르는 향상욕

　활자조각 기술자가 된 그는 한 회사로부터 막대한 급료와 함께 스카우트 제의를 받았다. 3년 동안 자모 창작을 맡아주면 5천 달러의 보수와 그밖의 이익 중에서 상여금을 준다는 것이었다. 그러나 그는 이 제의를 거절하였다.

　그는 어떻게 해서라도 조각가가 되고 싶었기 때문에, 그 동안 저축한 돈으로 시카고에 있는 미술학교에서 9개월 동안 데생을 배울 계획이었던 것이다.

　일요일에는 진흙으로 조각을 하였다. 그의 작품을 우연히 본 시카고의 한 갑부가 자신의 어린 딸의 대리석 반신상 조각을 부탁하였다.

　그는 대리석 반신상을 2개 만들어 주고, 그 사례금으로 500달러를 받았다. 재료값과 생활비로 쓰고도 300달러 가량이 남았다. 그는 이 돈을 가지고 꿈에도 그리던 미술의 나라, 프랑스 파리로 건너갔다.

　파리에 도착한 것은 1884년 10월 15일이고, 3개월 후에는 국립

미술학교에 다닐 수 있었다.

그는 학교뿐만 아니라 자연 속에서도 배움을 얻기 위하여, 학교에서 몇 마일이나 떨어진 곳까지 걸어다녔다. 점심시간(절약하기 위하여 점심은 먹지 않았지만) 이후에는 고전작품을 흉내내어 직접 만들고 밤에는 다시 야간학교에 다녔다.

2년이 지나자 300달러의 돈은 다 없어지고 그 후부터는 빈털터리로 살아가야만 했다.

그때 그는 '소년'이라는 소상을 만들고 있었다. 책을 읽고 깊은 생각에 잠겨 있는 소년의 모습으로서, 작가의 내부적인 고민이 나타나 있었다. 그런데 시간이 지날수록 예술로는 도저히 생계를 꾸려갈 수 없다는 생각이 그의 마음을 괴롭했다. 그러나 예술을 버릴수는 없었다. 그것은 냉혹한 시련이었다. 그러나 그는 이를 악물고버텨 나갔다.

그는 작업복 위에 외투를 뒤집어쓰고 얼음같이 찬 방에서 밤을 새웠다. 그리고 조각의 진흙이 얼지 않도록 담요를 덮어 두었다.

진가가 나타나다

이러한 처지에 빠지면 대부분의 사람들은 두 번 다시 재기하지 못한다. 그런데 때마침 찾아온 행운에 의하여 버나드는 다시 일어설 수 있었다.

파리에 머물고 있던 미국인 미술수집가 클라크는 버나드의 작품에 관한 얘기를 듣고, 버나드가 외출 중에 하숙집에 찾아왔었다.

하숙집 주인한테 부탁하여 버나드의 '소년'상을 구경한 그는, 이 작품이 대단히 마음에 드니 그가 돌아오거든 호텔까지 찾아와 달라는 부탁의 말을 남기고 돌아갔다. 버나드는 기쁨으로 눈물이 날 지경이었다. 그러나 자기의 추한 꼴을 생각하니 좀처럼 그 호화스러운 호텔로 찾아갈 용기가 나지 않아 머뭇거렸다. 1주일 후 버나드는 한 장의 전보를 받았다.

'오늘밤 6시에 꼭 와주면 좋겠소 오늘밤에 파리를 떠납니다.'

그는 용기를 내어 6시에 호텔로 찾아갔다. 그의 남루한 복장을 보고 호텔 안내인은 그를 쫓아내려고 하였다. 버나드는 전보를 보여준 후에야 겨우 클라크의 방으로 들어갈 수 있었다. 클라크는 키가 후리후리하고 온화한 미소를 띠며 버나드에게 말했다.

"기다리고 있었네. 군의 작품인 '소년'을 사고 싶어 보자고 했네."

버나드는 자기의 귀를 의심하였다.

"소년상을 꼭 대리석으로 조각하여 주면 좋겠네. 얼마를 주면 좋을지……."

"대리석으로요! 그럼 재료값만 주시면 됩니다."

"대단히 고맙소 의논은 천천히 하고, 우선 같이 식사나 합시다."

저녁식사를 하면서 클라크는 버나드에게 희망이나 일에 대해서 여러 가지로 물어보았다. 클라크는 식사를 마치고, 별실에서 붉은 가죽끈으로 포장된 돈지갑을 가지고 나왔다.

"자, 군의 돈지갑을 내놓게."

"돈지갑을 갖고 있지 않습니다."

"그러면, 호주머니에 넣어 주지."

버나드는 호주머니를 뒤집어 보였다. 주먹이 드나들 만한 큰 구멍이 뚫려 있었고 바지 주머니도 역시 마찬가지였다.

"그 동안 몹시 곤란하였던 모양이군. 그러나 이제부터는 염려하지 말게."

클라크는 웃으면서 버나드의 어깨를 툭 쳤다.

그리고 테이블 위에 돈을 거꾸로 쏟아 놓았다. 프랑스 금화로 1500프랑, 그리고 미국 금화로 300달러, 마치 황금폭포가 흘러내리는 것 같았다.

"군이 살던 곳으로 이 돈을 가지고 가면 위험하니 어디 다른 곳에다 스튜디오를 만들도록 하게."

하고 클라크는 충고하였다.

"오늘밤은 우선 친구의 집에 가서 자도록 하겠습니다."

버나드는 손수건에 소중하게 금화를 싸서 호주머니에 넣고는 호텔을 나왔다.

드디어 버나드에게도 희망 찬 세계가 열렸다. 대리석 조각품 '소년'은 완성되었고 개인이나 정부에서 연이어 제작 의뢰를 해 왔다.

전람회에 출품하라고 친구들이 외쳐대곤 했다. 가을 전람회에 출품한 작품 10개가 모조리 입선하였다. 프랑스의 신문들은 20세의 청년이 제작한 '소년'은, 로댕이 20세 때 만든 큐피드와 어깨를 겨눌 수 있는 것이라고 대단히 격찬하였다.

여가를 이용하다

버나드는 세계적으로 명성을 떨치게 되었다. 백여 개에 가까운 그의 명작은, 미국과 유럽의 미술관이나 대규모의 건축물들을 장식하고 있다.

예술가, 꿈만 그리며 실제의 것은 아무것도 모르고 꿈 속에서 인생을 보내는 사람들이라고 당신은 생각하는가? 그러나 버나드를 보라.

그가 얼마나 열심히 공부하고 노력하였는가. 얼마나 강인한 참을성으로 모든 곤란을 극복하였는가. 얼마나 끊임없이 실천하였는가를 버나드 자신의 말로 확인해 보자.

나는 여가를 살려 역사책과 전기를 읽은 결과, 직업 외의 것으로 이름을 날린 사람들이 많다는 사실을 뜻깊게 생각하였다. 스펜서는 아일랜드 귀족의 비서로 있으면서 틈틈이 여가를 이용해 법률을 공부했다.

나는 어린시절의 친구였던 노선장에게서 배운 교훈을 지금도 똑똑히 외울 수 있다.

'쉬지 말고 무엇이든 배워라. 그러기 위해서는 무엇이든지 해야 한다. 세월을 허비하지 말라. 청춘은 금세 사라지고 만다.'

내가 공부하던 때에는 1주일에 한 번 이상 옷을 갈아입어 본 일이 없고, 8시간 이상 잠을 자 본 일이 없다. 그렇다고 물론 이것을 남에게 권하는 것은 아니다. 휴식과 위안은 필요하다. 그저 나는 '건강을 해치지 않는 범위 내에서, 경쟁자보다 일찍 일어나서 더 많이 일하는 사람은 승리자가 된다'는 필드의 금언을 사랑하였다.

승리라는 것은 무엇인가. 나는 그것을 경쟁자를 이기는 것이 아니고, 무의미한 것에 시간을 허비하는 습관을 이기는 것이라고 해석한다.

우리들은 하루 1시간 동안 얼마만한 일을 할 수 있을까? 하루에 1시간씩 10년을 계속한다면, 아무것도 배우지 못한 문맹자라 해도 해박한 지식을 갖게 될 것이다. 1시간이면, 적어도 책 10페이지는 충분히 읽을 수가 있다. 즉, 1년이면 적어도 3,650페이지를 읽는 셈이다. 그러므로 하루 1시간이 무의미하고 무가치한 인생과 가치 있는 행복한 인생을 구별짓게 한다.

어느 책에서 읽은 이야기지만, 초등학교만을 나온 사람이 14세부터 일하여 30세 때까지의 수입은 연 1,200달러이며, 14세 때부터 60세가 될 때까지 죽도록 일을 계속하여도 그 수입은 4만 달러밖에 되지 않는다.

그런데 중학교 졸업자가 18세부터 일을 시작하는 경우에, 40세 때의 최고 수입은 연 2,200달러이며, 60세까지 계속했다면 18세부터 60세까지의 총 수입은 약 7만 8천 달러가 된다. 즉, 그는 초등학교만을 졸업한 사람보다 무려 3만 8천 달러를 더 벌었다. 이것이 중학교를 다녔는가 안 다녔는가의 차이다.

전문대학의 졸업자를 살펴보면, 22세에 일을 시작한다고 해도 28세에는 벌써 중학교 졸업자의 40세 때의 최고 수입과 같은 수준에

도달하며, 60세까지 일한다면 그 총 수입은 약 15만 달러가 된다.

이것은 중학교 졸업자보다도 7만 2천 달러가 더 많다.

이로써 수년간 더 공부한다는 것은 수천 달러를 미리 은행에 예금하는 것보다도 더 큰 가치가 있음을 알 수 있다. 대략 계산해 본다면, 젊었을 때 공부에 소비한 시간은 하루 12달러 50센트의 가치가 있다.

프랑스의 중세기 미술

버나드는 파리 유학시절의 이야기를 들려주었다.

12~14세기 프랑스의 유서 깊은 사원들은 혁명으로 대부분 파괴되고 말았다. 혁명이 끝난 뒤에도 그 사원들은 복구되지 않고, 농민들이 귀중한 조각이 새겨져 있는 기둥을 마음대로 가져가서, 자신의 집을 수선하고 심지어는 외양간의 담벼락으로 세우기까지 하였다.

버나드는 여가를 이용하여 각 지방을 두루 돌아다니며 중세기 사원의 옛 터전에 남아 있는 고아한 석조와 목조를 감상하였다. 당시는 아무도 관심을 가지지 않았지만, 버나드는 이들의 예술성에 끌렸다.

여행 도중에 그는 종종 농민들이 밭에서 주운 아름다운 기둥 토막을 밥상 대신 사용하고, 훌륭한 석관을 마구간에서 쓰며, 조각한 기둥을 디딤돌로 사용하는 것을 보았다. 버나드가 유명해지자 펜실베니아 주에서 25만 달러 보수로, 대군상(大群像)을 조각해 달라고 제안했다(그것은 오늘날 펜실베니아 의사당의 현관을 장식하고 있는 대근각이다). 그러나 이 주문을 의뢰한 후에 정치추문 사건이 일어나서 펜실베니아 주정청에서 버나드에게 지불해야 할 돈이 늦어지게 되었다.

1907년의 일이었다. 버나드는 그 동안에 재료비와 모델 비용 등으로 5만 달러에 가까운 빚을 짊어지게 되었다. 주정청에서 지불을 해 주지 않았기 때문에 그는 일을 계속할 수가 없었고, 생계를 유지하기도 어려울 지경이었다.

그때 버나드는 하는 일 없이 팔짱을 끼고 주정청의 지불만을 기다리지는 않았다. 그는 시골에서 본 중세기 미술품들에 대해서 기발한 생각을 했던 것이다.

위대한 고물

당시 사람들은 관심을 가지지 않았지만, 그는 중세기 프랑스의 조각이나 소상이 그리스 것과 비교해서 결코 손색이 없을 것이라고 생각했다. 그는 시골에서 생계를 유지하고 빚을 갚으려 하였다.

황폐한 사원의 옛터에서 조각과 소상을 발견하여 1년 동안 매주 7, 8점에서 10점을 파리의 미술상으로 가지고 갔다. 2달러나 3달러로 산 것이 파리에서는 20달러에서 50달러에 팔렸다.

때로는 아주 훌륭한 작품을 손에 넣어 고가로 팔리는 일도 있었다. 그러나 시간이 흐른 후에도 값은 별로 오르지 않았다.

그는 이 일을 미국인답게 세심하게 해냈다. 도서관에 가서 낡은 지도를 조사하여 유명한 사원이 있던 장소를 눈여겨봐 두고, 전국 방방곡곡을 찾아다녔다.

혁명이 일어나자, 늙은 노인들과 약삭빠른 사람들은 사원을 습격해서 성모상과 예수상을 약탈하여 집에 감추어 두었다가, 혁명이 끝났을 때 이것을 꺼내서 집의 분묘를 장식하였고 지붕 밑에다 집 어던져 둔 것들도 수없이 많았다.

이리하여 버나드는 지붕 밑이나 낡은 헛간을 훑고 다녔다. 어떤 때에는 허술한 농가의 지붕 밑에서 나무로 새긴 예수상을 발견하기도 하였다. 이 집에서는 봄이 되면 예수상을 꺼내 아이들의 장난감이나 허수아비 대신 세워두곤 하였다.

버나드는 불과 몇 푼 안 되는 헐값으로 이것을 사들였으나, 후에는 1만 달러가 되었다. 그리고 불과 4, 5달러로 산 것이 후에는 2만 달러가 넘는 예도 있었다.

버나드는 수집한 미술품 중에서 3분의 1 정도는 보관했다가, 후에 뉴욕으로 가지고 돌아왔다.

그때는 프랑스가 고미술품의 국외 반출을 금지하기 전이었다. 뉴욕에 돌아온 그는 맨해튼에 프랑스 중세기 사원풍의 아담한 사립 미술관을 건립하고, 프랑스에서 가져온 미술품들을 진열하였다.

이 미술관이 개관된 것은 1914년이었는데 소문은 삽시간에 퍼져서 '사원'이라는 이름으로 유명해졌고, 세계에서도 가장 아름다운 미술관의 하나로 손꼽히고 있다.

그런데 최근에 메트로폴리탄 미술관이 버나드의 '사원'을 사들였다. 돈은 존 록펠러가 제공하였다.

버나드가 젊은 시절에 자기 혼자서 중세미술에 대한 교양을 쌓은 것이, 이러한 결과를 가져오게 된 것이다.

그가 교양을 위해 얼마의 시간을 사용했는지는 물론 분명하지 않다. 그러나 가령 6백 년을 소비하였다고 하면, 그 1시간은 1천 달러의 가치가 있었던 것이 된다.

이처럼 자기 교양을 위하여 쓰는 시간은 미리 예측할 수 없는 이익을 장래에 가져다 준다.

제 14 장
천재에게 무엇을 배울 것인가

천부적으로 타고난 재능이 없기 때문에 자기의 목적을 이루지 못한다는 것은 잘못된 생각이다.

실패의 원인은 참을성과 노력의 부족이다.

인생의 대가를 치르고 성공의 월계관을 쓴 사람들의 여러 가지 실례를 지금까지 이야기하였다. 독자들은 그들 성공자가 얼마나 열심히 일하였는가, 또한 어떻게 그 일을 하게 되었는가, 성공하기까지 그들이 인생에서 얻은 귀중한 교훈들을 알았을 것이다.

이러한 성공자의 생애는 우리들에게 무엇을 말하여 주는가? 만약 우리들과 그들의 모습을 하나로 겹칠 수가 있다면, 한 장의 이중 사진이 될 것이다.

과연 그것은 어떠한 모습을 나타낼 것인가, 어떠한 것을 우리들에게 가르쳐 줄 것인가?

성공자에게는 반드시 자신의 성격과 맞는 일이 있음을 볼 수가 있다. 사람들은 일생 동안 자기에게 꼭 맞는 일과 한 번쯤 마주치게 된다.

그리하여 자기에게 맞는 일을 정확히 알아내어 자신의 모든 열과 성을 쏟아부어야 한다. 이러한 사실은 다음과 같이 해석할 수가 있을 것이다.

즉, 어떤 특정한 일에 적합한 천부적 능력을 가진 사람은, 그 일을 하고 싶어하는 마음이 있으며, 따라서 그 일에 매진할 것이다. 바꿔 말하면 어떤 일을 훌륭히 이룩하려고 노력하는 사람은 그 일에 적합한 천부적 능력을 갖고 있는 것이다.

자기와 이 세상을 위한 보람 있는 일을 다른 사람보다도 부단히 노력함으로써 더 큰 성공을 이룬 사람으로서, 그 천부적인 능력을 현저하게 발휘한 사람들을 우리들은 천재라고 부른다. 그런데 천재라는 것은 보통 사람들에게 도대체 어떤 의미가 있을까?

이번 장에서는 천부적인 재능을 가진 사람이라든가, 또는 천재라고 불리우는 사람들이 보통 사람들과 어떤 점이 다른가를 살펴보기로 하자.

❀

천재와 노력

언젠가 나는 나폴레옹·비스마르크·괴테 등 위인들의 전기 연구가로 유명한 에밀 루도피와 이야기할 기회가 있었다. 그때, 루도

피는 이렇게 말하였다.

"괴테의 타고난 재능은 그와 같은 시대에 활약했던 다른 시인과 별 차이가 없는, 비슷한 수준이었다. 그러나 괴테 이외의 시인들은 신이 최초에 그들에게 부여한 것보다도 더 큰 일을 하려는 열성과 신념이 부족했다. 그런 반면 괴테는 성서에 나오는 근면가처럼 타고난 재능을 남김없이 발휘하여 활용했다."

계속해서 루도피는 다음과 같은 사실을 지적하여, 나의 주의를 끌었다.

괴테는 20세 때부터 명성을 떨치는 천재적인 재능을 보여 주었지만, 그는 이 명성에 도취하거나 만족하지 않고 더욱 가치 있는 일을 이루어 보겠다고 결심하였다. 그리하여 23세 때에는 《파우스트》의 저작에 착수하였다.

당시 독일에는 괴테 이외에 윈랜드와 렌스라는 천재적 시인이 있었다. 그러나 오늘날에는 이들을 아는 사람은 독일문학 연구가 중에서도 극히 드물다.

윈랜드와 렌스의 천재적인 재능은 괴테에 비해 조금도 뒤떨어지지 않았다. 그럼에도 불구하고 그들은 왜 잊혀졌을까? 그것은 그들이 괴테만큼 진지하지 못했고 열정적이지 않았으며, 또한 괴테만큼 간절히 바라지 않았기 때문이다.

한 사람은 연애사건에 휘말리고, 또 한 사람은 사업으로 목적을 바꿨다. 그러나 괴테는 온갖 어려움을 굳건히 참아, 마침내 그 보람을 얻었다. 그는 그 천부적인 재능을 갈고 닦아 더한층 발전시켰으며, 온 심혈을 기울여 사색을 하는 한편 문학의 탐구에 열정을 불태웠다. 그리고 더 나아가 인간과 자연과학의 연구에 힘썼던 것이다.

천재는 뛰어난 천부적 재능을 가지고도 쉬지 않고 노력하는 사람을 말한다.

굳게 참고 견디어 노력하는 것, 이것이 천재이다. 천재의 성공 뒤에는 반드시 능력을 연마하기 위한 각고의 노력이 밑거름이 되어 있다.

🏵️

열정과 집중

나는 전에 뉴저지의 멘로우파크에 있는 토마스 에디슨의 연구실을 종종 둘러보았다. 그러던 어느 날 조수 한 사람이 에디슨이 원통형 축음기 발명에 몰두하고 있을 당시에 사용하던 침대를 보여 주었다.

그 조수는 이 침대야말로 에디슨의 성격과 일하는 태도의 상징이라고 설명하였다. 에디슨은 밤낮 가리지 않고 연구하다가 못 견디게 피곤해지면, 이 침대에 드러누워 잠시 눈을 붙여 피로를 풀고 또 일에 매달렸다는 것이다.

그러나 이것은 보통 사람이 일하는 태도가 아니다. 그들은 피곤해지면, 일단 멈추고 집에 돌아가서 8시간이나 혹은 그 이상의 수면을 취한다.

그러나 에디슨은 전심전력을 다하여 자기의 일에 몰두하였던 것이다. 보통 사람으로서는 도저히 불가능한 노력이 있음으로써, 천재는 어느 정도 광인에 가깝다고 세상 사람들은 말한다. 그러나 나는 이러한 표현을 다른 말로 해명하고 싶다.

천재는 우선 그 성장 과정에서 비범한 정신 집중력을 갖게 된다. 그 비범한 집중력과 일의 목적에 대한 열성에 의해서 천재는 하루나 1년이나, 아니면 10년이나 단 한 번의 곁눈질도 없이 오직 한 가지의 목적에 열중한다. 즉, 신들림의 상태에까지 이르는 것이다. 이것은 보통 사람의 눈에는 어딘가 미친 것처럼 보이지만, 실상은 그렇지 않다. 다시 말해서 매우 건전한 정신작용일 뿐이다.

위인에 대한 신비한 이야기들을 부정하는 우상파괴자가 간혹 있다. 예를 들면 뉴턴이 사과가 떨어지는 것을 보고 영감을 얻었다는 이야기를 부정하려는 사람들이다.

이 뉴턴의 이야기는 역사적으로는 하나의 신비적인 전설로 받아들여질지는 몰라도, 심리학적인 근거에서 볼 때는 명백한 진실로 인정할 수밖에 없다.

즉, 이 전설은 하나의 커다란 정신작용을 말한다. 어떠한 암시를 지닌 일들이 1년 내내 일어나고 있지만, 어떤 투철한 목적의식을 가지고 지적 준비를 한 사람이 아니면 그 암시를 풀이할 수 없다.

몸과 마음이 어떤 하나의 목적을 향하여 집중 훈련되면, 때때로 신비한 영감을 경험한다. 이것은 누구에게나 있을 수 있는 일이다. 이러한 영감이 천재의 사업 가운데에도 나타나는 것이며, 그것이 놀라운 결과를 남기기 때문에 영감이라는 표현이 적합해진다.

천재는 이같이 끝없는 열정과 집중력 외에 하나의 신념을 가지고 있다. 즉, 자기의 사명과 능력에 대한 신념은 천재의 뚜렷한 특징이다.

천재란 공상을 실현하는 사람이다. 자기에게 맡겨진 숙명을 바라보고, 천부적인 재능을 더욱 연마하여 발전시키는 데 정진한다. 그리고 발달과 변천의 여러 단계를 지나, 마침내 그 공상을 현실화하는 능력을 획득한다.

천재라고 해서 두뇌가 보통 사람과 별다른 작용을 하는, 괴물 같은 존재는 아니다. 예컨대 마술사가 모자 속에서 비둘기나 토끼가 튀어나오게 하는 것처럼, 대기업이나 대발명이나 대예술품 등을 갑자기 끄집어낼 수 있는 것은 아니다.

그러나 천재의 공통적인 특징으로서 보통 사람에게 없는 것이 또 하나 있는데, 그것이야말로 천재에게 진정한 천재로서의 구실을 하게 하는 것이라고 할 수 있다.

그것은 천재의 생애를 잘 살펴보면 알 수가 있다. 즉, 천재들은 자기 스스로 뜻있는 목표를 붙잡는다는 것이다.

그리고 그 목표에 도달하기 위하여 배우며 노력한다. 쉬지 않고 부지런히 실패와 승리의 고투를 거듭하며 꾸준히 나아가, 자기의 내부에 있는 힘을 단련한다. 건강할 때나 그렇지 못할 때나, 또 슬플 때나 기쁠 때나 그들은 과감히 행동하여 일을 맞아들인다. 이와 같이 자기의 꿈을 현실로 만드는 힘은 자기 자신의 내부에 있으며, 이것을 단련함으로써 그 힘을 반드시 자기 것으로 할 수 있는 신념을 잃지 않는다.

천재의 일곱 가지 특징

천재의 일곱 가지 특징을 열거해 보자.

1. 천재는 천부적인 재능을 가지고 있다. 그것이 인생의 초기부터 현저하게 나타난다.

2. 천재는 해야 할 일을 자기 자신이 발견한다.

3. 천재는 자신의 성격의 경향과 성능을 단련하여 최고도로 발전시킨다.

4. 천재는 능력을 활용하는 데 끊임없이 노력한다.

5 천재는 어떠한 경우에 부딪혀도 그 열정을 잃지 않는다.

6. 천재는 직감적인 통찰력, 즉 영감을 얻을 수 있을 만큼의 정력과 두뇌를 집중적으로 사용한다.

7. 천재는 목표 달성에 필요한 대가를 치르며, 반드시 목적을 이룰 수 있다는 신념을 잃지 않는다.

이 일곱 가지 특징은 모든 위인들의 공통점이다. 다만 그들에게 나타나는 차이는 정도와 강도의 차이에 지나지 않는다.

우리들은 천재적인 뛰어난 재능을 바랄 수는 없을지라도, 각자가 자기의 환경과 능력의 범위 내에서 천재들이 사용한 방법을 활용할 수는 있다. 그들이 사용한 것을 우리들이 사용해서는 안 될 이유는 없다.

천부적으로 타고난 재능이 없기 때문에, 자기의 목적을 이루지 못한다는 것은 잘못된 생각이다. 실패를 겪는 원인은 참을성과 노력의 부족 때문이다.

즉, 안일하거나 앞날을 두려워해서 그대로 주저앉아 정지해 버리기 때문이다. 이런 사람에게 어떻게 승리가 찾아올 수 있겠는가?

대제국 건설의 꿈을 실현한 사람, 거부의 꿈을 실현한 사람, 대기업·대예술의 꿈을 실현한 사람, 벽촌의 물방앗간 옆에 물고기 양식장을 건설한 사람 등등 모든 위인들은 험난한 행로를 개척하고 돌파하여 극복하지 않고서는 자신의 꿈을 실현할 수가 없었다.

공상을 현실화하는 것은 모험의 과정인 동시에, 깊은 생각의 과정이다.

이러한 과정을 당신의 지식과 훈련과 기술을 충분히 연마한 후에 인생 관리의 올바른 방법에 따라 수행할 때, 당신의 삶은 실로 놀라운 행운과 행복으로 가득 찰 수 있게 된다.

이것은 당신의 힘으로 훌륭히 해낼 수 있는 일이다.

제 15 장
타인의 비판을 받아들여라

1929년 교육계를 뒤흔들어 놓은 대사건이 일어나서 이것을 구경하기 위해 많은 학자들이 시카고로 모여든 일이 있었다.

로버트 허친스라는 청년이 사환·나무꾼·가정교사·빨래줄 장수 같은 직업에 종사하면서 예일 대학을 마친 뒤 그로부터 겨우 8년이 지난 어느 날 미국에서 일류 대학으로 손꼽히는 시카고 대학의 학장으로 취임하였던 것이다. 그의 나이는 겨우 30세! 참으로 믿을 수 없는 일이었다.

나이 많은 교육가들은 머리를 내둘렀고 비판의 소리는 '기이한 청년'의 머리 위에 화살같이 쏟아졌다. 청년의 과거가 보잘것없으며 나이도 너무 젊고 경험이 없을 뿐만 아니라, 교육에는 아무런 주관이 없다는 것이었다. 신문사설까지도 그를 공격했다.

그가 학장으로 취임하는 날, 어떤 친구가 허친스의 아버지에게 신문 사설에서 당신의 아들을 비난한 것을 보고 퍽 놀랐노라고 말하자, 늙은 아버지는 이렇게 대답하였다.

"글쎄올시다. 좀 심한 비난이더군요. 그러나 죽은 개를 걷어차는 사람은 없다는 말을 생각해 봅시다."

그렇다. 개가 중요하면 중요할수록 사람들은 그 개를 걷어차는 데 더욱 만족을 느낀다.

에드워드 8세(원저 공)이자 젊은 시절의 프린스 오브 웰즈도 역시 엉덩이를 발로 걷어채인 일이 있었다. 당시의 영국 디본샤이어에 있는 해군 학교에서 장교 한 사람이 왕자가 울고 있는 것을 보고 이유를 물었다.

왕자는 입을 굳게 다물고 있다가 끝내는 학생들에게 발길로 걷어채였다고 말했다. 교관은 학생들을 한자리에 모아놓고 무슨 까닭으로 왕자에게 험한 장난을 하였는지 물었다.

학생들은 한참 동안 머뭇거리다가, 자기들이 후일 영국의 해군 장교가 되었을 때 왕을 걷어찼다는 것을 자랑하고 싶었다고 말하였다.

그러므로 당신이 남에게 걷어채이거나 비난을 받을 때는, 당신에게 한 행동이 다른 사람에게는 매우 중요하다고 생각되었기 때문임을 기억하라. 사람들 중에는 자기보다 학식이 높고 성공한 사람을 비난함으로써 야비한 만족을 느끼는 사람이 많다.

예를 들면 어떤 여자는 윌리암 부드 대장을 칭송하는 방송을 듣고, 부드 대장이 가난한 사람을 돕는다는 명목으로 800만 달러를 횡령했다는 비난의 편지를 보내왔다. 물론 그것은 당찮은 비난이

다. 그러나 이 여자는 사실을 조사해 보지도 않고 다만 자기보다
나은 사람을 헐뜯는 것으로써 저급한 만족감을 느끼려고 했다.

나는 혹독한 그 편지를 쓰레기통에 넣어 버리고 전능하신 하느
님께 내가 그러한 여자와 결혼하지 않은 것을 감사하였다. 그 여자
의 편지는 부드 대장의 비리에 대해 전혀 언급하지 않은 채 오로
지 다만 자기 자신이 어떠한 사람이라는 것을 밝혔을 뿐이다.

쇼펜하우어는 이렇게 말하였다.

"저속한 인간은 훌륭한 사람의 결점과 실수에 매우 큰 홍미를 느
낀다."

예일 대학의 학장을 저속한 인간으로 생각하는 사람은 아마도
없을 것이다. 그러나 전 예일 대학장 티모시 드와이트는 미국 대통
령 후보를 비난함으로써 큰 만족을 느낀 일이 있었다.

학장은 그를 비난하면서, 만일 그 인간이 대통령에 당선된다면
'우리는 아내와 딸이 법적으로 매춘부가 되어 창피를 당하고 보기
좋게 몸을 더럽히는 꼴을 볼 것이다. 그는 도덕과 예의를 모르고
하느님과 인간을 미워하는 자이다'라고 경고하였다.

마치 히틀러를 비난하는 말같이 들리지만 토마스 제퍼슨을 겨냥
한 것이다. 독립 선언서를 쓴 민주주의 수호신인 바로 그 사람을
당신은 위선자·사기꾼 또는 살인자보다 조금 나은 인간이라고 과
연 비난할 수 있는가?

한 신문의 만화는 단두대 위에 그를 세우고 큰 칼로 목을 자르
는 장면을 그렸으며, 군중은 그가 말을 타고 거리를 지날 때마다
조소하며 혀를 찼다. 그러면 이것이 누구였던가? 그는 바로 조지

워싱턴이었다.

다음은 피어리 제독의 실례를 살펴보자. 피어리 제독은 과거 수세기에 걸쳐 많은 탐험가들이 갖은 곤란과 기아를 무릅쓰고 도달하려다 실패한 북극땅에 1909년 4월 6일, 개가 끄는 썰매를 타고 도착하여 온 세계를 경탄과 흥분에 휩쓸어 넣었던 탐험가이다.

그는 추위와 굶주림으로 생사를 넘나들었고, 발가락은 얼어서 8개나 자르게 되었으며 참을 수 없는 고통으로 정신 이상이 생길까 염려할 정도였다. 그러나 워싱턴에 있는 그의 해군 선배들은 피어리 제독에 대한 인기와 갈채를 시기하여, 피어리 제독이 과학적 탐험을 핑계로 돈을 모아 북극땅에서 놀고 있다고 모함하였다.

그들은 아마 마음속으로는 피어리 제독의 성공을 믿었을 것이다. 그래서 얼마 후에야 겨우 맥킨레이 대통령의 명령으로 그는 북극에서의 활동을 계속할 수가 있었던 것이다.

피어리 제독이 만일 북극을 향하지 않고 워싱턴 해군성에서 일했더라면 그러한 비난을 받았을까? 그때는 그가 남의 질투를 살만큼 중요한 인물이 못 되었을 것이다.

그랜트 장군은 피어리 제독보다도 더 나쁜 경험을 하였다. 1862년에 그는 북군측으로서는 처음으로 큰 승리를 거두었다. 이 승리는 저녁에 이루어져 그랜트 장군은 하룻밤 사이에 국민의 우상이 되었다. 이 소식은 저 멀리 유럽에까지 굉장한 반향을 일으켰으며, 교회의 종이 울리고 메인 주에서부터 미시시피 강가까지 횃불이 켜졌다.

그러나 이러한 큰 승리가 있은 지 겨우 6주만에 북부의 영웅인 그랜트 장군은 체포당하고 군대를 빼앗겼다. 그는 굴욕과 절망으로 통곡하였다.

그러면 왜 미국의 영웅 그랜트 장군이 승리의 물결 속에서 체포를 당하였나? 그의 성공이 거만한 상관들의 질투를 사고 시기심을 자극하였기 때문이다.

만약 당신이 부당한 비판에 마음이 움직일 때는 다음과 같은 첫 번째의 법칙을 읽어 보라.

"부당한 비판은 표현 형식을 달리한 칭찬이라는 것을 기억하라. 죽은 개를 걷어차는 사람은 없다는 말을 기억하라."

비난을 피하는 방법

나는 '늙은 송곳구멍' 또는 '늙은 지옥귀신 버틀러'라는 별명을 가진 시메틀레이 버틀러 소장을 만난 일이 있다. 그는 일찍이 미국 해병단을 지휘하던 쾌활하고 호언장담을 잘 하던 장군이었다.

그는 나에게 어린 시절 자신은 남의 인기를 끌려고 무척 애썼으며, 누구에게나 좋은 인상을 주기 위해 노력하였다고 말하였다. 따라서 그는 당시에 대수롭지 않은 비판에도 화를 내곤 했다. 그러나 30여 년간 해병대에 있는 동안, 자기의 얼굴 가죽이 꽤 두꺼워졌노라고 고백하면서 이렇게 말하였다.

"나는 그 동안 꾸지람과 모욕도 많이 당하였으며 노랑개·독사·스컹크라는 악담까지도 들었소. 나는 전문가의 나쁜 비평도 받았을 뿐만 아니라, 차마 입에 담기 어려운 흉악한 욕설을 들어 왔소. 그러면 내가 그것 때문에 무슨 걱정 근심을 하였느냐? 천만에! 나는 지금 누가 뭐라 욕해도 고개 하나 까딱하지 않소."

물론 늙은 송곳구멍인 버틀러 장군은 남의 비판에 너무 무관심하였을지도 모른다. 그러나 한 가지만은 확실하다. 즉, 우리는 대개 조그마한 악담을 너무 심각히 생각한다는 것이다.

몇 해 전 《뉴욕 선》지(紙)의 기자가 나의 성인 교육반 전시회를 보고, 나와 나의 사업을 조롱하는 기사를 썼다. 나는 개인적인 인신공격으로 생각하고 무척 분개하였다. 그리고 곧바로 집행위원장인 길호치스 씨에게 전화를 걸어 신문 사설에 남을 조롱하는 글을 쓰지 말고 사실 그대로 기록하라고 요구하면서 당한 만큼 복수를 하리라 결심하였다.

그러나 지금은 그때 취한 행동을 부끄럽게 생각한다. 나는 그 신문을 산 사람들이 절반은 그 기사를 읽지도 않았고, 읽었다 해도 한낱 장난으로 치부할 뿐이었으며, 또 혹시 그 중에 흥미를 가지고 읽은 사람들도 며칠 안 되서 잊어버리고 말았으리라는 것을 깨달았다.

나는 모든 사람들이 남의 말에 그리 관심이 없다는 것을 지금에야 알게 되었다. 사람들은 자기 자신에 관한 것만을 생각하고 있다. 그들은 당신이나 내가 죽었다는 소식보다도 자신의 하찮은 감기가 몇 배나 더 중요하게 생각한다.

어느 누가 당신이나 나에 대해 모함하고 조소하고 배반하며, 또는 가장 친한 친구가 우리를 팔아먹는 일이 있다 하더라도 절대로 자기 자신을 가엾게 여겨서는 안 된다. 오히려 우리는 그와 똑같은 일이 예수에게도 있었다는 것을 상기하는 것이 좋다.

예수의 열두 제자 중 하나가 돈으로 환산하여 19달러밖에 안 되는 뇌물을 받고 반역자가 되었으며, 다른 한 명은 예수를 전혀 모른다고 세 번이나 부인하였고 맹세까지 하였다. 6명 중에 한 사람의 배반! 이것이 예수에게 있었던 일이다. 어떻게 당신과 내가 예수보다 낫기를 바랄 수 있는가?

나는 몇 해 전에 부당한 비판의 처리방법을 깨닫게 되었다. 비판을 무시하되, 오직 부당한 비판만을 무시하라는 것이다. 나는 엘리너 루스벨트에게 부당한 비판의 처리방법을 물은 일이 있다. 루스벨트 여사가 많은 비판을 받은 것은 누구나 다 아는 사실이다. 이 부인이야말로 아마 백악관에서 생활한 다른 어떤 사람보다도 열렬한 친구와 맹렬한 적을 동시에 많이 가졌던 사람일 것이다.

부인은 자기가 어렸을 때 거의 병적으로 수줍음을 탔으며 남의 비판을 너무 무서워하였기 때문에, 자기 백모인 데오돌 루스벨트의 누이에게 상의하였다.

"아주머니, 나는 이런 일을 하고 싶은데 남이 뭐라고 할까 봐 겁이 납니다."

데오돌 루스벨트의 누이는 엘리너 루스벨트의 눈을 한참 동안 들여다본 후,

"네 마음에 옳다고 생각되는 한, 누가 뭐라 하든지 염려 말아라."
고 말하였다.

엘리너 루스벨트는 그 말 한마디가, 백악관에 있는 동안 지브롤

터의 바위와 같은 무게 있는 역할을 해 주었다고 고백했다. 그녀는 모든 비판을 피할 수 있는 방법은 튼튼한 질그릇 같은 인간이 되어 조금도 움직이지 않는 것이라고 말하였다. '하여간 남의 비판은 항상 있을 것이므로 자기가 옳다고 생각하는 일을 하라.' 이것이 그녀의 충고였다.

고(故) 매듀 C. 그러슈가 월가 40번지에 있는 아메리칸 인터내셔널 회사의 사장으로 있을 때, 혹 남의 비판에 신경과민이 되어 본 일이 있느냐고 물었더니 이렇게 대답하였다.

"네, 있습니다. 나는 처음에는 무척 신경이 예민하였고 내가 경영하는 회사의 모든 근로자들이 나를 완전한 인간으로 알아주기를 바랐으며, 그렇지 않을 때는 기분이 좋지 못했어요. 그래서 나를 적대시하는 사람의 호감을 사려고 애썼습니다. 그러나 내가 그런 사람과 사이좋게 지내려는 것이 도리어 다른 사람의 불만을 샀습니다.

그래서 또 이 사람과 보조를 맞추려고 하면 이제는 다른 사람들이 힘담을 늘어놓곤 하였습니다. 결국 개인적 비판을 피하기 위하여 남의 기분을 부드럽게 하려고 애를 쓰면 쓸수록, 그만큼 적이 더 많아진다는 것을 깨달았습니다.

그리하여 마침내 나는 자신에게 '네가 만일 여러 사람 위로 높이 머리를 내놓는다면 너는 반드시 남의 비판을 받을 것이다. 그러므로 너는 네 자신의 의견을 따르도록 하라'고 말하였습니다. 이것은 나를 크게 도와주었습니다. 이때부터 내가 할 수 있는 범위 내에서 최선을 다하고 나에 대한 비판의 비가 나의 목 뒤로 흐르지 않고 우산 위로 굴러 떨어지도록 하기로 작정하였습니다."

담스 테일러는 이보다 한 걸음 더 나아가, 비판의 비를 그대로 목 뒤에 흐르게 하고 대중 앞에서 껄껄 웃어버리는 것으로써 해결했다.

그가 일요일 저녁방송에서 뉴욕 필하모니 심포니의 해설을 하고 있을 때, 어떤 부인이 그에게 편지를 보내어 거짓말쟁이·반역자·독사·바보라고 비난하였다. 테일러는 그의 《사람과 음악》이라는 저서에서 '나는 그 여자가 자기 자신이 말한 것을 아무렇지도 않게 생각하는지 무척 의심스러웠다'라고 기록하였다.

그녀는 그 다음 주 방송에도 역시 똑같은 내용의 편지를 부쳐왔다. 나는 자기에 대한 비판을 이처럼 능수능란하게 처리하는 테일러의 침착성과 움직임 없는 태도 그리고 낙천적인 성격에 탄복하는 바이다.

찰스 슈와브가 프리스턴 대학에서 강연할 때 이렇게 말했다. 자기가 경영하는 제철소에서 일하던 한 늙은 독일인에게 인생을 살아가는 데 제일 중요한 교훈을 배웠다고.

그 늙은 독일인은 다른 동료들과 전쟁에 대한 열렬한 토론을 하고 있었는데, 동료들이 그를 개천 속에 내동댕이쳤다. 슈와브 씨는 이렇게 말하였다.

"그 독일인이 물에 젖고 흙투성이가 되어 나의 사무실로 찾아왔을 때, 당신을 내동댕이친 사람들에게 뭐라고 말하였느냐고 물었더니 그는 그냥 웃어버렸다고 대답하더군요."

이 방법은 당신이 부당한 비판을 받았을 때 사용하면 특히 좋다. 당신 역시 당신에게 말대꾸하는 사람에게는 맞대응할 수 있으나, 웃어버리는 사람에게는 아무 말도 할 수 없을 것이다.

링컨이 만일 자기에게 퍼부어지는 모든 무서운 비난에 대답하는 방법을 알지 못하였다면 남북전쟁에서 자멸하고 말았을 것이다. 그가 자기를 비판하는 자에게 말한 몇 마디 말은 오늘날 명언이 되었고, 맥아더 장군은 그 글귀를 써서 자기 사령부에 걸어 놓았으며, 윈스턴 처칠도 자신의 서재에 걸어 놓았었다.

그 글귀는 이러하다.

'내가 만일 나에 대한 모든 공격의 말을 읽는다든가 더구나 대답을 하려 한다면, 나는 이 상점의 문을 닫고 다른 장사를 시작해야 할 것이다. 나는 내가 아는 가장 좋은 일을 하고 있다. 나는 끝까지 그렇게 해나갈 것이다. 그러나 만일 결과가 나쁘다면 10명의 천사가 내가 옳다고 하더라도 아무 소용이 없을 것이다.'

당신과 내가 부당한 비판을 받을 때는 다음과 같은 제2의 법칙을 기억하자.

'할 수 있는 가장 좋은 일을 하라. 그리고 우산을 써서 비판의 비가 목 뒤로 흘러내리지 않도록 하라.'

자기반성의 기회를 가져라

나는 '내가 잘못한 일(Fool Things I Have Done)'을 약자로 《FID》

라는 제목의 책을 여러 중요한 서류와 함께 보관하고 있다. 그 책
속엔 내가 잘못한 모든 일이 기록되어 있다. 나는 가끔 비서에게
타이핑하도록 했으나, 그 중에는 개인적인 문제도 있어서 거의 내
가 쓰고 있다.

지금도 15년 전에 기록해 둔 나에 대한 비판을 들추어보곤 한다.
나는 역사 속의 사울왕이 '나는 어리석고 잘못한 일이 너무나도 많
다'고 말한 진리를 다시 한 번 말하고 싶다.

나는 《FID》를 꺼내 놓고 다시 읽어봄으로써, 앞으로 닥칠 제일
어려운 문제, 즉 나의 사업에 관해 큰 도움을 받고 있다. 전에는
나의 곤란을 남의 탓으로만 돌렸었다. 그러나 세상을 살아가면서
과거에 있던 나의 모든 불행이 결국은 내 자신 탓이라는 것을 깨
달았다. 수많은 사람들도 점점 성장함에 따라 이것을 깨달았다. 나
폴레옹은 세인트 헬레나에서 이렇게 말하였다.

"나의 실패에 책임을 질 사람은 내 자신 이외에 아무도 없다. 내
자신이 바로 나의 큰 적이요, 비참한 운명의 원인이다."

다음은 자립할 때까지 화가로 있었던 H. P 하우웰의 이야기이다.
그가 1944년 7월 31일, 뉴욕에 있는 엠버서드 호텔의 다방에서 급
사하였다는 소식이 전국에 보도되자 세상은 크게 떠들썩했다.

왜냐하면 그는 미국 재계의 지도자였고, 월가 56번지에 있는 커
머셜 내셔널 뱅크 앨드트러스트 회사의 회장인 동시에 다른 여러
계열회사의 중역이었기 때문이다. 그는 정식교육은 조금밖에 받지
못했으나 시골 상점의 서기로 사회에 나온 후, 미국 강철회사의 신
용과장이 되었다가 차차 지위와 권력을 잡게 되었다.

하우웰 씨는 그의 성공 원인을 이렇게 말하였다.

"나는 여러 해 동안 하루하루 해야 할 일을 기록할 업무일지를 만들었습니다. 나의 가족은 일요일 저녁에는 절대로 나 혼자 있도록 배려해 주었습니다. 왜냐하면 그들은 내가 토요일마다 반드시 그 주에 실행한 일을 검토하며, 반성과 평가를 한다는 것을 알고 있었기 때문입니다.

나는 식사가 끝난 후에 홀로 앉아서 업무일지를 펴놓고 그 주에 있었던 모든 면회와 토론과 회의를 생각하며, 무엇이 잘못 되었는지, 개선할 점은 무엇인지 등을 자신에게 질문해 보았습니다.

그러한 반성을 통해 어리석은 경우와 실수에 대하여 스스로 놀란 적도 많았습니다. 물론 세월이 지나감에 따라 그러한 과실이 점점 줄었고 이와같이 여러 해 동안 자기반성을 통해 큰 이익을 얻었습니다."

아마 H. P 하우웰은 이러한 생각을 프랭클린에게 배웠을지도 모른다. 다만 프랭클린은 토요일까지 기다리지 않고, 매일 저녁 철저한 자기 반성을 하였다. 그는 한때 13개의 중대한 과실을 발견한 일이 있었는데, 그 중 세 가지는 시간을 낭비한 것과 사소한 일을 걱정한 것 그리고 다른 사람들과 논쟁하고 그들의 의견에 반박한 것이었다.

현명하고 노련한 프랭클린은 그와 같은 자기의 결점을 없애지 않으면 성공하지 못한다는 것을 깨달았다. 그리하여 그는 결점 중의 하나를 골라 1주일 동안 씨름을 하였다. 그리하여 그날그날의 격렬한 내기에서 누가 승리를 하였는가를 기록하여 두었다.

그리고 다음 주일에는 또 다른 나쁜 습관을 골라 그것을 상대로 맹렬하게 싸우곤 하였다. 프랭클린은 매주일 자기 결점과 싸우기를 2년 동안 계속하였다.

미국이 낳은 인물 중에서 프랭클린이 가장 많이 사랑을 받고, 또 가장 큰 감화를 끼치게 된 것도 우연한 일이 아니다.

알버트 하버드는 말하였다.

"어느 누구나 적어도 매일 5분 정도의 어리석은 짓을 하는데 이 한도를 넘지 않으면 어진 사람이 된다."

마음이 용렬한 사람은 작은 비판에도 성을 벌컥 내지만, 현명한 사람은 자기를 비난하고 꾸짖으며 싸우려 하는 사람에게서도 무엇인가를 배우려고 노력한다. 휘트먼은 이렇게 표현하였다.

"그대는 그대를 칭찬하고 그대에게 상냥하게 대하며 언제나 그대의 편을 드는 사람에게서만 교훈을 받았는가? 혹 그대를 반대하고 공격하며 싸우려 하는 사람에게서 큰 교훈을 배운 적은 한번도 없는가?"

당신의 적이 당신의 사업을 비판하기 전에, 거기에 대한 예방을 해야 한다. 당신은 당신 자신에 대하여 가장 혹독한 비평가가 되어야 하고, 당신의 적이 한 마디의 말을 하기 전에 당신 자신이 당신의 모든 결점을 발견하여 이것을 고쳐야 한다.

찰스 다윈은 15년 동안이나 자기 비판을 하였다. 다윈이 그의 불후의 저서 《종의 기원》의 원고를 작성하였을 때, 이 혁명적인 사상이 지식층이나 종교계를 놀라게 할 것이라고 생각하였다. 그리하여 그는 자기 자신의 비평가가 되어, 다시 15년간을 허비하면서 자료를 조사하고 이론을 전개시키며 결론을 비판하여 보았던 것이다.

만일 누가 당신을 어리석은 사람이라고 비난한다면 당신은 어떻게 할 것인가? 화를 내고 분개할 것인가?

링컨의 실례를 살펴보자. 국방장관이었던 에드워드 M. 스탠톤이 링컨을 어리석은 사람이라고 평한 일이 있었다. 링컨은 어떤 이기적인 정치가의 환심을 사기 위하여 모 군부대를 다른 곳으로 옮기라는 명령에 서명하였다. 스탠톤은 링컨의 간섭에 분개하였으며 명령을 거부하였을 뿐만 아니라, 그 명령을 내린 링컨을 어리석은 자라고 비난했다. 스탠톤의 말을 들은 링컨이 침착한 어조로 이렇게 말했다.

"만일 스탠톤이 나를 어리석은 자라고 불렀다면 나는 그러한 인간임에 틀림없을 것이다. 왜냐하면 그의 의견은 언제나 대체로 옳기 때문이다. 나는 직접 그를 찾아가 만나보기로 하겠다."

그리하여 링컨은 스탠톤을 찾아갔다. 스탠톤은 링컨에게 그 명령이 옳지 않음을 여러 가지 예를 들어 설명하였다. 링컨은 그의 말을 듣고 자신의 명령을 취소하였다. 링컨은 자신에 대한 비판이 진실하고 학문적 기초를 바탕으로 하여, 협조의 정신에서 우러나온 것이라면 언제나 환영하였다.

우리들도 역시 그와 같은 비판을 환영해야 할 것이다. 왜냐하면 우리의 의견이 90퍼센트 이상 옳기를 바랄 수가 없기 때문이다. 루스벨트도 백악관에 있을 때에 그렇게 되기를 희망하였다. 영원한 사상가인 아인슈타인은 자기가 결론을 내릴 때, 99퍼센트는 잘못된 것이라고 말하였다.

라 로쉐포콜드는 말하였다.

"상대의 의견은 우리 자신의 의견보다 훨씬 진실성이 있다."

나는 이 말이 옳다고 생각한다. 그러나 누가 나를 비판하려 할 때 스스로 주의하지 않는다면, 비판하는 사람이 장차 무엇을 말할 것인지를 조금도 생각하지 않고 즉시 자동적으로 방어 태세를 취하기 쉽기 때문이다. 비판이 옳든 그르든간에 누구나 비판을 싫어하고 칭찬을 좋아한다.

인간은 감정의 동물이다. 우리의 이성은 마치 깊고 어둡고 험한 감정의 물결 위에 떠도는 닥나무 껍질과 같은 것이다.

비평하는 소리가 들리면 자신을 방어하려고 너무 애쓰지 말라. 어리석은 자는 누구나 남을 나쁘게 말하는 것이다. 침착하고 겸손한 태도로 명랑한 기분을 가져라!

"나를 비판하는 사람이 만일 내가 가진 다른 모든 결점을 전부 알았다면, 그보다 훨씬 더한 비판을 하였을 것이다."

라고 말함으로써 비판자를 무색하게 하는 동시에 자기의 인품을 돋보이도록 하자.

앞에 서술한 것에서 나는 우리가 부당하게 받는 비난의 처리방법을 말했으나, 그와 다른 또 한 가지 방법이 있다. 즉, 당신이 부당한 비난을 받고 노여운 생각이 날 때는 잠시 마음을 진정하고 이렇게 말하여 보라.

"내가 완전무결할 리는 없지. 아인슈타인이 그의 결론에 있어서 99퍼센트나 잘못된 것을 인정한다면, 나의 잘못은 적어도 80퍼센트쯤은 될 것이다. 그러므로 내가 이러한 비판을 감사히 생각해야 되리라."

 렙시던트 회사 사장인 찰스 록크만은 보브 호프의 방송 출연을 위하여 매년 백만 달러를 사용하고 있는데, 방송 편성을 칭찬한 편지는 보지 말고 비판한 편지만 보라고 지시했었다. 비판을 통해서 많은 것을 배울 수 있다는 것을 알고 있었기 때문이다.

 포드는 그의 회사 경영에 무슨 잘못이 있는가를 알아보기 위하여 사원들에게 투표도 시켜보고, 또 그들을 초대하여 회사를 비판하는 분위기를 만들어 주었다.

 또한 비누회사 외판원으로 있던 H. E 릿들은 항상 남의 비판을 들으러 다녔다. 그가 콜게이트 회사의 비누를 팔러 다닐 때는 주문이 적었기 때문에 직업을 잃을까 염려하였었다. 그는 비누와 가격에 아무런 결점이 없는 만큼 모든 과실은 자기에게 있다고 생각하였다.

 그리하여 실적이 나쁠 때면 거리를 돌아다니며 무엇이 잘못되었는가를 조사하곤 하였다. 그는 가끔 비누를 파는 판매처에 찾아가서 이렇게 말하곤 하였다.

 "내가 당신을 찾아온 것은 비누를 팔러 온 것이 아니고, 당신의 충고와 비판을 듣기 위함입니다. 내가 비누를 팔 때 무슨 잘못이 있었는지 말씀하여 주십시오 당신은 나보다 훨씬 경험이 많고 성공한 분이니, 부디 당신의 비판을 들려주십시오 조금도 꺼리지 말고 솔직히 말씀하여 주십시오."

 이 같은 태도로 그는 많은 친구와 귀중한 충고를 얻었다. 그리하여 그는 오늘날 세계적으로 제일 큰 비누제조 회사인 콜게이트 팔

모라이브 피트 비누회사의 사장이 되었다.

H. P 하우웰, 프랭클린, H. E 릿들은 대단한 인물들이다. 이제 당신은 남이 안 보는 곳에서 거울을 들여다보고, 당신이 이 위대한 인물들 틈에 낄 수 있는가를 자문해 보라. 그리고 남의 비판을 듣고 싶지 않으면 다음과 같은 법칙을 지켜보라.

'잘못한 일을 기록하여 두고 스스로 비판하여 보자. 완전무결을 바랄 수 없는 만큼 H. E 릿들이 한 것처럼 건설적인 남의 비판을 용감하게 물어보자.'

제 16 장
자신감을 갖는 방법

우리의 생활을 가치 있는 행동과 감정에, 또는 위대한 사랑과 진정한 애정과 영원한 사업에 바치기로 하자. 인생은 작게 살기에는 너무도 짧다.

나는 수년 전에 마리온 J. 더글라스(그가 개인 사정으로 자기 이름을 발표하지 말라고 부탁하였기 때문에 그의 본명을 쓰지 않았다)가 나의 반 학생으로 있을 때를 아직도 기억하고 있다. 그때 그는 성인교육반에서 경험담 하나를 이야기하였다.

자기 가정에서 두 번씩이나 비극이 일어났다는 이야기였다. 첫번째 비극은 그가 가장 귀여워하던 다섯 살 먹은 딸아이가 죽은 것이었다. 그와 아내는 처음 당하는 이 슬픔을 견딜 수 없었다. 그러나 얼마 후에 또 여자아이를 낳았는데, 닷새가 못 되어 또 죽고 말았다는 것이다.

두 차례에 걸친 이 불행은 그들 부부에게 있어서 너무나 원통한 것이었다. 그는 어쩔 줄 몰라 먹지도, 잠도 못 자고 쉬지도 못했다. 신경은 극도로 흥분되었고 모든 일에 자신이 없어져서, 마침내 의사를 찾아갔다. 어떤 의사는 수면제를 권하고 또 어떤 의사는 여행을 권하였다. 그는 이 두 가지를 다 시험해 보았으나 하나도 효과가 없었다.

"나는 마치 몸이 수레 틈에 낀 것 같았고 수레바퀴가 점점 나의 몸을 끌어당기는 듯싶었습니다."

라고 그는 말하였다. 비애에서 오는 긴장……. 당신이 만일 슬픔에 사로잡혔던 경험이 있다면, 그가 말하는 의미를 짐작할 수 있을 것이다.

그러나 다행히 그들에게는 네 살 먹은 아들이 남아 있었다. 그 아이가 결국 그의 문제를 해결하여 주었다. 어느 날 오후, 슬픔에 잠겨 홀로 앉아 있었는데 그 아이가 와서 배를 만들어 달라고 졸랐다. 그는 사실 배를 만들 흥미도 없었을 뿐더러 아무것도 하기가 싫었다. 그러나 아들은 마냥 보채었기 때문에 하는 수 없이 만들어 주기로 하였다.

그 배를 만드는 데 3시간이 걸렸는데, 3시간 동안에 여러 달 경험하지 못하였던 마음의 휴식과 평화를 맛보았다는 것이다. 이와 같은 발견은 그로 하여금 깊은 잠에서 깨어나게 하였다. 그는 바쁠 때는 걱정 근심할 여유가 없다는 것을 알았다. 그는 바쁜 생활을 하기로 결심하였다.

그 이튿날 그는 자기가 해야 할 일거리의 일람표를 작성하였다.

수리해야 할 것이 수십 가지나 있었다. 책상, 계단, 덧문, 창, 문고리, 자물쇠, 새는 물통……. 놀라울 만치 손을 대야 할 일거리가 많아 2주일에 걸쳐 일람표에 써 놓았다.

그 후 2주 동안에 일의 대부분을 끝마쳤으며, 그 후의 생활도 바쁘게 하려고 노력하였다. 즉, 1주일 중 이틀은 뉴욕에 있는 성인교육반에 참가하고 자기가 사는 구역의 공공사업을 돌보았으며, 학교위원회의 회장뿐만 아니라 여러 가지 회의에 참석도 하고, 적십자사 등 여러 기관을 위하여 모금도 하였다. 그 결과, 그는 너무도 바빠서 걱정 근심할 여가가 없어졌다고 고백했다.

걱정 근심할 여가가 없다! 바로 윈스턴 처칠이 전 생애 최고조에 이르렀을 때 말한 것과 똑같은 말이다. 누가 처칠에게 중대한 책임을 맡아 걱정되지 않느냐고 물었을 때, 그는 너무도 바빠서 걱정 근심할 여가가 없노라고 말하였던 것이다.

찰스 카타린도 자동차의 발화기 발명에 착수하였을 때 그와 똑같은 경험을 하였다. 카타린 씨는 그가 최근 은퇴할 때까지 제너럴 모터스 연구협회의 책임자로 있었다.

그러나 그가 연구할 때에는 지극히 가난하여 헛간을 연구실로 사용하였고, 식료품 잡화상을 할 때에는 자기의 아내가 피아노 교습으로 벌어 놓은 1500달러를 사용하였으며, 그 후 자신의 생명 보험금을 저당잡히고 200달러를 차용할 수밖에 없었다. 그의 아내에게 그 당시 근심이 없었느냐고 물었을 때,

"너무 걱정이 되어 잠을 이루지 못할 지경이었습니다. 그러나 남편은 그렇지 않았습니다. 그는 연구에 몰두하였기 때문에 걱정 근

심할 여유가 없었습니다."

라고 대답하였다.

위대한 과학자 파스퇴르는 '도서실과 연구실에서의 평화'라는 말을 하였다. 무슨 이유로 그런 곳에 평화가 있을까? 도서실이나 연구실에 있는 사람은 흔히 자기 일에 너무 골몰하여 걱정 근심할 여유가 없는 까닭이다. 연구하는 사람은 좀처럼 신경쇠약에 걸리지 않는다. 그들은 그 따위 유흥에 몰두할 시간이 없다. 그러면 왜 단순히 바쁘다는 것만으로 그처럼 사람의 근심 걱정을 없애주는 것일까?

그것은 일찍이 심리학에서 발견한 가장 기초적인 법칙에 나타나 있다. 그 법칙이란, 아무리 훌륭한 사람일지라도 일정한 시간에 절대 하나 이상의 생각을 할 수 없다는 것이다. 당신이 만일 이 법칙을 믿을 수 없다면 한번 시험해 보라. 당장 이 자리에서 벽에 기대어 눈을 감고 같은 순간에 자유의 여신상과 당신의 내일 일을 한꺼번에 생각하여 보라.

당신은 두 가지 일을 번갈아서 생각할 수는 있으나, 동시에 두 가지를 생각하지는 못할 것이다. 감정의 영역에 있어서도 이와 똑같은 시간에 걱정 근심으로 어깨가 처져서 흐느적거리는 행동을 취할 수는 없다. 한 개의 감정이 생기면 다른 한 개의 감정은 사라지는 것이 자연의 법칙이다.

이러한 단순한 발견에 의하여 전쟁 중 군부의 정신의학자들은 여러 가지 기적을 행하였다.

즉, 병사가 전쟁터에서 소위 심리적 신경과민이라는 경험에 의하여 충격을 받고 돌아왔을 때는, 군의관들은 그들에게 바쁜 일을 시키는 것으로 처방하였던 것이다.

이와 같은 정신적 충격을 받은 병사들은 깨어 있는 시간 전부를 여러 가지 작업 ——대개 낚시질, 사냥, 축구, 골프, 원예, 무용 따위의 야외 운동 ——에 썼으며, 이로써 그들에게는 지나간 무서운 경험을 생각할 시간이 허락되지 않았던 것이다.

작업요법은 오늘날 일종의 의약처럼 처방에 쓰는 정신병학에서 사용하는 용어이다. 그러나 이것은 결코 새로운 것이 아니요, BC 500년에 고대 그리스의 의사가 이미 주장하였다.

퀘이커 교도는 프랭클린 시대에 필라델피아에서 이 방법을 사용하고 있었다. 1774년에 퀘이커 요양소를 찾았던 사람들은 정신병 환자들이 그곳에서 부지런히 베를 짜는 것을 보고 크게 놀라서, 이 가엾은 환자들이 착취를 당하는 것으로 생각하였다.

그러나 퀘이커 교도는 환자들에게 가벼운 작업을 시킴으로써 실지로 병을 낫게 한다고 설명하였으며, 그렇게 하는 것이 사실 신경을 부드럽게 해 주었다.

어떠한 정신의학자든지 바쁜 일이 병든 신경에 가장 좋은 마취약이라 말한다. 헨리 W. 롱펠로는 아내의 울부짖는 소리를 듣고 빨리 불을 끄려고 했으나, 때가 늦어 아내는 그만 불에 타죽고 말았다.

롱펠로는 이 무서운 경험으로 말미암아 거의 실성할 지경에 이르렀다. 그러나 다행히 그에게는 뒷바라지를 해야 할 세 아이가 있었다. 자기 자신의 슬픔에도 불구하고, 롱펠로는 자녀에게 한꺼번에 아버지와 어머니 노릇을 하게 되었다.

아이들을 데리고 거닐기도 하고 그들에게 이야기도 해 주며, 함께 어울려 놀곤 하였다. 그 경험을 '아이들의 시간'이라는 시로 써서 영원히 남겨 놓았을 뿐만 아니라 '단테'를 번역하였다. 이러한 모든 일이 그를 바쁘게 하여 마음의 평화를 찾게 하였다.

테니슨은 가장 친한 친구 아더 할램을 잃었을 때, '나는 절망 속에 시들기 전에 행동 속에 내 자신을 잊어야 하겠노라'고 말했다.

사람은 대체로 눈코 뜰 새 없이 자기의 일에 열중하고 있을 동안에는 자기 자신을 잊는 것이 그리 어렵지 않다. 그러나 일이 끝났을 때에는 또 위험한 고비가 닥쳐온다. 걱정 근심의 무서운 악마가 찾아오는 것은 여가를 얻을 때이다. 이때부터 장래가 어떻게 될 것인가, 나의 상사가 오늘 나에게 말한 말 속에 무슨 의미가 포함되어 있나, 내가 이렇게 시들어 버리지나 않을까 하는 따위의 의심을 가지기 시작한다.

바쁘지 않을 때는 우리의 마음이 반 진공 상태로 들어간다. 진공에 가장 가까운 실례로는, 백열등의 전구를 깨뜨리면 이론적으로 빈자리에 자연히 공기가 채워지게 된다.

이와 마찬가지로 자연은 또 우리의 빈 마음을 감정으로 채우게 된다. 왜냐하면 원시적 기력과 동적 정력이 걱정과 공포와 증오와 질투와 선망의 여러 가지 감정을 거기에 몰아넣기 때문이다. 그러나 이러한 감정은 우리의 마음에서 모든 평화스럽고 행복한 생각과 정서를 쫓아내는 경향이 있다.

콜롬비아 사범대학 교육과 교수 제임스 L. 머셀은 가장 적절한 표현으로 이렇게 말하였다.

"걱정 근심이 우리를 가장 불안하게 만들 때는 우리가 활동하고 있을 때가 아니고, 오히려 일을 끝낸 다음이다. 이 때 우리의 마음은 혼란을 일으켜 여러 가지 쓸데없는 염려를 하게 되며, 그것을 확대시켜 자칫하면 잘못된 길로 들어가게 된다.

그리하여 우리의 마음이 마치 브레이크를 걸지 않고 달리는 자동차처럼 함부로 달려가다가 베어링을 태우거나 차체를 망가뜨린다. 그러므로 걱정 근심을 고치는 방법은 건설적인 일을 하여 마음을 쉬지 않게 하는 것이다."

전쟁 중에 시카고에서 온 한 부인을 만난 일이 있는데, 걱정 근심을 고치는 방법은 건설적인 일을 하여 마음을 쉬지 않게 하는데 있다는 것을 직접 체험하였다고 말하였다.

나는 이 부인과 그의 남편을 미주리 주의 농장에 갈 때 열차식당에서 만났다. 나는 어떠한 이야기든지 그것을 증명하기 위하여 이름과 주소를 쓰지 않고서는 절대로 실례를 들지 않기로 작정하고 있는데, 이번 경우에 그들의 이름을 적지 못한 것은 참으로 유감스런 일이다.

이 부부는 나에게, 자기 아들이 진주만이 일본으로부터 공격 받은 바로 그 다음날 군대에 들어갔다는 이야기를 하였다. 부인은 외아들을 걱정하여 거의 건강을 해칠 지경에 이르렀다. 자기 아들이 지금 어느 곳에 있을까? 무사할까? 그렇지 않으면 전쟁터에 있을까? 부상을 당했을까? 혹은 죽지나 않았을까?

내가 그 부인에게 어떻게 그 걱정 근심을 극복하였느냐고 물었

을 때,

"그저 나 자신을 바쁘게 하였습니다."

라고 그녀는 대답했다. 그녀는 하녀를 내보낸 뒤 모든 집안일을 직접 처리함으로써 바쁜 생활을 하기로 작정하였다. 그러나 그것은 그다지 효과가 없었다.

그녀는 이어서 이렇게 말하였다.

"걱정되는 것은 머리를 쓰지 않고 거의 기계적으로도 집안일을 할 수 있다는 것이었습니다.

그리하여 나는 잠자리에 들 때나 그릇을 씻을 때 역시 걱정을 하게 되었습니다. 나는 하루의 모든 시간이 정신적으로나 육체적으로나 바쁜 시간이 되도록 새로운 일이 필요하다는 것을 깨달았습니다. 그리하여 어떤 큰 백화점의 판매원직을 얻게 되었습니다. 손님이 모여들어 나를 둘러싸고 물건값과 물건의 크기와 빛깔을 물어보는 통에 나는 그만 일 속에 파묻히게 되었습니다.

나의 눈앞에 있는 일 이외에는 아무것도 생각할 여유가 없었으며, 저녁때가 되면 아픈 다리를 쉬는 것 이외에는 아무 생각도 못하였습니다. 저녁을 먹고 난 다음에는 잠자리에 들어가 곯아떨어지곤 하여 걱정할 시간이 아예 없었지요."

이 부인은 존 카우퍼 파위고가 그의 저서 《불유쾌한 감정을 잊는 방법》이라는 책에서 말한, '인간이 자기에게 할당된 어떤 작업에 몰두할 때는 유쾌한 안정감과 내부적 평화와 행복한 마비상태가 그의 신경을 부드럽게 하여 준다'는 의미를 스스로 발견하였던 것이다.

세계적으로 가장 유명한 여류 탐험가 오사 존슨 여사는 최근 자기가 어떻게 걱정 근심과 슬픔에서 해방될 수 있었는지를 이야기하여 주었다. 독자는 아마 그녀의 생활에 관한 이야기를 《나는 모험과 결혼하였다》라는 책에서 읽었을 것이다.

여사는 16세 때 마틴 존슨과 결혼하여 캔자스 주 사누트 시를 떠나서 보루네오의 험한 밀림지대를 찾아갔다. 캔자스 출신의 이 부부는 25년 동안 세계를 여행하고 아시아와 아프리카의 사라져 가는 원주민을 영화필름으로 담았으며, 9년 전 미국으로 돌아와 필름을 보여 주며 강연을 하였다.

그들은 덴버에서 비행기를 타고 태평양 연안으로 향하였으나 그 비행기가 산맥에 부딪혀 마틴 존슨은 그 자리에서 숨지고 오사 여사는 병석에서 일어나지 못하리라는 의사의 선고를 받았다. 그러나 이 의사들은 오사 존슨이 어떠한 사람이라는 것을 알지 못하였던 것이다.

3개월 후 여사는 바퀴 달린 의자에 앉아서 군중에게 강연을 하였으며, 실지로 그녀가 환자로 있는 동안 강연한 횟수는 100회에 달했다. 그 모두가 바퀴 달린 의자에 앉아서 한 강연이었다.

그렇게까지 강연을 한 이유를 물었을 때, 그녀는

"슬퍼하고 걱정할 시간이 없도록 하기 위한 것이었습니다."

라고 대답하였다.

오사 존슨 여사는 약 1세기 전에 테니슨이 읊은 '나는 절망 속에 시들지 않기 위하여 일 속에서 내 자신을 잊어야겠다'라는 시에서 말한 것과 똑같은 진리를 발견하였던 것이다.

　바이어드 제독도 남극을 덮은 거대한 만년빙——자연의 천고의
비밀을 감추고, 미국과 유럽을 합한 것보다 더 큰 미지의 대륙을
덮고 있다——속에 파묻혀 있는 조그마한 오두막에서 다섯 달 동
안이나 홀로 살고 있었을 때 이와 똑같은 진리를 발견하였다. 100
마일 이내에는 어떤 종류의 생물도 살지 않았다.

　지독한 바람이 그의 귓전을 스치고 지나갈 때 그의 입김이 얼어
서 달그락거리는 소리를 들을 수 있었다. 바이어드 제독은 그의 저
서 《고독》에서 그 춥고 무서운 어둠 속에서 다섯 달 동안 생활한
모든 이야기를 우리에게 전해 주고 있는데, 그가 보낸 모든 낮은
밤같이 어두웠으며, 따라서 맑은 정신을 유지하기 위하여 바쁜 시
간을 보낼 수밖에 없었다.

　그는 말하였다.

　"저녁이 오면 나는 등불을 끄기 전에 내일 일을 계획하는 습관이
생겼다. 다음날의 계획을 짤 때, 한 시간은 탈출구를 만들고, 한 시
간은 표류거리를 예측하며, 한 시간은 연료통을 고치고, 또 한 시
간은 식료품을 저장한 구멍 속 좌우 벽에 매달은 책장을 깨뜨린다.
그리고 사람이 끄는 설매의 깨어진 다리를 수리하는 데 두 시간을
배정하였다.

　이렇게 조금씩 시간을 보낼 수 있다는 것은 참으로 놀라운 일이
었다. 여기에서 나는 내 자신을 이기는 이상한 힘을 얻었다. 만일
이러한 힘이 없었다면 나의 그날그날은 아무 목적 없이 표류하게
되었을 것이요, 목적이 없었으면 그대로 나를 썩어 버리게 하였을
것이다."

이 마지막 말을 다시 한 번 생각해 보자.

'목적이 없었으면 그대로 나를 썩어 버리게 하였을 것이다.'

만일 무슨 걱정거리가 있다면 우리는 기존의 여러 가지 좋은 일을 약으로 사용할 수 있을 것이다. 이러한 말을 한 사람은 바로 하버드 대학의 전 임상의학 교수이며 사계의 권위자인 리차드 L. 캐보트 박사이다. 캐보트 박사는 《사람은 무엇으로 사는가?》라는 그의 저서에서 이렇게 말하였다.

"지나친 의심과 주저와 불안정과 공포로 인해 정신병에 걸린 수많은 사람들이 일을 함으로써 정신병을 고치는 것을 볼 때 나는 의사의 한 사람으로서 행복을 느꼈다. 일이 주는 용기는 마치 에머슨이 영원히 빛나게 만든 긍지와 같다."

우리가 만일 몸을 바쁘게 하지 않고 가만히 앉아서 이것저것 생각하게 된다면, 다윈이 칭한 소위 '위버집버(본래는 새 이름이지만 여기서는 잡념을 말함)'가 새끼를 치게 되는데 위버집버는 마치 잡귀 같아서 우리의 마음을 허전하게 한 다음 우리의 행동력과 의지력을 파괴한다.

나는 뉴욕의 한 사업가가 잡념이 생길 여유가 없을 만큼 자기를 바쁘게 하여 위버집버를 퇴치한 사실을 알고 있다. 그의 이름은 트렘퍼 퐁맨이요, 그의 사무소는 월가 40번지에 있다.

그는 나의 성인교육반의 학생이었는데 그의 걱정 근심을 정복한 이야기가 너무 재미있고 인상적이었기 때문에, 학과가 끝난 후 저녁식사를 같이 하면서 경험담을 들었다.

"18년 전에 나는 근심 걱정으로 불면증에 걸렸습니다. 나의 신경

은 극도로 긴장되어 자주 짜증도 나곤 하였습니다. 나는 점점 신경
쇠약이 되어가는 것을 알았습니다. 내가 이 지경에 이르게 된 이유
가 있었습니다. 나는 당시 뉴욕시 웨스트 브로드웨이 418번지에 있
는 크라운 푸르트 앤드 엑스트렉 회사의 출납계에 있었습니다. 우
리는 갤런통에 넣은 딸기에 50만 달러를 투자하였고, 과거 20년간
이나 갤런통을 아이스크림 제조업자에게 팔아왔던 것입니다.

그런데 우리의 판로가 별안간 막히게 되었습니다. 그것은 내셔널
데어리나 보르텐스와 같은 대규모의 아이스크림 제조업자들이 급
속도로 생산을 증가시켜 통에 넣은 딸기를 삼으로써 돈과 시간을
절약하기 때문이었습니다.

이미 투자한 50만 달러뿐만 아니라 앞으로 12개월 내에 백만 달
러 상당의 딸기를 더 구입한다는 계약을 하고 있었던 것입니다. 우
리는 이미 은행으로부터 35만 달러를 빌려쓰고 있었으므로, 이 부
채를 갚을 수도 없었고 계약을 고칠 수도 없었습니다.

나는 공장이 있는 캘리포니아 와트슨빌로 달려가 사장에게 파산
에 직면했다는 사실을 알려 주었습니다. 그러나 사장은 나를 믿지
않고, 도리어 모든 사고가 뉴욕 사무소의 서투른 판매정책에 있다
고 나를 나무랐습니다.

여러 날 동안 설명한 결과 마침내 나는 그 이상의 딸기를 포장
하지 않을 것과, 새로 들어오는 딸기를 샌프란시스코에 처음 개설
되는 딸기 시장에서 방매하도록 사장을 설득시켰습니다.

이리하여 우리의 문제는 깨끗이 해결되었습니다. 그러면 당연히
나의 걱정도 거기에서 끝났어야만 할 것입니다. 그러나 그렇지를

못하였습니다. 왜냐하면 걱정 근심도 이미 습관이 되어 버렸던 것입니다.

나는 뉴욕에 돌아오자, 여러 가지 문제를 다시 걱정하기 시작하였습니다. 이태리에서 사들이는 매실, 하와이에서 흥정하고 있는 파인애플 따위에 관한 걱정이었습니다. 나는 극도로 신경이 예민해져서 잠을 이루지 못하였습니다. 앞서 말씀드린 바와 같이 나는 신경쇠약이 되어가고 있었습니다.

생각다 못해 걱정을 물리치는 생활 방법, 즉 바쁘게 생활하기로 작정하였습니다. 즉시 여러 가지 일에 사로잡히게 하여 걱정할 여지가 없도록 하였습니다. 전에는 하루에 7시간밖에 하지 않던 일을 하루에 15시간 내지 16시간씩 하였습니다. 나는 매일 아침 8시에 사무소에 나가 거의 자정까지 일했습니다.

그리고 새로운 일을 맡았습니다. 밤중에 집에 돌아와서는 너무도 피곤하여 잠자리에 들자마자 세상 모르게 잠이 들었습니다. 이렇게 3개월 동안이나 계속하였습니다.

그러자 걱정하는 버릇은 깨끗이 없어졌고 하루에 7시간 내지 8시간씩 하는 평상의 사무상태로 돌아갈 수 있었습니다. 벌써 18년 전의 일인데, 그 후 한번도 불면증이나 걱정으로 고통 받는 일이 없었습니다."

죠지 버나드 쇼는 이것을 요약하여 이렇게 말하였다.

"사람이 비참해지는 첩경은 시간의 여유를 가져서 자기의 행복과 불행을 이리저리 저울질하고 생각해 보는 데 있다. 그러므로 그대는 이러한 생각을 하지 말라. 바쁘게 일을 하라. 그러면 그대의 혈

액은 순환하기 시작하고 그대의 정신은 맑게 되어, 삽시간에 그대의 몸에 용솟음치는 모든 적극적인 생활력이 그대의 마음속에 있는 걱정 근심을 깨끗이 씻어 줄 것이다. 바쁜 일을 시작하라. 바쁜 일을 계속하라. 그것이 세상에서 가장 값싼 치료법이며, 가장 좋은 약이다."

걱정 근심의 습관을 깨치기 위한 첫번째 법칙은 다음과 같다.
'몸을 바쁘게 하라. 걱정 있는 사람은 일 속에서 자기를 잊으라.'

사소한 일에 사로잡히지 말라

여기에 나오는 한 토막의 극적 이야기는 아마 일평생 동안 잊지 못할 것이다. 이것은 뉴저지 주 메이푸름 시에 사는 로버트 무어 씨로부터 들은 이야기이다.

"1945년 3월, 나는 인도차이나 연안에서 가까운 276피트 깊이의 해저에서 배웠습니다. 나는 그때 잠수함 '베이아 S·S 318호'에 승선한 88명의 선원 중 한 사람이었습니다. 우리는 레이더에 의하여 일본군의 조그마한 호송선 한 척이 우리를 향하여 오는 것을 알았습니다.

새벽이 점점 가까워 오자 호송선을 공격하기 위하여 물 속으로 들어갔습니다. 우리는 잠망경을 통하여 일본군의 호위구축함 한 척과 유조선 한 척과 기뢰(機雷) 부설함 한 척을 발견하였습니다. 우리는 호위구축함에 3개의 수뢰를 발사하였으나 적중하지 않았습니다. 각 수뢰의 기계에 고장이 생겼던 것입니다.

일본 구축함은 공격받은 것을 모르고 그대로 우리를 향하여 돌진해 왔습니다. 우리는 다시 맨 뒤에 있는 기뢰 부설함을 공격할 준비를 하고 있었습니다. 이때 별안간 그 부설함은 선수를 돌리어 직접 우리를 향하여 전속력으로 돌진해 왔습니다(일본군 비행기 한 대가 60피트 바다 속에 있는 우리를 발견하고, 무전으로 기뢰부설함에 위치를 알려주었던 것이다).

우리는 탐지되지 않기 위하여 150피트 수심까지 내려가 폭뢰에 대비를 하였습니다. 그리고 또 창구 하부에 볼트 한 개를 박는 동시에, 잠수함이 소리를 내지 않도록 송풍기와 냉각기, 기타 모든 전기장치의 운동을 정지시켰습니다.

3분이 지난 후, 마침내 지옥문은 열렸습니다. 5개의 폭뢰가 주위에서 폭발하여 276피트 수심까지 가라앉았습니다. 우리는 소름이 끼쳤습니다. 물 속 1,000피트가 못 되는 가까운 거리로부터 공격을 받는다는 것은 위험한 일이며, 58피트 이내면 대개는 치명적인 결과에 이르는 것입니다.

그런데 우리는 500피트쯤 되는 거리, 즉 겨우 다리가 잠길 만한 거리에서 공격을 받고 있는 것이었습니다. 숨돌릴 틈도 없이 일본 기뢰선은 계속하여 폭뢰를 발사하였습니다. 폭뢰가 잠수함으로부터 17피트 이내에서 폭발한다면 그 진동만으로도 잠수함에 구멍이 뚫리게 됩니다.

수십 개의 폭뢰가 우리에게서 500피트 거리밖에 안 되는 곳에서 폭발하였습니다. 우리는 안전을 위하여 침상에 조용히 누워 소리내지 말라는 명령은 받았습니다. 나는 너무도 무서워서 숨을 쉴 수가 없었습니다. '꼼짝없이 죽었구나! 이제는 죽었구나!'라고 몇 번이나 거듭 중얼거렸습니다.

송풍기와 냉각장치를 정지시켰기 때문에 잠수함 속의 온도는 100 ℃가 넘었습니다. 그러나 나는 공포로 몹시 추워서 스웨터와 자켓을 입었음에도 불구하고, 사지가 떨리기 시작하고 이빨이 마주치며 온몸에 식은 땀이 흘렀습니다.

일본 배의 공격은 15시간이나 계속되었습니다. 그러다가 별안간 뚝 그쳤습니다. 일본 기뢰선이 폭뢰를 다 쓰고 자리를 떠난 것이었습니다. 공격을 받는 15시간이 마치 1500만 년이나 되는 것처럼 길게 느껴졌습니다.

지나간 나의 일생이 순식간에 머리를 스쳐갔습니다. 나는 전에 저지른 잘못과 걱정 근심하였던 사소한 여러 가지 문제를 두서 없이 전부 생각하여 보았습니다. 나는 해군에 들어가기 전에 은행 서기로 있었는데, 그때 급료와 승진할 기회가 적어 오랫동안 걱정한 일이 있었습니다.

또 집 한 채 없는 것, 새 차를 사지 못하는 것, 나의 아내에게 새옷을 사주지 못하는 것 등의 사소한 문제를 걱정하였습니다. 언제나 잔소리가 많고 잘 꾸짖는 상사를 미워하였으며, 저녁때가 되어 우울한 기분으로 집에 돌아오면 사소한 문제로 아내와 다투기 일쑤였습니다. 뿐만 아니라 자동차 사고로 이마 위에 보기 싫은 상처를 가진 것을 항상 걱정하였습니다.

이런 모든 문제가 몇 해 전에는 크나큰 걱정의 대상이었습니다. 그러나 폭뢰가 여기저기에서 터질 때 그 따위 걱정은 모두가 보잘 것없는 것들이었습니다. 그때 나는 이렇게 맹세하였습니다.

내가 다시 해와 별을 보게 되면 다시는 걱정하지 않겠다고. 절대로! 나는 잠수함에서의 무서운 15시간 동안에 시라큐스 대학에서 4년 배운 것보다 훨씬 많은 생활의 기술을 배웠던 것입니다.”

우리는 가끔 인생의 큰 불행에 용감히 직면하면서도 역시 사소한 문제, 즉 ‘목 위의 부스럼’으로 마음을 태우는 일이 많다. 예를 들면 하리 베인 경이 런던에서 목이 잘리우던 광경을 기록한 사무엘 페피스에 의하면, 하리 경은 참수대에 오르자 사형집행인에게 목숨을 살려 달라고는 애원하는 것이 아니라 자기 목 뒤에 있는 아픈 부스럼을 다치지 말아 달라고 부탁하였다는 것이다.

또한 바이어드 제독이 무섭게 춥고 컴컴한 북극 땅에서 밤을 지내는 동안, 제독의 일행들은 큰 문제보다도 ‘목 뒤의 부스럼’에 더욱 마음을 태우고 있었다는 것이다.

즉, 그들은 위험과 곤란, 영하 80도나 되는 추위도 그다지 불평 없이 참으면서도 때로 침대에서 남의 옷자락이 자기의 자리에 조금 걸렸다는 이유로 서로 말도 하지 않는 사람이 있었고, 또 어떤 사람은 음식을 삼키기 전에 엄숙한 태도로 28번씩이나 씹는 꼬락서니가 비위에 맞지 않는다고 불평하며 그 사람이 있을 때에는 절대로 음식을 먹지 않았다. 북극 땅 캠프 속에서 그와 같은 사소한 일이 훈련받는 사람들의 정신을 혼란케 하였던 것이다.

나는 이 기회에 부부간에 있어서의 사소한 문제가 이 세상 비극의 대부분을 만든다고 말하고 싶다.

이러한 문제의 권위자인 요셉 사바 판사는 불행한 결혼에 관한 사건을 4만 건이나 처리했는데, 대부분의 불행한 부부생활은 그 배후의 사소한 문제 때문이라고 말하였다. 또 뉴욕의 지방 검사 프랭크 S. 호간 씨는 이러한 말을 하였다.

"법정에서 처리하는 형사사건의 절반은 사소한 문제로부터 시작된 것이다. 술집에서의 시비, 친구끼리의 말다툼, 모욕적 언사, 경망한 말투와 행동 등의 사소한 문제가 격투와 살인의 원인이 된다. 잔인하고 나쁜 사람은 흔치 않다. 이 세상의 모든 비극의 대부분은 우리의 자존심을 조금 상하게 하거나, 업신여기거나 허영심을 약간 해치는 따위의 사소한 문제에서 발생된다."

엘리너 루스벨트 여사는 결혼 초기에 새로 들어온 요리사의 음식 솜씨가 너무 엉망이어서 며칠 동안이나 걱정하였다. 그러나 후에 루스벨트 여사는 '지금 만일 그런 일이 있다면 일소에 붙였을 것'이라고 말하였다. 무서운 독재자였던 캐더린 대제도 요리사가 음식을 더럽혔을 때 웃어버리고 말았다고 한다.

나는 나의 아내와 더불어 시카고에 있는 한 친구의 집에서 식사를 한 일이 있었다. 그때 그 집 남자가 고기를 썰 때 어떤 잘못을 한 모양이었다. 나는 그것을 몰랐었고, 설령 알았다 하더라도 대수롭게 여기지도 않았을 것이다. 그러나 그의 아내는 그것을 보자마자 바로 우리 앞에서 남편을 돌아보며,

"존! 정신 좀 차려요! 당신은 음식도 제대로 못 먹어요?"

하고 퉁명스럽게 말하였다. 그런 여자를 데리고 20년간이나 살아

온 그 남자가 오히려 훌륭하게 생각되었다. 솔직히 말하여 그러한 여자의 잔소리를 들으면서 산해진미를 먹는 것보다는 차라리 편안한 자리에서 맛없는 음식을 먹는 게 나을 것이다.

이 경험 후 얼마 안 되어, 아내와 나는 몇몇 친구를 집으로 초대하여 저녁을 같이 하게 되었다. 친구들이 도착할 때쯤 되어 아내는 냅킨의 색깔이 식탁보 색깔과 맞지 않는 것을 발견하였다.

아내는 그 후 그때의 사정을 이렇게 말하였다.

"나는 요리사가 있는 곳으로 달려갔습니다. 그러나 다른 냅킨들은 모두 세탁소에 가 있는 것을 알았습니다. 손님들은 벌써 문밖에 와 있었으므로 그 냅킨을 다른 것과 바꿀 시간이 없었습니다. 나는 그만 울고 싶었습니다. 이런 바보 같은 일이 있나 하고 낙심하다가 다시 생각하여 보았습니다. 뭘 그까짓 것을! 나는 그대로 식당에 가서 저녁을 즐기기로 작정하였습니다. 나는 손님들이 나를 매우 신경질적이고 나쁜 성질을 가진 여자라고 생각하는 것보다는 차라리 마음이 넓은 부인이라고 생각해 주는 것이 낫다고 생각하였습니다. 그 날 손님들 중에는 한 명도 냅킨에 대해 비난하지 않았습니다."

유명한 법률상 격언에 '법은 사소한 일에 얽매이지 않는다'라는 말이 있다.

사소한 문제에서 오는 고통을 피하려면 마음을 새롭고 유쾌하게 돌리는 것이 필요하다. 《파리를 보았더라면》이라는 책과 그밖의 10여 권의 책을 쓴 나의 친구 호머 크로이는 훌륭한 사례를 우리에게 보여 준다.

그는 뉴욕에 있는 자기 아파트에서 책을 쓰는 동안, 그곳의 라디에이터가 덜덜거리는 소리 때문에 거의 미칠 지경에 이르렀다. 책상에 앉았을 때 스팀과 함께 그의 마음도 끓었던 것이다.

그러나 호머 크로이는 그의 책에서 이렇게 말하고 있다.

"그러는 동안 나는 친구 몇 사람과 함께 캠프 생활을 떠났다. 활활 피어오르는 불꽃 속에서 큰 나뭇가지가 타는 소리가 들릴 때, 그 소리는 라디에이터의 소리와 흡사하였다. '왜 이것은 신경에 거슬리지 않을까?' 하고 자문해 보았다.

나뭇가지가 불에 타는 소리는 즐거운 소리였다. '나는 잠을 자리라! 그리고 그 잡음을 생각하지 말리라' 하고 그대로 실행하였다. 물론 며칠 동안은 라디에이터 소리에 신경이 쓰였으나 얼마 안 가서 잊어버리게 되었다."

우리의 사소한 걱정도 대개는 이러하다. 우리는 걱정 근심을 싫어하며 그로 말미암아 속을 태우고 있으나 모두가 걱정되는 문제의 중요성을 과장하는 데서 빚어지는 것이다.

디스 라렐리는 말하였다.

'인생은 작게 살기에는 너무도 짧다.'

이에 대하여 앙드레 모로아는 《뉴스 위크》지에 다음과 같이 썼다. 이 말이야말로 여러 가지 쓰라린 경험에서 나를 도와주었다.

"우리는 업신여기고 잊어버려야 할 사소한 문제로 가끔 가슴을 태우곤 한다. 앞으로 몇 십 년밖에 살지 못할 인간임에도 불구하고, 세월이 가면 모두 잊어버릴 불유쾌한 문제를 너무 심각하게 생각함으로써 다시 못 올 많은 시간을 헛되이 버리고 있는 것이다.

우리의 생활을 가치 있는 행동과 감정에, 또는 위대한 사랑과 진정한 애정과 영원한 사업에 바치기로 하자. 인생은 작게 살기에는 너무도 짧은 것이다."

루드야드 키플링처럼 유명한 인물도 '인생은 작게 살기에는 너무도 짧다'는 말을 잊은 적이 있었다. 그 결과 《루드야드 키플링의 버몬트 싸움》이라는 책까지 나오게 되었다.

그 이야기는 대충 이러하다.

키플링은 버몬트 출생의 캐롤린 바레스티어와 결혼한 후, 버몬트 부라틀보로에 아름다운 집을 짓고 거기에서 여생을 보내기로 작정하였다. 그의 처남 비티 바레스티어는 키플링의 좋은 친구가 되어 둘은 함께 일하며 놀았다.

그러는 동안 키플링은 처남으로부터 약간의 토지를 샀는데, 철마다 그 땅에서 풀을 깎아가도 좋다고 양해를 하였다. 그런데 어느 날 처남은 키플링이 풀밭 위에 화원을 만드는 것을 보았고, 그때부터 둘은 싸우기 시작했다.

며칠 후 키플링이 자전거를 타고 들을 달릴 때, 그의 처남은 마차 한 대와 몇 마리의 말을 몰고 길을 건너갔다. 그러자 별안간 키플링은 냉정을 잃어 바레스티어를 고소하고 체포를 요구하였다. 재판이 시작되자, 여러 신문기자들이 모여들고 그 기사가 세계에 보도되었다.

그러나 사건은 해결되지 못하고, 이 싸움으로 말미암아 키플링 부부는 고향을 버리게 되었다. 이것이 모두 사소한 문제, 즉 한 대의 마차에서 시작된 부질없는 싸움과 고통에서 비롯된 것이었다.

페리클레스는 몇 년 전에 이렇게 말하였다.

"여러분! 우리는 너무 오래 사소한 일에 사로잡혀 있었습니다."

해리 에머슨 박사에 대한 재미있는 이야기가 있다. 큰 나무가 생명을 걸고 싸워 온 이야기이다.

콜로라도 롱스피크 산허리에는 큰 나무가 없어진 흔적이 남아 있다. 자연과학자는 이 나무가 400여 년을 살았다고 밝혔다. 콜럼버스가 산살바도르에 상륙하였을 때 씨가 떨어져서, 102명의 청교도가 푸리마우스에 이주할 시절엔 반쯤 자랐다.

기나긴 세월 동안 14번이나 벼락을 맞았고 수없는 눈보라에 부대꼈으며, 400년 동안 무서운 폭풍의 매를 맞았다. 이 모든 시련을 겪고서도 이 나무는 살아났던 것이다.

그러나 나무 벌레 한 떼가 이 나무를 공격하여 마침내 쓰러뜨리고 말았다. 이 벌레는 나무 속 깊이 파고들어가 미약하나마 쉴새없이 공격해 점점 나무의 힘을 파괴하였다. 세월도 시들게 하지 못하고 벼락도 쓰러뜨리지 못하고 폭풍도 이기지 못하였던 거대한 나무는, 드디어 사람의 손가락으로 비벼서 죽여 버릴 수 있는 작은 벌레 때문에 그만 쓰러지고 말았던 것이다.

우리도 이 나무와 같은 것이 아닐까? 그리 흔치 않은 인생의 폭풍과 눈보라와 우레와 벼락은 그럭저럭 견디어 나가면서도 사소한 걱정 근심의 벌레, 즉 손가락으로 비벼서 없앨 수 있는 조그마한 벌레로 말미암아 우리의 마음을 좀먹게 하는 것이 아닐까?

몇 해 전에, 와이오밍 주의 도로 감독관인 찰스 세프렛을 비롯하여 그의 친구 몇 사람과 테톤 국립공원을 여행한 일이 있었다. 우

리는 그 공원 안에 있는 존 D. 록펠러 기지를 찾아가던 길이었는
데, 내가 탄 자동차가 길을 잘못 들어 앞차보다 한 시간이나 더 늦
게 공원 입구에 다다랐다.

세프렛은 공원의 열쇠를 가졌었기 때문에 문을 열고 들어갔지만
우리가 도착할 때까지 한 시간 동안이나 무덥고 모기도 많은 수풀
속에서 기다려야만 했다. 그곳 모기는 제법 점잖은 사람도 미치게
할 만큼 극심하였지만 찰스 세프렛만은 정복하지 못하였다.

그는 우리를 기다리는 동안 백양나무 가지를 꺾어 피리를 만들
어, 피리를 불었다. 나는 사소한 것을 문제 삼지 않는 한 인간을
기념하기 위하여 그의 피리를 지금껏 보관하고 있다.

걱정 근심하는 습관이 우리를 정복하기 전에 우리가 그것을 정
복하기 위한 두 번째 법칙은 다음과 같다.

'우리가 업신여기고 잊어버려야 할 사소한 문제로 우리의 마음을
낙심하게 하지 말자. 인생은 작게 살기에는 너무도 짧다는 말을 기
억하자!'

온갖 걱정 근심을 물리치는 법

미주리 주 농촌에서 자랄 때, 나는 어머니와 함께 매실나무 구덩
이를 파다가 별안간 울음을 터트렸다.

"도대체 무엇 때문에 우는 거냐?"

하고 어머니가 물었을 때, 나는 훌쩍거리면서 대답하였다.

"아무래도 산 채로 땅에 묻힐 것만 같아요."

그때 나의 마음은 여러 가지 걱정 근심으로 가득 차 있었다. 천둥이 치면 벼락 맞을까 걱정하였고, 불경기가 오면 굶지나 않을까 걱정하였으며 죽으면 지옥에 가지 않을까 걱정하였다.

어디 그뿐이랴. 나보다 나이가 많은 샘 화이트라는 아이가 나의 큰 귀를 자르겠다고 위협하였기 때문에 정말로 그렇게 하지 않을까 걱정하였고, 계집아이들에게 모자에 손을 대고 가벼운 인사를 할 때 혹 그들이 웃지나 않을까 걱정하였다. 만일 나와 결혼하자는 여자가 없으면 어떻게 할까? 결혼을 하면 제일 먼저 아내에게 무슨 말을 하는 것이 좋을까? 그리고 나는 이러한 생각도 했다.

시골 교회에서 결혼식을 올린 후, 한껏 장식한 마차를 타고 농장으로 돌아올 때 대체 어떤 이야기를 주고받게 될 것인가? 무슨 이야기를 어떻게? 하늘이 무너지는 듯한 그런 중대한 문제를 여러 시간 밭길을 걸어가면서 생각하곤 하였다.

그러나 세월이 흐르자 걱정하였던 모든 문제 중의 99퍼센트는 실제로 일어나지 않는다는 것을 알게 되었다.

예를 들어 벼락을 맞아 죽을 기회는 1년 동안 거의 없다는 것을 알았다.

내가 산 채로 땅에 묻힐 것 같다는 걱정은 더구나 우스운 일이다. 송장을 썩지 않게 보존하여 두는 법이 생기기 전의 옛날에도 산 채로 땅에 묻히는 사람은 천만 명 중에 한 명이 있기도 어려운 일이었다. 그럼에도 불구하고 나는 그것이 무서워서 울기까지 하였던 것이다.

여덟 사람 중에 한 사람씩 암으로 죽는다. 따라서 벼락을 맞거나 산 채로 묻히는 것을 걱정하지 말고 차라리 암을 걱정하는 것이 옳은 일이다.

그럼으로써 청년들의 걱정 근심도 대개는 쓸데없는 것이 많음을 증명하는 것이다. 만일 우리가 마음만 태우지 말고 '평균감손의 법칙'에 힘쓴다면, 아마 걱정 근심의 10분의 9는 당장 없앨 수 있을 것이다.

세계에서 가장 유명한 보험회사인 런던의 로이드 회사는 사람들이 걱정하고 있는 재난이 과연 절대로 일어나지 않을 것인가를 고객들과 내기하고 있다. 그러나 회사측에서는 그것을 내기라고 부르지 않고 보험이라고 부른다.

사실 그들은 평균감손의 법칙에 의하여 내기를 하고 있는 것이다. 이 거대한 보험회사는 평균감손의 법칙에 의하여 사람이 상상하는 것만큼 쉽게 재난이 일어나지 않는다는 사실로 과거 2백 년 동안 건재해 왔고, 앞으로도 인간성이 변하지 않는 한 5천 년 동안은 그대로 세력을 유지할 것이다.

평균감손의 법칙을 조사하여 보면 거기에서 발견되는 여러 가지 사실에 놀라지 않을 수가 없다. 예를 들어 만일 내가 지금부터 5년 이내에 게티즈버그의 전쟁과 같은 무서운 싸움을 해야 한다면 당연히 내 생명보험금을 전부 찾을 것이다. 그리고 유언을 생각하고 모든 문제를 질서 있게 정리한 다음, 여생을 가장 유효하게 쓰겠다는 말을 할 것이다.

그러나 평균감손의 법칙에 의하면, 평상시 50~55세까지 산다는
것이 게티즈버그 전쟁에서 싸우는 것 못지 않게 어렵고 위험한 것
이 사실이다. 즉, 평상시 50~55세까지의 사람들 중 평균 1,000명을
단위로 해서 죽는 사람의 수효가 게티즈버그에서 싸운 병사 15만
3천 명 중 천 명을 단위로 해서 죽은 사람의 수효와 똑같다는 것
이다.

나는 이 책을 캐나다의 로키 산중에 있는 임스 심프슨이 경영하
는 남티가 하숙에서 썼다. 그런데 어느 여름에 내가 그곳을 찾았을
때, 거기에서 샌프란시스코에 사는 헐버트 H. 살링거 씨 내외를 만
났다.

살링거 부인은 퍽 점잖고 명랑하여 한번도 걱정해 본 일이 없는
것 같은 인상을 주었다. 그래서 어느 날 저녁 그 부인과 화롯가에
마주 앉아서 과거에 어떤 문제를 걱정하여 본 일이 있느냐고 물어
보았다. 그랬더니 부인은,

"걱정하여 본 일이 있느냐고요?"

하고 반문한 다음 이렇게 대답했다.

"나의 생활은 걱정으로 거의 파멸상태에 이르렀었지요. 걱정을
없애는 방법을 배울 때까지 12년 동안이나 내 자신이 만든 지옥에
서 살았답니다. 나는 몹시 신경질적이 되어 화를 잘 내고, 무섭도
록 긴장하고 생활하였습니다.

나는 주일마다 산 마테에 있는 나의 집에서 버스를 타고 샌프란
시스코까지 장을 보러 나가곤 하였는데, 흥정을 하는 동안에도 여
러 가지 걱정을 하였습니다. 즉, 내가 혹 전기다리미를 그대로 꽂

아 놓고 오지 않았는가, 그 동안 집에 불이 나지 않았는가, 하녀가
자식들을 내버리고 달아나지 않았는가, 그렇지 않으면 어린 자식들
이 자전거를 타고 돌아다니다가 교통사고를 당하지 않았나 별별
걱정을 다 하였습니다.

홍정하는 중에도 그런 걱정 때문에 식은땀을 흘리면서 바깥으로
뛰어나와 버스를 잡아타고 집으로 돌아오곤 하였습니다. 이러한 이
유로 나의 첫번째 결혼은 실패로 끝나고 말았습니다.

두 번째 남편은 법률가였는데, 그는 침착하고 분석적인 사람이어
서 어떤 일에 있어서나 절대로 걱정하지 않았습니다. 내가 홍분하
고 걱정하기 시작하면 그는 으레 '진정하오, 평균감손의 법칙에 비
추어 봐서 그러한 일이 일어난 것인가 아닌가를 생각해 봅시다' 하
고 말하였습니다.

그 실례로 언젠가 우리 부부는 자동차로 뉴멕시코 알부칼크에서
칼스바드 카뷔스로 가고 있었습니다. 그런데 도중에 무서운 폭풍우
를 만났습니다. 자동차가 땅 위에 미끄러져 걷잡을 수가 없었기 때
문에 나는 꼼짝없이 양쪽 길가의 구렁텅이로 빠질 것으로만 생각
하였습니다. 그러나 남편은 거듭 나를 안심시켜 주었습니다.

'내가 지금 아주 천천히 운전하고 있으니까 사고는 나지 않을 것
이오. 설령 구렁텅이에 빠진다 하더라도 평균감손의 법칙에 의하여
다치지 않을 것이니 걱정 마오.'

남편의 침착하고 자신 있는 태도가 나의 마음을 가라앉혀 주었
습니다.

또한 어느 해 여름, 우리는 로키 산맥에 있는 토우퀸 계곡에서

캠프 생활을 한 일이 있었습니다. 어느 날 저녁 해발 7천 피트 이상 되는 곳에서 캠프를 하고 있었는데, 폭풍이 몹시 불었습니다.

텐트를 밧줄로 나무 밑동에 단단히 매어 놓았는데 바깥 텐트는 바람에 흔들려 소리를 내고 있었습니다. 나는 텐트가 당장에 찢어져서 하늘로 날아갈 것을 생각하니 무서웠습니다. 그러나 남편은 이렇게 말하는 것이었습니다.

'여보, 부류스티스의 여행 안내자와 함께 여행하고 있으니까 그들이 잘 처리하여 줄 것이오. 그들은 이 산중에서 60년 동안 텐트를 치고 있으며, 이 텐트는 1년 내내 이곳에 쳐 있었지만, 아직껏 바람에 날려간 일이 없었소. 그리고 또 평균감손의 법칙에 의하면 그것이 오늘 저녁에 날아갈 리는 없을 것이오. 설령 그것이 날려간다 해도 다른 텐트로 옮겨갈 수도 있잖소. 그러니 안심하오.'

나는 그대로 안심했습니다. 따라서 그날 밤 걱정 없이 잠들 수 있었습니다.

몇 해 전에 소아마비가 캘리포니아의 일부를 휩쓴 적이 있었습니다. 예전 같으면 물론 나는 신경질적이 되었을 것입니다. 그러나 남편은 나에게 냉정한 태도를 취하도록 권고하였습니다. 우리는 아이들을 사람들로부터 격리시키고 학교와 영화관에도 보내지 않았습니다.

그리고 보건소에 문의한 결과, 과거 캘리포니아 주에 가장 맹렬히 소아마비가 유행할 때에도 캘리포니아 주 전체를 통틀어 병에 걸린 아이는 1835명에 지나지 않았다는 것과, 강도가 높지 않고 보통일 때에도 2300명 정도가 그 병을 앓았다는 것을 알게 되었습니다. 따라서 평균감손의 법칙에 의하여 한 아이가 이 병에 걸릴 확률은 매우 적다는 것을 알았습니다.

평균감손의 법칙에 의하여 좀처럼 일어날 확률이 적다는 이 한 줄의 어구는 언제나 나의 걱정 근심을 없애 주었으며, 지난 20년 동안의 생활을 나 자신도 도저히 상상할 수 없을 만큼 아름답고 평화스럽게 만들어 주었습니다."

미국 역사에 있어서 가장 위대한 인디언 투사인 조지 크르그 장군은 그의 자서전에서 인디언에 대한 걱정과 불행의 거의 전부가 그들의 상상에 의한 것일 뿐 실제적인 것은 아니라고 지적하였다. 내 자신이 과거 수십 년 동안을 회고하더라도, 역시 나의 걱정 근심은 상상에서 온다는 것을 알 수 있다. 짐그란트도 역시 이것을 인정하였다. 그는 뉴욕에 있는 제임스 A. 그란트 회사를 소유하고 있다.

그는 플로리다의 오렌지와 포도를 한 번에 10~15개의 화차로 주문하곤 하는데, 항상 다음과 같은 생각으로 안절부절못한 적이 있었다고 고백하였다. '화차가 접촉사고를 내면 어쩌나? 과일이 길가에 쏟아지면 어쩌나? 기차가 다리를 건널 때에 다리가 무너지면 어쩌나? 물론 보험을 들기는 했으나 과일이 제때에 도착하지 않아서 손해나 보지 않을까' 따위의 걱정이었다.

그는 너무도 걱정한 나머지 위궤양이 생기지 않았나 의사를 찾아가기까지 하였다. 그러나 의사는 신경과민 이외에 다른 이상은 없다고 대답하였다는 것이다. 그는 그때 자기 자신에게 이렇게 물어보았다.

"여보게, 짐 그란트 군. 그대가 지난 수년 동안에 취급한 과일의 화차가 몇 대나 되는가?"

"2만 5천 대 가량입니다."

"그러면 그 중에서 전복된 화차가 몇 대나 되나?"

"아마 다섯 대쯤 될 겁니다."

"겨우 다섯 대! 2만 5천 대 중에서 다섯 대란 말이지? 그것이 과연 무엇을 의미하는지 아는가? 다시 말하면 평균감손의 법칙에 의하여, 또는 경험에 의하여 화차 한 대가 전복되는 동안에 5천 대가 무사히 통과하였다는 말일세. 그러므로 걱정할 필요는 전혀 없지 않나?"

"그러나 다리가 끊어지면?"

"실지로 다리가 끊어져서 손해를 본 것이 몇 대나 되는가?"

"하나도 없습니다."

"그렇다면 한 번도 끊어진 일이 없는 다리 때문에, 또는 5천 번에 한 번밖에 일어나지 않는 사고 때문에 위궤양이 생기도록 걱정한다는 것은 어리석은 일 아닌가?"

"그렇게 생각하고 보니 내가 매우 어리석었다는 것을 깨달았습니다. 그리하여 당장 그 자리에서 평균감손의 법칙으로 하여금 나의 걱정을 도맡아 주도록 하고, 그 후로는 위궤양 때문에 고생한 일이 없었습니다."

알 스미스가 뉴욕 주지사가 되었을 때, 나는 그가 자기의 정적에게 받은 공격에 대하여 기록을 작성해 보았다는 말을 들은 적이 있다. 이는 매우 현명한 생각이다. 걱정되는 일이 있을 때는 알 스

미스의 지혜를 빌어, 기록을 조사함으로써 원인이 무엇인지를 알아
보아야 할 것이다.

이것이 바로 프레드릭 J. 말즈레트가 무덤 속에 들어 있다는 생
각 때문에 공포를 느끼고 있을 때에 사용한 방법이다.

"1946년 6월 초에, 나는 오마하 해안 근처에 길게 뚫려 있는 참
호 속에 누워 있었습니다. 소속부대는 제999신호대였었는데 막 노
르망디에 돌입할 준비를 끝마쳤을 때입니다. 나는 길게 뚫려 있는
참호 속에 장방형의 구멍을 보고 무덤 같다고 생각하였습니다. 그
리고 거기에 드러누워 잠을 청하자 정말로 그 구멍이 한 개의 무
덤같이 생각되어서 부지중에 '이것이 필연 나의 무덤일 것이다'라
고 말하였습니다.

독일 비행기는 오후 11시부터 폭탄을 퍼붓기 시작하였습니다. 나
는 사지가 뻣뻣하여질 만큼 무서웠습니다. 처음 2, 3일 저녁은 전
혀 잠을 이루지 못하였고, 4, 5일 저녁부터는 거의 신경쇠약에 걸
릴 것 같았습니다. 따라서 무슨 방법을 취하지 않는 한 미칠 것 같
았습니다.

그런 닷새째 저녁이 지난 후, 나는 아직껏 나의 동료대원들이 살
아 있다고 생각하여 보았습니다. 그 동안 부상당한 대원은 두 명뿐
이었는데 독일군의 폭탄에 의한 것이 아니고 우리쪽 공포탄 파편
으로 부상당한 것이었습니다.

나는 걱정을 버리고 건설적인 생각을 하기로 결심하였습니다. 그
리하여 나는 파편을 막아낼 수 있도록 참호 위에 두꺼운 나무조각
으로 지붕을 만들었습니다. 우리 부대가 흩어져 있는 넓은 지역을

생각한 후, 길고 좁은 참호 속에서 죽는 것은 직격탄에 맞을 때뿐이고, 또 그 직격탄에 맞을 확률은 만분의 1도 안 된다는 것을 깨달았습니다. 이렇게 생각하니 차차 마음이 진정되어 공습이 진행되는 동안에도 잠을 잘 수 있었습니다."

미국 해군에서는 병사들의 사기를 높이기 위하여 오래 전부터 평균감손의 법칙을 사용하였다고 한다. 그때 유조선에 배치된 선원들은 고열의 가솔린에 수뢰를 맞으면 단번에 폭발해서 배에 승선한 모든 사람들이 죽는다고 생각하였다.

그래서 미국 해군에서는 정확한 숫자를 발표하여 수뢰를 맞은 유조선 100척 중에서 60척은 침몰하지 않았다고 밝혔다. 침몰된 40척 중에서도 10분 이내에 침몰된 배에서 선원을 구조할 시간의 여유가 있다는 것을 의미함과 동시에 사상자가 지극히 적다는 것을 말하는 것이다. 그러면 이것이 과연 사기를 높였을까? 미네소타 주에 사는 크라이드 W. 스마는 이렇게 말하였다.

"평균감손의 법칙에 대한 지식이 나의 모든 걱정을 없애주었습니다. 선원 전부가 기분이 좋아졌습니다. 죽을 확률이 거의 없다는 것을 알게 되었기 때문입니다."

걱정 근심이 그대를 파멸시키기 전에 그것을 깨뜨리는 세 번째의 법칙은 다음과 같다.

'내가 지금 걱정하고 있는 문제가 실지로 일어날 기회는 평균감손의 법칙에 의하면 몇 번이나 되는가를 스스로에게 물어보라.'

※
불가피한 사정과 타협하라

내가 어렸을 때의 일이다. 미주리 주 서북부에 있는 낡고 아무도 살지 않는 통나무집 다락방에서 몇몇 친구들과 놀다가, 다락방에서 뛰어내리면서 엄지손가락에 걸고 있던 쇠고리가 못에 걸려 그만 손가락 하나가 부러지고 말았다.

꼼짝없이 죽을 것만 같아 놀란 가슴에 소리쳐 울었다. 그러나 그 후부터는 조금도 손을 걱정한 일이 없다. 걱정하더라도 무슨 소용이 있을 것인가? 어쩔 수 없는 상황이라면 그대로 받아들여라.

나는 지금 왼손에 엄지손가락이 없다는 사실을 잘 인식하지 않는다.

몇 해 전, 뉴욕의 한 건물 안에서 화물 승강기를 운전하는 사람을 만난 일이 있다. 그때 그의 왼손이 팔목에서부터 끊어져 버린 것을 보고, 팔이 걱정되지 않느냐고 물어보았다. 그는,

"아니올시다. 그것에 대해서는 별로 생각하지 않습니다. 아직 총각이니 바늘 귀를 꿸 때나 생각해야죠."

라고 대답하였다. 어떠한 상황이라도 불가피한 경우는 그대로 받아들여, 자신에게 맞추어 나감으로써 그것을 빨리 잊어버릴 수 있다.

나는 가끔 암스테르담에 있는, 15세기 사원의 폐허 위에 새겨진 글귀를 생각하여 본다.

'그것은 그러하다. 다른 것이 될 수 없다.'

우리는 인생을 살아가는 동안 자주 불유쾌한 일에 부딪힌다. 그

러나 그렇다고 해서 사정이 변하지는 않는다. 우리에게는 선택권이 있을 따름이다. 그 선택권이란, 그러한 사정은 불가피한 것으로 받아들여 자신에게 맞추어 나가거나, 아니면 반기를 들어 생활을 파멸로 몰아넣고 결국에는 신경쇠약이 되어 버리는 것이다.

내가 좋아하는 철학자인 윌리암 제임스의 현명한 충고가 있다.

'사정을 그대로 받아들이기에 주저하지 말라.'

사정을 그대로 받아들이는 것은 모든 불행의 결과를 정복하는 첫번째 방법이다. 어떠한 일이든지 단지 그 자체만으로는 우리가 행복하게 되거나 불행하게 되지 않는다.

문제는 그에 대한 우리의 감정을 결정하는, 대응하는 방법이다. 예수는 우리들의 마음속에 천국이 있다고 말하였다. 그러나 지옥도 역시 우리의 마음속에 있다. 불가피한 사정에 대하여 슬퍼해도 사정은 변하지 않으므로, 스스로가 그 문제에 대응하는 태도를 고쳐야 할 것이다. 나는 나의 경험으로 그것을 깨달았다.

전에는 나에게 닥쳐온 불가피한 사정을 받아들이려 하지 않고, 그것을 원망하고 배척하였다. 그리하여 결국 불면증에 걸렸고, 원하지 않았던 여러 가지 문제에 부딪쳤다. 1년 동안이나 고통과 씨름하다가, 결국 변경하지 못하리라 판단된 그 일을 있는 그대로 받아들이기로 했다. 왜 그때에 진작 휘트먼의 시를 몰랐던가?

오, 밤과 폭풍우와 굶주림과
조소와 사고와 실패를 맞이하되,
마치 나무와 짐승이 하는 것처럼 하라.

나는 11년 동안이나 소와 함께 생활하였다. 그러나 그 암소가 한 번도 날이 가물어서 풀이 마른다고, 눈발이 세고 날씨가 춥다고, 또는 자기가 사랑하는 황소가 다른 어떤 암소를 마음에 두고 있다고 해서 성을 내는 것을 보지 못하였다.

짐승은 밤과 폭풍우와 굶주림을 무감각한 태도로 맞이한다. 그러므로 짐승은 신경쇠약이나 위궤양에 걸리는 법도 없고, 정신이상을 일으키는 일도 없다.

그러면 닥쳐오는 모든 불행에 대하여 다만 순종해야 한다는 것일까? 아니다. 절대로 그렇지 않다. 그것은 운명론에 불과한 것이다. 고칠 수 있는 것이라면 싸워서 고쳐야 한다. 그러나 앞뒤를 돌아보아도 안 될 일은 굳이 생각하지 말아야 한다는 것이다.

콜롬비아 대학의 고(故) 하우케스 학장은 마더구즈의 노래 한 토막을 자기의 신조로 한다고 말하였다.

이 세상 모든 병에는
치료 방법이 있기도 하고 없기도 하니,
방법이 있거든 그것을 찾아보고
방법이 없을 때는 차라리 생각지 말라.

나는 이 책을 쓰는 동안, 수많은 미국 사업가를 만났는데 그들이 불가피한 사정과 타협함으로써 걱정 근심을 떠나서 생활할 수 있었다는 사실을 알고 크게 감격하였다. 만일 그렇지 않았다면 긴장된 생활 속에서 몸이 상했을 것이다. 이렇게 말하는 것은 몇 가지 실례가 있기 때문이다.

전국적으로 퍼져 있는 펜네이 연쇄점의 창설가인 O. L. 펜네이는 말하였다.

"나는 재산 전부를 잃는다 할지라도 걱정하지 않을 것입니다. 왜 냐하면 걱정을 한다 해도 소득이 없다는 것을 알고 있기 때문입니 다. 내가 할 수 있는 한 최선을 다할 것이고, 그 결과는 하느님의 처분에 맡길 뿐입니다."

헨리 포드도 이와 똑같은 의미로,

"내가 사건을 처리할 수 없을 때는 사건의 차례대로 처리하게 합 니다."

라고 말하였다.

내가 크라이슬러 회사 사장 K. T. 켈러에게 어떤 방법으로 걱정 근심을 잊었느냐고 묻자, 그는 이렇게 말했다.

"나는 곤란한 경우를 당했을 때, 방법이 있을 때는 그 방법을 사 용하고 없을 때는 그것을 잊어버리고 말지, 그러나 절대로 장래를 걱정하지는 않습니다. 왜냐하면 장래에 일어날 일을 미리 예측할 수 있는 사람은 하나도 없다는 것을 알기 때문입니다. 장래에 영향 을 끼칠 요소는 너무도 많고, 이러한 요소가 어떻게 생기는가도 모 르는데 무엇 때문에 장래를 걱정합니까?"

K. T. 켈러를 철학자라고 부른다면 그는 약간 거북하게 생각할 것이다. 그는 다만 훌륭한 사업가일 뿐이지만, 그의 견해가 우연히 도 1900년 전에 피티테스가 로마에서 말한 철학과 일치되고 있다. 피티테스는 로마 시민에게 '행복으로 가는 길이 오직 하나가 있으

니, 그것은 우리의 힘의 한계를 넘는 모든 것을 걱정하지 않는데 있다'라고 가르쳤던 것이다.

불가피한 사정과 타협할 줄 아는 여자로서 사라 번하스는 훌륭한 실례이다. 그녀는 50여 년에 걸쳐 연극계의 여왕이었고 세계에서 가장 사랑 받는 여배우였다. 그러나 그녀가 71세가 되어 건강이 쇠약해졌을 때는, 재산도 전부 없어졌으며 그의 전문의였던 포지 교수는 그녀의 다리를 잘라야 된다고 말하였다. 그 이유는 그녀가 대서양을 건너면서 폭풍을 만나 갑판 위에 떨어져 다리를 다쳤던 것이 악화되었기 때문이었다.

정맥염이 심하여지고 다리는 가늘어졌다. 그래서 의사는 다리를 절단할 수밖에 없다고 생각하였다. 그러나 의사는 성미가 급한 사라에게 그런 말을 하기가 꺼려졌다. 사실대로 말한다면 그녀는 신경질적으로 대응하리라 생각했던 것이다. 그러나 그것은 착각이었다.

사라는 잠시 동안 의사를 쳐다본 다음, 낮은 목소리로
"그렇게 해야 된다면 그렇게 할 수밖에 없지요."
라고 말하였다.

그녀가 수술실로 들어갈 때 그의 아들은 옆에 서서 울었다. 사라는 자기 아들에게 명랑한 표정으로 손을 흔들며,
"기다리고 있어라. 곧 돌아오마."
라고 말하였다. 수술실로 가는 동안 그녀는 연극의 대사를 암송하였다. 후에, 그것은 자기 자신을 위로하기 위해서였냐고 묻자, 그녀는 이렇게 대답했다.

"아니에요. 의사와 간호원을 즐겁게 해 주려고 그랬습니다. 수술 때문에 그들이 긴장하고 있을 것이라고 생각해서……."

그 후 몸이 회복된 사라 번하즈는 세계 일주를 떠나, 또다시 7년 동안 관객들을 도취시켰다.

엘시 맥코르믹은 리더스다이제스트 논문에서, 우리가 불가피한 사정과 싸움을 마칠 때 비로소 우리의 정력은 해방되어 좋은 생활을 창조할 수 있다고 말하였다.

어느 누구나 불가피한 사정과 싸우면서, 또 한편으로 새로운 생활을 창조할 만큼의 원기를 가진 사람은 없다. 두 가지 중에서 한 가지를 택할 것이다. '불가피'라는 것에 그대로 순종할 수도 있고, 거기에 저항하여 스스로 부서질 수도 있는 것이다.

내가 소유하고 있는 미주리 주 농장에 심은 수많은 나무들은 짧은 시간 동안 부쩍 우람하게 자랐다. 그런데 눈보라가 치기 시작하자 작고 큰 가지가 무거운 눈덩이로 눌리게 되었다.

그러나 이곳의 나무는 머리를 숙여서 그 무거운 짐을 흘러 내리게 하지 않고 이에 반항하여 끝까지 떠받치고 있었다. 그러다가 끝내는 가지가 찢겨나가고 몸체가 부러져 그만 죽어버리고 말았다. 이 나무는 북방의 수풀이 가진 지혜를 배우지 못한 까닭이었다.

나는 푸른 캐나다 숲을 수백 마일 여행한 일이 있는데, 거기서는 눈이나 얼음으로 부러진 소나무나 전나무를 보지 못하였다. 이 푸른 나무들은 어떻게 머리를 수그려야 하며, 어떻게 가지를 아래로 내려뜨려야 한다는 것, 어떻게 자연과 타협해야 한다는 것을 알고 있었던 것이다.

유도를 가르치는 선생은 제자들에게 몸을 버들가지같이 구부리고, 참나무같이 세우지 말라고 말한다.

당신은 당신의 자동차 타이어가 길과 맞서기 때문에 고된 형벌을 받는다는 사실을 아는가? 한때는 타이어 제조업자들이 도로의 충격에 저항할 수 있는 타이어를 만들려고 하였다. 그러나 그러한 타이어는 얼마 안 되어 발기발기 찢겨져 버렸다. 그래서 다음에는 도로의 충격을 그대로 흡수하는 타이어를 만들었다.

그랬더니 드디어는 도로의 충격을 견뎌 나갈 수가 있었다. 이와 마찬가지로, 우리가 만일 험난한 인생 행로의 충격을 그대로 흡수하고 거기에 보조를 맞추어 나가는 방법을 알고 있다면, 보다 긴 인생과 보다 평탄한 생활을 즐길 수가 있을 것이다.

그러나 만일 인생의 충격을 흡수하는 대신 반항한다면, 즉 버들가지같이 구부리는 것을 싫어하고 참나무같이 뻗대기를 주장한다면, 우리에게 어떠한 일이 생기게 될 것인가? 대답은 간단하다. 마음속에 끊임없는 혼란을 일으켜, 걱정하고 근심하며 긴장하고 흥분하여 신경과민에 걸리게 될 것이다. 한 걸음 더 나아가 만일 가혹한 현실 세계를 거부하고 자기 자신이 만든 꿈나라 속에 갇혀 버린다면, 결국 정신병자가 되는 수밖에 없다.

모든 역사를 통틀어 예수가 십자가에 못박힌 이후에 가장 유명한 죽음의 장면은 아마도 소크라테스의 죽음일 것이다.

아테네 사람들이 맨발의 늙은 소크라테스를 시기하여, 이유 없는 죄명으로 그를 재판한 후 처형하게 하였다. 소크라테스와 친분이 있는 옥지기가 소크라테스에게 독약을 주어 마시게 할 때도 그는 그것을 거부하지 않고 맞이할 수 있었다.

'불가피한 사정을 그대로 받아들이라'는 말은 예수가 탄생하기 399년 전의 말이지만, 걱정과 근심이 쌓여 있는 오늘에 있어서 더욱 필요하게 되었다. 불가피한 사정을 곱게 받아들이도록 하라!

나는 지나간 8년 동안, 걱정 근심을 조금이라도 덜 수 있는 방법을 찾기 위하여 거기에 관한 책과 잡지에 실린 논문을 읽어 보았다. 내가 읽은 문장 중에 걱정 근심에 관한 가장 좋은 충고를 적당히 요약한 글귀가 있다.

이 글귀는 당신이나 내가 세면대의 거울 위에 붙여 놓고, 세수할 때마다 마음의 걱정 근심도 함께 씻어버려야 할 것이다. 귀중한 이 기도문은 브로드웨이에 있는 유니온 신학교 교수인 라인홀드 니버 박사가 쓴 것이다.

주여, 어찌할 수 없는 사정을 그대로 받아들이도록
나에게 맑은 정신을 허락해 주소서.
내가 고칠 수 있는 것을 고칠 수 있도록
나에게 용기를 허락해 주소서.
그리고 옳고 그른 것을 판단할 수 있는 지혜를
나에게 허락해 주소서.
God, grant serennity
To accept the things I cannot change ;
The courage to change the things I can ;
and the wisdom to know the difference.

걱정하는 습관이 우리를 정복하기 전에 우리가 걱정을 정복하는 네 번째 법칙은 다음과 같다.

"불가피한 사정과는 타협하라."

당신은 돈 모으는 방법을 알고 싶은가? 아마 수많은 사람들이 알고 싶어할 것이다. 따라서 만일 내가 거기에 대한 대답을 알고 있다면 필연코 이 책이 1만 달러 이상의 값으로 팔릴 것이다.

내가 아는 몇몇 주식 판매업자가 사용한 좋은 방법을 소개하겠다. 뉴욕에 사무소를 가지고 있는 투자 상담자인 찰스 로버트 씨의 이야기이다.

나는 주식시장에 투자하려고 친구로부터 빌린 2만 달러를 가지고 텍사스에서 뉴욕으로 왔습니다. 그런데 주식시장의 비결을 알고 있는 데도 불구하고 막대한 손해를 보았습니다. 물론 어떤 매매에 있어서는 제법 이익도 보았으나 결국 남은 것은 빈손뿐이었습니다.

내 돈을 잃은 것은 그리 걱정이 되지 않았으나 친구들(설령 타당한 이유가 있었다 할지라도)의 돈까지 잃은 것이 너무도 괴로웠습니다. 나는 그들과 대면할 것이 큰 걱정이었습니다. 그러나 친구들은 훌륭한 투기꾼이기 이전에 대단한 낙천주의자들이어서 아무 문제없이 지나갈 수 있었습니다.

나는 주식매매에 있어서 단판씨름을 하여 왔다는 것과 주로 요행과 남의 의견에 의지하였다는 것을 깨달았습니다. H. I. 필립의 말처럼 나는 귀를 믿고 주식매매를 하여 왔던 것입니다.

비로소 나의 잘못을 깨닫자, 나는 다시 주식시장에 나가기 전에 그에 대한 연구를 해 보기로 결심하였습니다. 그래서 가장 성공한 투자가 한 사람을 찾아서 그와 친교를 맺었습니다.

그는 브르톤 S. 카슬스라는 사람으로서, 여러 해 동안 주식시장에서 성공한 사람이요, 또 그러한 성공이 다만 기회와 요행으로 이루어지지만은 않았다는 것을 알고 있었던 만큼 그에게서 많은 지식을 배울 수 있다고 생각하였습니다.

카슬스 씨는 과거에 내가 주식매매를 어떻게 하여 왔는가에 대하여 몇 마디 질문을 한 다음, 매매에 있어서 가장 중요하다고 생각되는 원칙을 말하여 주었습니다.

"나는 모든 주식매매에 반드시 한계절손이라는 지시를 내리고 있습니다. 가령 내가 한 장의 주식을 50달러에 샀다면, 곧 거기에 45달러라는 한계절손의 지시를 내립니다. 즉, 그 가격에서 5점 이하로까지 내렸을 때는 자동적으로 방매를 해서 손해를 5점에 그치게 하는 것입니다.

당신이 처음부터 계획을 잘 세우면 이익을 10점, 25점 또는 50점까지도 올릴 수 있을 것이고, 따라서 손해를 5점에서 끊음으로써 매매 전체에서 절반 이상의 실수를 한다 하더라도 역시 많은 돈을 모을 것입니다."

그 후 나는 이 원칙을 계속 사용한 결과, 후원자뿐만 아니라 나 자신을 위해서도 수천 달러의 손해를 방지할 수가 있었습니다.

게다가 한계절손의 원칙을 주식시장 이외의 경우에도 사용할 수 있음을 깨닫고, 경제 문제 이외의 모든 걱정 근심에 대하여도 이 한계절손의 지시를 내리는 동시에 나에게 닥쳐오는 여러 가지 귀찮은 문제에도 사용하고 있는데 놀라울 정도로 효과를 보고 있습니다.

예를 들면 한 친구와 점심을 같이 한 일이 있었는데, 그 친구는 좀처럼 시간을 지키지 않는 사람이었습니다. 그래서 언제나 점심때가 되면 그를 기다리기 위하여 30분 동안이나 애를 태우곤 하였습니다. 그러나 마침내 시간 손해에 대한 절손의 지시를 내리고 그 친구에게 이렇게 말하였습니다.

"빌 군! 이제부터 자네를 기다리는 데 10분간의 한계절손의 지시를 내릴 작정일세. 자네가 만일 앞으로 10분 이상 늦게 오면, 나는 그대로 이 자리를 떠날 것일세."

지금으로부터 100년 전, 월덴 호수의 그윽한 수풀 속에서 헨리드로는 자기가 손수 만든 잉크에 거위 날개의 뾰족한 끝을 적셔 일기를 쓰고 있었는데, 그 일기 속에 이런 구절이 적혀 있었다.

'한 물건의 값은 나의 인생의 값만큼 매겨져 서로 교환할 수도 있다.'

다시 말하면 어떠한 물건에 지나치게 비싼 값을 치른다는 것은 우리의 생활 자체에 비추어 볼 때 어리석은 일이라는 것이다. 그럼에도 불구하고 길버트와 설리반은 그러한 어리석은 일을 하였다.

이 두 사람은 아름다운 말과 화려한 음악을 만들 줄 알았지만, 그들 자신의 기쁨을 만들어 내는 데에는 가엾을 정도로 어리석었다. 그들은 페이센스, 피나포어, 미카도 등 온 세계 사람을 즐겁게 하는 훌륭한 가극을 창작하면서도 자신들의 기분을 자제하지는 못하였다. 하찮은 융단 한 장의 값으로 여러 해 동안 마음을 괴롭혔던 것이다. 그 얘기는 이러하다.

설리반은 그들이 함께 경영하는 새 극장에 깔기 위하여 융단 한 장을 주문하였다. 길버트는 그 청구서를 보고 펄쩍 뛰어 설리반을 상대로 법정에서 싸우고, 그 후로는 서로 말을 하지 않았다.

설리반이 새로운 연출을 위하여 음악 작품을 썼을 때도 길버트에게 그것을 우편으로 보냈다. 그들이 관중의 갈채에 답하여 함께 무대 위에 서게 되었을 때, 그들은 무대 양쪽에 서서 각기 반대 방향으로 절을 하였을 뿐 서로 얼굴도 마주 보지 않았다.

그들은 자기들의 좋지 않은 감정에 대하여 링컨이 한 것과 같은 한계절손의 지시를 내리지 못하였던 것이다.

남북전쟁 중 링컨은 그의 친구가 자신의 강적을 비난하는 것을 보고 이런 말을 하였다.

"여러분은 나보다 더 많은 개인적 감정을 가지고 있는 것 같소. 이중에 내가 제일 개인적 감정이 없는 것 같소만은, 하여간 나는 그러한 감정이 필요 없다고 생각하오. 우리의 인생의 반을 싸움으로 허비할 수는 없지 않소. 나는 누구를 막론하고 그의 과거지사는 절대로 생각하지 않소."

벤자민 프랭클린은 그가 일곱 살 때 범한 잘못을 7년 동안이나 기억하고 있었다. 그때 그는 어떤 피리에 반하여 지나치게 흥분한 나머지, 장난감 파는 가게에 가서 가지고 있던 동전을 전부 쏟아놓고 값도 물어보지 않은 채 피리를 샀다.

'나는 피리가 너무 좋아서 집에 돌아오자마자 피리를 불며 온 집 안을 돌아다녔다'라고 70년 후에 회상했다. 그러나 그의 형과 누이 들이 터무니없이 비싸게 산 피리를 보고 웃어댔을 때 프랭클린은 제 분에 못 이겨 엉엉 울었다.

그 후 여러 해가 지나 프랭클린이 프랑스 대사가 되었을 때, 자 기가 피리를 너무 비싸게 샀던 것이 즐거움보다 도리어 뉘우침을 가져오게 한 사실을 기억하고 있었다.

그것은 프랭클린에게 교훈이 되었던 것이다. 그는 말하였다.

"차차 나이를 먹어 사회에 나와 사람들의 행동을 살펴볼 때 피리 에 대하여 지나치게 비싼 값을 치르는 사람을 수없이 많이 보았다. 결국 인간의 불행의 대부분이 물건의 가치를 잘못 평가하는 데서, 즉 '피리에 지나친 값을 치르는 데서' 생긴다는 것을 알게 되었다."

길버트와 설리반도 그들의 피리에 비싼 값을 치렀고 세계에서 가장 걸작인 두 소설, 즉 《전쟁과 평화》와 《안나 카레니나》를 저 술한 톨스토이도 역시 그러하였다. 대영 백과사전에 의하면 톨스토 이는 말년의 20년 동안 세계에서 가장 존경받는 사람이었다.

그가 세상을 떠나기 전 20년간, 즉 1890~1910년 사이에는 그를 찬미하는 사람들이 그의 얼굴과 음성을 듣기 위해서, 심지어는 그 의 옷자락을 한 번 만져보기 위하여 끊임없이 그의 집을 방문하였 으며, 그의 한 마디 한 마디 말은 소중하게 기록되었다. 그러나 그 의 일상생활을 돌이켜 보면 톨스토이는 70이 되어서도 일곱 살 때의 프랭클린보다 못한 점이 많았다.

톨스토이는 그가 가장 사랑하는 여자와 결혼하였다. 그들은 행복에 젖어 함께 무릎을 꿇고 그들의 즐거운 생활이 길이길이 계속되도록 하느님께 기도하였다. 그러나 톨스토이와 결혼한 여자는 선천적으로 질투심이 대단히 강한 여자로서, 항상 남편의 뒤를 따라다니며 일거수일투족을 엿보았다.

그들은 무섭게 싸우기도 하였다. 부인의 질투는 점점 심해져서, 나중에는 자식까지 시기하여 딸의 사진을 총으로 쏘았고, 아편이 들어 있는 약병을 입에 물고 마루 위를 마구 뒹굴면서 자살한다고 위협하기도 했다.

톨스토이는 어떻게 하였을까? 그는 아내를 나무라지 않았다. 물론 겉으로만. 그는 일기에서 모든 허물을 그의 아내에게 돌렸다. 이 일기야말로 한 개의 '피리'다. 그는 후세 사람들이 자기를 용서하고 아내를 욕하게 만들려는 것이었다.

그러면 그의 아내는 어떻게 하였을까? 물론 그의 일기를 찢어버리고 자기의 남편을 주제로 일기를 쓰기 시작하였는데, 그 일기에서 그녀는 톨스토이를 악한으로 만들었다. 그뿐이랴. 《누구의 잘못인가?》라는 제목의 소설까지도 썼는데, 거기에서 그녀는 자기의 남편을 집안 귀신으로, 자기는 순교자로 만들었다.

대체 그들은 무엇을 목적으로 그런 행동을 하였을까? 그들은 왜 하나밖에 없는 그들의 가정을 정신병원으로 만들었을까? 물론 여러 가지 이유가 있을 것이다. 그 중의 한 가지는 자신들을 가치 있게 평가받고 싶어하는 욕망이라고 볼 수 있다. 그들은 후세 사람들이 각기 자기들을 비난할까 봐 걱정하였던 것이다.

그러나 과연 우리가 이미 죽은 이의 잘못을 기억하여 비난할 것인가? 아니다. 우리는 우리 자신의 문제에 너무 골몰해 있기 때문에 톨스토이에 관한 것을 생각할 단 1분의 여유도 없다.

가엾은 이 두 사람은 '피리'에 대하여 얼마나 비싼 값을 치른 것인가? 그들은 '그만두자'는 단 한마디의 말을 할 지각이 없었기 때문에, 또는 이러한 말을 할 용기가 없었기 때문에 50년 동안을 생지옥에서 함께 살았던 것이다.

과연 그렇다. 평가에 관한 적당한 지각이 마음의 진정한 평화를 가져다 주는 큰 비결인 것이다.

걱정 근심의 습관이 우리를 파괴하기 전에 그것을 파괴하는 다섯 번째의 법칙은 다음과 같다.

'손실을 회복하려다가 더욱 손해를 보는 경향이 있을 때, 잠깐 마음을 진정하고 세 가지 질문을 자기 자신에게 물어본다.

1. 내가 지금 걱정하고 있는 문제가 사실상 나에게 얼만큼 가치가 있는가?

2. 나는 어느 한계에서 한계절손의 지시를 내리고, 걱정을 잊어버려야 할 것인가?

3. 피리에 대하여 얼마의 값을 치러야 할 것인가? 이미 그 이상의 값을 치르고 있지는 않나?

역자 후기

이 책은 방문기자로서 한때 세계적으로 명성을 떨친 바 있는 미국의 사회교육 연구가인 M. K. 와이즈 하트 씨의 저서 《인생의 대가를 읽으라(Reading the Price Tags of Life)》를 중심으로 엮은 데일 카네기의 처세 비결의 귀감이다.

이 책에서 무엇을 쓰려고 했는가는 저자가 앞의 서문 가운데서 자세히 언급하였으므로, 여기에 더이상 덧붙일 필요는 없을 것이다. 나는 이 책에서 무엇을 얻을 수 있는가에 대해서 느낀 바를 말하려 한다.

나는 이 책의 원본을 처음 손에 들었을 때, 혹시 무미건조하고 형식적인 설교책이 아닐까 하고 선뜻 마음이 내키지 않았었다. 그러나 저자의 내력과 제목의 색다름에 호기심이 생겨 우선 서문을 읽어 보았는데, 직감적으로 우리의 참된 인생을 위하여 좋은 지침이 되리라는 것을 확신하게 되었다.

여기에 실린 이야기는 모두 실화이다.

이 책에는 유럽과 미국에 걸쳐 근대의 유명한 위인들이 대부분 등장하고 있으며, 실지 사회에서 근면하게 자기 생활을 영위하고 있는 젊은 회사원과 직장 여성, 경찰관, 시골의 목수, 그리고 갱, 노동자, 학생 등이 자기 체험과 고난과 극복의 백서를 내놓아 그 취급의 범위는 사회의 축도임을 보여 준다.

그리고 그들은 자기들의 체험에 덧붙여 말한다.

"인생은 그냥 주어지는 것이 아니다. 음식을 먹는 것만 하여도, 손과 입을 움직여야 하는 움직임의 노력이 필요하다. 하물며 성공과 행복을 원하는 자, 어찌 노력이라는 대가의 지불 없이 그것을 손에 넣을 수가 있겠는가."

한탄과 불평만으로 세월을 우울하게 보내는 그릇됨이나 하늘만 쳐다보고 드러누워 굴러떨어지는 꿀단지만을 바라고 있는 어리석음도 진실로 보람 있는 삶을 갈구하는 사람들의 태도라고는 볼 수 없다. 대가를 치르지 않고 성공을 바라는 것은 일종의 악에 가깝다. 이런 사람들은 인생길에서의 낙오자들이며, 인생의 불량배들이다. 우리는 하루를 살아도 대가를 치러야 한다.

그런데 이 대가를 치르는 데에는 방법과 조건이 있다. 즉, 목적하는 성공의 달성을 위하여 가장 정확하고 효과적이며 경제적인 지불 방법을 알아야 한다는 것이다. 이것이 바로 지혜롭게 살아가는 처세론인 것이다.

끝으로 이 책에 대해서 한 가지 부언할 것은 제15장과 제16장에 실린 내용은 데일 카네기의 《성공론》에서 발췌한, 인간 처세술에 좀더 필요하다고 생각되는 부분을 보강해서 엮었음을 밝혀둔다.

 독자 여러분들은 이 책 속의 주인공들의 교훈과 안내에 따라 반드시 바라는 바를 얻게 될 것이다.

역자 드림